早教基础与实务

（第二版）

翁治清 吴访升 邹莹 主编

张俞 刘思 张星星 副主编

清华大学出版社

北京

内 容 简 介

本书为"十三五"江苏省高等学校重点教材和江苏省"十四五"首批职业教育规划教材。本书对早期教育进行系统介绍,使读者既掌握相关理论,又能以理论指导实践。本书内容从认识早教,了解早教的概念和意义开始,逐步介绍古希腊的早期教育思想、近代早期教育思想,到现代的蒙台梭利早期教育理论、皮亚杰儿童智力理论、瑞吉欧方案教学、班克街教育方案,在充分了解早期教育理论的基础上进入实践教学,通过技能实践掌握冯德全"零岁方案"、感觉统合对婴幼儿早期发展的影响、婴幼儿保育和回应性照护、婴幼儿活动的组织与实施,从而能专业地对婴幼儿家长进行早期教育指导。本书力求做到理论与实践相结合、指导与评价相结合,对婴幼儿托育服务与管理从业人员、早期教育师资培育具有理论的引领性和实践的指导性,为提升婴幼儿托育服务与管理从业人员、早教教师的教育能力、促进婴幼儿托育服务与管理从业人员、早教教师的全面发展提供有价值的理论支持和可借鉴的实践经验。

本书可作为婴幼儿托育服务与管理专业、早期教育专业和学前教育专业学生的教材,也可作为托育机构、早教机构、幼儿园等从业人员的培训教材,还可供婴幼儿保育和早期教育等研究者以及婴幼儿家长参考使用。

图书在版编目(CIP)数据

早教基础与实务 / 翁治清,吴访升,邹莹主编. -- 2版. -- 北京:清华大学出版社,2025.9. -- ISBN 978-7-302-68765-8

Ⅰ. G612

中国国家版本馆 CIP 数据核字第 20251QX178 号

责任编辑:张　弛
封面设计:刘　键
责任校对:刘　静
责任印制:沈　露

出版发行:清华大学出版社
　　　　网　　　址:https://www.tup.com.cn,https://www.wqxuetang.com
　　　　地　　　址:北京清华大学学研大厦 A 座　　　　邮　　编:100084
　　　　社 总 机:010-83470000　　　　　　　　　　　邮　　购:010-62786544
　　　　投稿与读者服务:010-62776969, c-service@tup.tsinghua.edu.cn
　　　　质量反馈:010-62772015, zhiliang@tup.tsinghua.edu.cn
印 装 者:三河市君旺印务有限公司
经　　销:全国新华书店
开　　本:185mm×260mm　　　印　　张:14.25　　　字　　数:324 千字
版　　次:2019 年 1 月第 1 版　　2025 年 9 月第 2 版　　印　　次:2025 年 9 月第 1 次印刷
定　　价:54.00 元

产品编号:104322-01

第二版前言

2019 年 5 月，国务院办公厅印发《关于促进 3 岁以下婴幼儿照护服务发展的指导意见》（以下简称《指导意见》）提出："发展婴幼儿照护服务的重点是为家庭提供科学养育指导，并对确有照护困难的家庭或婴幼儿提供必要的服务。""加强对家庭的婴幼儿早期发展指导，通过入户指导、亲子活动、家长课堂等方式，利用互联网等信息化手段，为家长及婴幼儿照护者提供婴幼儿早期发展指导服务，增强家庭的科学育儿能力。"2021 年 5 月 31 日，中共中央政治局召开会议，审议《关于优化生育政策促进人口长期均衡发展的决定》，提出实施一对夫妻可以生育三个孩子的政策及配套支持措施。2022 年 10 月 16 日，党的二十大报告明确提出"增进民生福祉，提高人民生活品质"，做到"老有所养、幼有所育"。

为解决日益突出的婴幼儿托育服务供需矛盾，国家陆续出台了一系列指导托育行业发展的纲要与政策，意在构建公共托育服务的社会支持体系。在政策的支持下，我国托育市场迎来全新的发展空间，托育服务发展的前提和保障是数量充足的托育专业人才。

"早教基础与实务"是婴幼儿托育服务与管理、早期教育专业学生的必修课程，是成为一名合格婴幼儿托育服务与管理从业人员、早期教育工作者必须学习的基础课程。

西方许多教育理念中对早期教育的定义不同，有的认为 0～3 岁是早期教育，有的认为 0～8 岁是早期教育，我国普遍将 0～3 岁教育称为早期教育。本书希望学生对早期教育有一个系统的了解，既掌握相关理论，又能以理论指导实践。本书从走近早教，认识早教，了解早期教育的概念和意义开始，逐步介绍古希腊的早期教育思想、近代早期教育思想，到现代的蒙台梭利早期教育理论、皮亚杰儿童智力理论、瑞吉欧方案教学、班克街教育方案。在充分了解早期教育理论的基础上进入实践教学，通过技能实践掌握冯德全"零岁方案"、感觉统合对婴幼儿早期发展的影响、婴幼儿保育和回应性照护、婴幼儿活动的组织与实施，从而能专业地对婴幼儿家长进行早期教育指导。本书力求做到理论与实践相结合、指导与评价相结合，对婴幼儿托育服务与管理从业人员、早期教育师资培育具有理论的引领性和实践的指导性，为提升婴幼儿托育服务与管理从业人员、早教教师的教育能力、促进婴幼儿托育服务与管理从业人员、早教教师的全面发展提供有价值的理论支持和可借鉴的实践经验。本书既可作为婴幼儿托育服务与管理专业、早期教育专业和学前教育专业学生的教材，也可作为托育机构、早教机构、婴幼儿园等从业人员的培训教材，还可供婴幼儿保育和早期教育等研究者以及婴幼儿家长参考使用。

为了更好地使学生掌握早期教育的理论知识和实际操作技能，本书基于工作过程，将教学内容模块化，每个模块分解为若干任务，每个任务从具体案例导入，启发学生针对案例中的现象或出现的问题进行思考，寻找解决问题的方法或途径，再由此引入早期教育的相关理论,给出更多的案例或创设情境,引导学生模拟场景,并用理论来分析和解决问题。每个模块的结尾,均设有围绕该模块内容的同步实训和教学做一体化训练,并根据具体的评价标准对学生进行全面的评价和检测。在每个任务后均设有拓展阅读,扫码可学习参考,另外,本书尽量融入鲜活的案例(贴近生活现实的热点问题和社会现象),并涵盖了实践运用,内容结构脉络清晰,理论与实践相结合,保证学生既能掌握早期教育的相关理论,又能掌握相关的专业技能。

本书采用活页式教材方式,源于职业典型工作任务,基于校企双元、工学结合一体人才培养模式,服务于企业用人需求,满足学生职业生涯发展需求,帮助学生学会如何工作。在内容选择方面,可按照工作过程的内容和学生自主学习的要求调整教学设计与教学活动,实现理论教学与实践教学融通合一、能力培养与工作岗位对接合一、实习实训与顶岗工作学做合一。本书的主要特色与创新如下。

(1)在教材功能方面,本书除了一般教材具有的思想品德教育功能外,还突出了职业引导功能。通过教材使学生了解职业、热爱职业岗位,帮助学生树立正确的价值观、择业观,培养良好的职业道德和职业意识。本书不仅传授知识,而且突出技能和能力的培养,真正做到把课程素养融入教材和教学中。

(2)在教材内容的遴选、取舍方面,本书更突出教学内容的实用性和实践性,坚持以职业能力为本位,以应用为目的,以必需、够用为度。以高度概括的早期教育工作任务为载体来组织课程内容,形成以工作任务为中心、以实践操作为主线、以理论知识为背景的课程内容结构,实现了课程内容由学科结构向工作结构的转变,满足职业岗位的需要,与相应的职业资格标准或行业技术等级标准接轨。

(3)在教材内容的组织结构方面,本书按照"以全面素质为基础""以职业能力为本位"的教学理念,以职业活动内容为情境,符合学生的认知规律和技能养成规律;遵循劳动过程的系统化,符合工作过程逻辑;坚持以应用为主线,不强调理论知识的系统性、完整性,不追求教材的学科结构与严密的逻辑体系,以适应课程的综合化和模块化的需要。为此,本书设计了一系列职业活动情境,将学生置于职场中,由传统意义上的"以学科为中心""以知识为本位"的传统学科教育的教学理念和"教师讲,学生听"的被动行为逐步向"以就业为导向""以能力为本位"的职业教育需要和向学生的主动探索行为(完成某项活动)转变。伴随着工作过程,可以完成"资讯、决策、计划、实施、检查、评价"的学习过程,同时在职业氛围中鲜活地实现职业教育的育人功能。

(4)在教材内容的表达、呈现方面,本书采用活页式教材方式,可根据教学需要调整或替换教学内容,图文并茂,并且配有音频、视频,可直接扫码观看,实用性强,融视、听、赏、学为一体,将过程清晰、直观地呈现给学生,便于他们的学习和实践。

(5)在教材编写队伍的组成方面,本书以职业技能证书为参照,联合国内同类高职院校和行业、企业专家,组成课程开发小组,科学概括职业典型工作任务,根据职业成长规律,确立学习情境素材并参与教材设计和编写,使学习目标具体、明确、系统,学习内容先进、取舍合理、结构清晰、层次分明。在方便学生职业技能养成的同时,兼顾了学生获取相应职业资格证书的需要。

　　本书由常州纺织服装职业技术学院翁治清担任主编并进行全书的大纲制定和统稿工作。常州纺织服装职业技术学院吴访升担任第二主编，负责对全书课程素养、美育、传统文化等内容的融入进行指导。常州纺织服装职业技术学院邹莹担任第三主编。上海星优儿宝贝学能启发中心张俞、常州纺织服装职业技术学院刘思、南京九曜教育集团张星星担任副主编并协助主编统稿，其他参编的人员有常州纺织服装职业技术学院蒋晓莉、常州市妇幼保健院王淮燕。各模块编写分工如下：模块一、模块五、模块六由翁治清编写，模块二、模块十由蒋晓莉编写，模块三、模块四、模块七由张俞编写，模块八、模块十三由邹莹编写，模块九、模块十二由张星星编写，模块十一由王淮燕编写，全书插图由刘思绘画。

　　本书在再版编写过程中，参考了许多同类教材和论文，并深受启迪，在此，对这些文献的作者表示诚挚的谢意。由于编者水平所限，虽然经过了全体编写人员的多次修订和改正，本书可能仍有疏漏和不当之处，希望能够得到读者的批评与指正，以便于我们不断地修订与完善。

编　者

2025 年 1 月

教学课件

目　录

模块一
认识早教

学习目标

- 识记：早期教育。
- 领会：早期教育的概念（简答）。
- 理解：早期教育的意义、目的、原则和内容（论述）。
- 应用：早期教育的具体实施（案例分析）。

模块描述

本模块主要通过走近早教，认识什么是早期教育，早期教育有什么意义，早期教育的目的什么，早期教育的原则是什么，以及早期教育的内容包括哪些。

思维导图

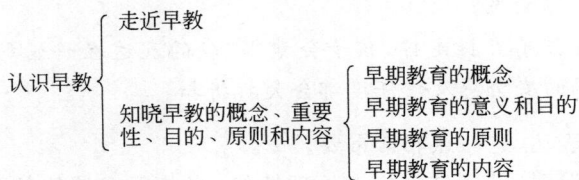

认识早教 ┬ 走近早教
　　　　　└ 知晓早教的概念、重要
　　　　　　性、目的、原则和内容 ┬ 早期教育的概念
　　　　　　　　　　　　　　　　├ 早期教育的意义和目的
　　　　　　　　　　　　　　　　├ 早期教育的原则
　　　　　　　　　　　　　　　　└ 早期教育的内容

任务一　走近早教

✏️ **案例导入**

　　小宝跟着妈妈去逛街，到了玩具店，小宝的眼睛大放光芒，不停地要这个，要那个，不买就撒泼打滚哭闹不止，小宝妈对她简直是束手无策，不知道应该怎么办。

🔳 **案例思考**

　　如果你是小宝妈，你会怎么做？

　　孩子要买玩具，不被满足就哭闹，怎么办？

　　每个妈妈都会遇到这样的尴尬：带着孩子逛街，只要一到玩具店，孩子就走不动了，要这个，要那个，不买就哭闹不止。此时，家长往往束手无策。面对这样的尴尬，家长们应该怎么做才能化解呢？让我们一起到早教中心去听听老师的建议。

　　Betty 老师：第一步，家长要学会安抚孩子的情绪，鼓励孩子表达情绪。比如，妈妈可以牵起孩子的手，蹲下来，和他（她）保持眼神交流，说一些帮助他（她）表达情绪的话，比如："妈妈知道你很想买，你真的很喜欢这个玩具，这个玩具真的太好玩了。"。第二步，待孩子情绪稍微稳定之后，再加以引导，可以找一些适龄的、孩子喜欢的解决方法，丢给孩子，让孩子选择。第三步，解决问题，相信游戏的力量。对于孩子来说，游戏可以解决绝大多数问题，所以，让游戏来解决当下的难题，不要一直纠缠。妈妈应该高兴地带着孩子直接回家玩游戏去。

　　如果家长处理不当，会有什么影响呢？

　　Iverson 老师：如果妈妈拉着孩子直接走掉，孩子会觉得"我的表达在妈妈那里是不被在乎的"，久而久之，孩子对妈妈的安全感及信任度都会大打折扣。

　　所以，认同孩子，认同他们的表达，这一点非常重要。

　　当家长们以后遇到类似的情况时，请记住：首先处理情绪，当孩子有情绪的时候，走过去，蹲下来，和孩子保持同一个水平，牵着孩子的手，有一些身体接触，以此传递对孩子的爱。多数时候，家长不太愿意孩子哭泣，其实，我们需要给孩子一些哭泣的时间，甚至鼓励他（她）去哭泣，因为哭泣是释放情绪的重要手段。其次处理问题，待孩子情绪稍微稳定之后，我们就找到了和孩子交流的机会，但是需要采取贴近孩子生活的解决方法，以便帮助孩子走出情绪，让孩子学会控制情绪，让孩子学会解决问题。

　　早教机构的教师帮助家长解决了问题，帮助孩子走出情绪，让孩子学会控制情绪，让孩子学会解决问题，这只是早教作用很小的一个方面，我们参观的这个机构也只是众多机构中的一个。

　　由于早期教育的重要性已经得到专家学者的肯定，并从脑科学、心理学、教育学的角度进行了众多的研究和探讨。0～3 岁婴幼儿早期教育也正在成为世界潮流，在我国不仅将被纳入学前教育体系，而且成为终身教育体系的开端。目前除了一些直辖市和发达地区有官方的早期教育机构外,其他都为商业早教机构。一方面,许多幼儿园以"低成本,高质量"和"托幼一体化"为指导思想,逐渐普及和推广 0～3 岁早期教育;另一方面,许多私立早教机构也在面向 0～3 岁婴幼儿推广专业的早期教育。同时国外的知名品牌也已进入中国市场。目前全国早教机构类型分别为英语类早教机构(占 48.6%),启蒙类早教机构(占 23.5%),思维类早教机构(占 21.8%),其他则为运动类、益智类、音乐类早教机构。国内主要运营的早教机构介绍请扫描本书最后的二维码学习。

接下来,让我们走近早教,去了解一下早教机构是怎么开展早教活动的,这些活动能起到什么作用。

在某早教机构的一间活动室里,几个年轻的爸爸妈妈正在带着刚出生不久的婴儿参与早教活动。

步骤一:教师把婴儿放在地上趴着,然后教师一边唱着儿歌,一边在婴儿的前方移动手电筒(见图 1-1)。

步骤二:教师让婴儿躺着,并在婴儿头部的两侧拍打手抓球(见图 1-2)。

图　1-1

图　1-2

步骤三:教师用软软的小刷子在婴儿的手心、手臂或脸部刷过(见图 1-3)。

步骤四:教师指导家长把婴儿放在毯子上,让家长轻轻地把毯子的四个角拉紧提起并左右摆动(见图 1-4)。

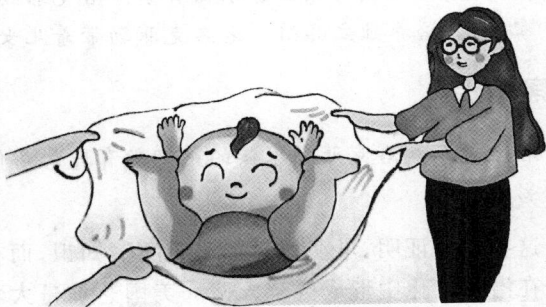

图　1-3　　　　　　　　　　　　　图　1-4

通过和教师交流,原来这些简单的动作是该早教机构的育乐课程,对 0～6 个月的婴儿成长具有重要的意义。

新生儿来到的世界,与之前居住的子宫完全不同。它黑暗与明亮交替,时而安静,时而充满各种声音。因此，生命中的第一个半年需要完成的最重要的目标就是来适应这个新的世界。通过丰富的感官体验父母的关爱，感觉安全，对外界产生好奇，完成对世界的第一步学习和对父母的信任。这个阶段的孩子，可以被称作"小小观察者"。

教师或家长用手电筒游戏来刺激婴儿的视觉技能，帮助婴儿发展视觉跟踪技能，即双眼跟随物体的能力，这对学习和了解不同事物非常重要。观察移动的光点，也有助于婴儿的视觉对焦和提高分辨能力，以及通过视觉来区别事物的能力。

球是孩子最喜欢的玩具。当婴儿耳朵旁边听到手抓球拍打出来的声音时，婴儿很快就会定位，并开始会把头和身体转向球的方向。除了让婴儿感受到声源，还让婴儿尝试锻炼颈部肌肉的力量。

探索各种触觉物品，让家长了解到婴儿是如何接受各种不同的刺激和反应，并有助于家长创造一些游戏体验，去迎合婴儿个人的需求，了解婴儿如何向家长表示对这个活动是否感兴趣，婴儿能否够到并抓着这个有形的物体，是否显示对某个物品的偏爱，是否会将注意力集中在某个物品上。挪动婴儿的双腿和手，双眼追随物体的移动，或者，当婴儿感到物品在肌肤上时，他是否会转开。

把婴儿放在毯子上，家长轻轻地把毯子四个角拉紧提起，让婴儿整个身体充分感受到飞毯带来的平衡体验。

任务二　知晓早教的概念、重要性、目的、原则和内容

✎ 案例导入

居里夫人对两个女儿的教育堪称典范。她在家中设立实验室，让女儿从小接触科学仪器；每周举办"星期四沙龙"，邀请学者与孩子们讨论文学艺术。爱因斯坦常带着小提琴到访，孩子们在琴声中感受科学与艺术的交融。这种浸润式教育培养出大女儿获得诺贝尔化学奖，小女儿成为杰出音乐教育家。洛克菲勒家族则坚持"穷养"理念，孩子从小做家务挣零花钱，培养独立品格。老洛克菲勒带着儿女记账本，教他们理解财富的真正价值。

▰ 案例思考

居里夫人和洛克菲勒家族的早期教育理念是什么？正确的教育理念对孩子的成长有什么影响？

这些案例证明，早期教育不在于灌输知识，而在于营造充满智慧与爱的成长环境，让孩子在潜移默化中形成健全人格。美国芝加哥大学的著名心理学家布鲁姆，根据对近千名儿童多年的观察研究后认为，如果把 17 岁青少年所测得的普通智力水平作为 100%，那么，大约 50% 的智力发展是在出生到 4 岁内完成的，30% 是在 4～8 岁完成的，大约 20% 是在 8～17 岁完成的。也就是说，在一个需要终身学习的社会里，一个人学习能力的 80% 是在 7～8 岁前获得的。可见，婴幼儿早期教育是终身教育的起始阶段，婴幼儿早期教育为婴幼儿的近期和终身发展奠定了良好的素质基础。

正确认识早期教育的概念、意义、目的、原则和内容,是现代家长和从事早期教育的教育工作者必须了解并掌握的。

一、早期教育的概念

早教是什么?有的家长认为是提前给孩子上课,有的家长认为是让孩子变聪明,有的家长认为是让孩子赢在起跑线上。这些答案都没有错,但也都只是片面的观点。儿童早期教育的着重点并不单是在"教育"上,还有孩子成长环境的塑造。

广义早期教育是指从人出生到 6 岁入小学以前阶段的教育,即对 0～6 岁儿童进行的以促进其身心和谐发展为目的的教育。狭义早期教育主要是指 0～3 岁幼儿阶段的早期学习。一些国家出现提前开始学习读、写、算,提前开始正式教育的探讨和实验。但另有人主张早期教育应重在发展智力。还有人认为早期教育应向前延伸到出生以前的母亲怀孕期的胎教。家庭教育对早期教育有重大影响。

准确地说,早期教育是指孩子在 0～6 岁阶段,根据孩子生理和心理发展的特点以及敏感期的发展特点,进行有针对性的指导和培养,为孩子多元智能和健康人格的培养打下良好的基础,侧重开发儿童的潜能,促进儿童在语言、智力、艺术、情感、人格和社会性等方面的全面发展。

二、早期教育的意义和目的

(一)早期教育的意义

当今世界,由于科学技术迅速发展,许多国家都十分重视科技人才的培养,婴幼儿的早期教育问题也受到了越来越多的重视,并从多方面进行了研究。但是,由于传统思想的影响,很多人认为一岁以内的婴儿和两三岁的孩子年龄小,不懂事,只要照料他们吃饱、穿暖、睡好、身体长好就行了,对于孩子的动作、语言、智力、情感等方面的发展都漠不关心,有的人甚至认为早期教育会损伤孩子的脑筋,有害孩子的身心发育。很多父母对婴幼儿的早期教育既缺乏正确的认识,也没有引起必要的重视。

有的妈妈每次都在婴儿睡觉前哼唱催眠曲,时间一长,婴儿一听到这首催眠曲,就知道应该睡觉了,形成了睡眠的条件反射。又如,婴儿在母体宫内孕育时,一直听着妈妈的心跳。出生后,有时婴儿哭闹不安,只要一靠在妈妈身边,听到妈妈的心跳,就会停止哭闹。这些都说明婴儿具有内在的能力,具有记忆和吸取各种信息的能力。可是,父母往往都没有意识到这一点,错误地认为孩子的教育是从上幼儿园开始,由教师们去教育,父母的主要任务是照料孩子生活,这是十分可惜的。如果这样,会给孩子造成无法挽回的损失。

著名生理学家巴甫洛夫有句名言:"婴儿降生第三天开始教育就迟了两天。"这就是说教育应及早开始,越早越好,从婴儿出生那一刻起,爸爸妈妈就要想到婴儿的教育,正常的孩子,只要出生后教育得法,都能培养成为非常优秀的孩子。

根据生理学家和心理学家的研究,人类的脑细胞在出生时就超过了 1000 亿个,而且这个数目在出生时为最高值，终其一生不会增加，这是一笔巨大财富。人的大脑在婴儿出生以后第 5～10 个月发育最快，到第 2 年年末，就基本完成了它的生长过程。在生命的前 4 年里，如果没有足以促使大脑发育的营养，特别是没有足够促使智力迅速发展的外界环境的刺激，将会使幼儿的智力发展受到抑制。例如，一个与人隔绝的婴儿，长大了很可能是个白痴。又如中国科技大学破格录取的少年大学生，如果不是生长在一个重视儿童早期教育的家庭里，如果没有机会从小就接触到那么多关心儿童又能传授给他各种知识的亲友和师长，就不会有今天这样的智力。音乐学院录取的一些少年儿童，如果他们从小没有接触钢琴、小提琴的机会，他们要达到现在的造诣也是不可能的。所以，一个缺乏早期教育，或教育方法不当的婴儿，他一生智力的发展将会受到严重的影响。遗憾的是，人的一生中有 90％以上的脑细胞处于冬眠状态，未能开发出来。经过科学研究表明，人的行为个性由大脑来控制。幼儿时期的孩子大脑发育不完善，属于一个相对动态的阶段，孩子的所看、所听、所感都会在很大程度上形成孩子的情绪性格等。

这一事实告诉我们，人脑存在着巨大的开发潜力，而婴儿时期则是发展这种潜力的关键时期。婴儿脑细胞功能恰似一张白纸，要有外界足够的听、视、触觉等感官的刺激，才会渐渐发达，刺激得越多，发达得也越快。婴儿从出生那一刻开始，就开始感受着周围的一切事物，像一块海绵不断地吸取各种信息，不断地充实自己的大脑，不断地建立各种条件反射，其求知欲之大，接受能力之强，学习效果之惊人，也是我们想象不到的。但是，这种快速发展的时间并不会持续一生，它只存在于出生后短短的几年中，其中又以 0～3 岁为最佳阶段。

人类的智力和性格，从出生到 3 岁，就已经完成了 60％，而且这 3 年具有天才般的吸收能力。1 岁半左右的儿童，平均每天用 15 分钟的时间就可以学习 2～3 个汉字。又如在托儿所中，1 岁半至 2 岁的儿童，在保教人员的辅导和启发下，有的儿童可以学会 1～10 个阿拉伯数字和汉字，有的儿童可以利用手指头做 10 以内的加减法。有的儿童还能复述 250 多个字的小故事。2 岁多的儿童能够随着音乐的节奏动作，3 岁的儿童能够随着音乐的节拍打击小乐器。如果坚持学到 4～5 岁，就可以认识 2000～3000 个汉字，到了 6 岁，脑细胞的组织完成了 80％，基本上就可以阅读一些书报了。但这一时期必须以游戏化的学习方式教导，在音乐、语言、文字或者绘画方面才会有明显的进步。到 8 岁时，脑部的发育达到了 90％。也就是说儿童入学时，智力发展的水平大致上就已经接近成人水平了。以上这些事例说明，婴幼儿具有惊人的学习能力。

大脑神经系统的构建方式主要受环境的影响，早期教育就是为孩子打造这样一个环境，充分刺激孩子的听觉、视觉、嗅觉、感知等，培养孩子的兴趣，激发出求知欲。父母自然是孩子的第一榜样，但也并不是家长说什么孩子就会依着做，所以需要科学的教育方式来正确地引导孩子。

早期教育会根据孩子的特点创造环境，不断地激发孩子的想象力和创造力。早期教育会注重于游戏教学，让孩子感受课堂的氛围，培养孩子的学习兴趣。0～6 岁是孩子早期教育的最佳时期，让孩子对听说读写有一定的概念，从而达到智力开发的目的。以听觉举例，在婴儿时期，家长对孩子进行一些听觉刺激，例如一些乐曲、歌声、笑声等，就会对孩子的听力功能有很大帮助。很多家长不知道孩子在 4 个月时就具备认知能力，如果很好地开发将能激发孩子的潜质，进而促进孩子的语言发育。

科学研究表明,人的大脑发育与年龄的增长成反比趋势。可见,幼儿时期是进行教育的最佳时机。很多家长认为孩子进入学校以后会自己开始学的,孩子的确会在学校中学习,但那时往往会出现问题。因为学校的严格管理,教学内容繁多,孩子不能快速适应,缺乏正确的学习习惯,从而会渐渐地丧失学习的积极性。对孩子进行早期教育,可以让孩子提前形成学习的意识,从而逐渐养成良好的学习态度和习惯。孩子的年龄越小,培养越容易,效果越好;反之,年龄越大,培养越费力,效果也就越差。

由此可见,早期教育不仅十分必要,而且也是完全可能的。家庭和托育机构应该积极创造条件,从各方面挖掘婴幼儿的学习潜力,抓好早期教育,为早出人才、出好人才作出贡献。

(二)早期教育的目的

早期教育是为了让孩子能多数几个数字?多写几个汉字?会几句外语?弹儿首钢琴曲?是为了培养孩子的潜力?想造就一个神童来发展孩子更好的未来?还是为了圆我们以前没有继续的所谓成功的路?显然早期教育不是这样简单。

世界著名的成功学家拿破仑·希尔在他的《成功学全书》中说道:教育就是让人去思维,思考能拯救一个人的命运。而教育家罗素则说:教育是要儿童过快乐的生活。可见,对婴儿实施教育的时候,启发他们怎样去思维及让他们如何在思维的过程中体会到学习带给他们的快乐,是尤为重要的两点因素。

在高度信息化的知识海洋中,有关婴幼儿教育启智的儿童脑思维开发、儿童脑思维拓展、儿童脑训练等已逐渐为人们所认识,但人们的了解还不够深入。众所周知,人的大脑分为左右两个半球,左脑偏向于用语言、逻辑进行思考,属于抽象性、学术性的脑。而右脑则是以图像、心像进行思考,属于艺术性、创意性的脑。

孩子从出生起,就会借着听觉、视觉、味觉、触觉等感官来熟悉环境,了解事物。对于忙忙碌碌的家长常常忽略的周边环境中的细小事物,但孩子却常常能捕捉其中奥秘。

美国芝加哥大学著名心理学家布鲁姆于1964年出版了《人类特性的稳定与变化》一书,提出了著名的智力发展的假设:5岁前是儿童智力发展最迅速的时期。同时,人的智力或心理是遗传与环境交互作用的结果。有研究表明:儿童的潜在能力遵循着一种递减规律,即儿童出生后越早进行理想的教育,越能够充分开发儿童潜能。然而,也有家长担忧过早对儿童实施教育,反而不利于他们长远发展。其实,早期丰富的环境刺激与学习机会不但不会伤害反而会促进儿童大脑的发育。

早期教育就是通过科学实施平台——训练色彩图片、思维启迪音乐、操作模板、思维拓展操、趣味游戏及教师的爱心,加上左右脑平衡训练、听觉训练、视觉观察训练、具体操作训练、肢体训练来有效开发婴幼儿的左右脑,促进大脑的发育,提高他们在语言、创造、思考、学习、解决问题五方面的能力。早期教育通过拉近教师、家长与孩子之间的心灵距离,巧妙地利用儿童自身的成长要求,在游戏性、趣味性的学习过程中,调动孩子们的主观能动性,培养他们对自己所感兴趣的特定事物产生尝试或学习的热情,引导他们发挥自己天生的感悟力、想象力、创造力,去解决遇到的问题。把握时机,鼓励孩子对自己在某方面的天赋保持热情,帮助家长发现自己孩子身上的亮点。

认识
早教1

三、早期教育的原则

对婴幼儿实施早期教育，开发各项潜能，不能盲目而行，必须遵循一定的原则。

1. 兴趣第一的原则

俗话说："兴趣是最好的老师。"对孩子而言，学和玩是统一的，有益的玩就是学，有趣的学就是玩。因而，教师和家长应该顺应婴幼儿的心理特点，在"玩"字上下功夫，把知识融入游戏中，让孩子在玩中学，在学中玩，求知就变成了一种乐趣和心理需要。例如，教师和家长可以让孩子通过混合红、黄、蓝三种颜料的游戏，知道三原色两两混合后会产生哪种新的颜色。早期教育的关键就是培养兴趣和学习品质，是吸引而不是灌输，没有兴趣的硬性灌输很可能会造成幼儿心理上的厌学，一旦孩子在幼儿时期产生厌学情绪，这对其长远发展是极为不利的。

2. 因材施教的原则

不同年龄段的孩子的发展水平固然不同，但同一年龄段的不同的孩子，由于遗传基因、家庭教养方式、所处社会环境及个人努力程度不同，其性格、兴趣爱好和身心发展水平均有不同。因此，成人要根据每个孩子的个性特征实施个性化的教育。教育是一种"种植活动"，而非"工厂生产"，目的是促进每个孩子在原有基础上个性化的发展，而不是把所有孩子都培养成为一模一样的"产品"。

3. 学科渗透的原则

婴幼儿的早期教育并没有严格的学科划分，也不必有学科划分。陈鹤琴先生提倡的"整个教学法"揭示了早期教育应该是综合教育、整合教育或者渗透式的教育，各学科应该相互融合、相互渗透，共同促进婴幼儿各方面的发展。例如，美工活动中不仅能够提升孩子的审美能力、创造能力，而且可以锻炼孩子手部小肌肉动作的发展，还可以在活动过程中通过分工合作促进孩子社会性的发展。

4. 生活课堂原则

生活是一个大课堂，孩子从出生起就存在于这个大课堂中，耳濡目染地接收着外界的各种信息和影响。陶行知先生也曾说："幼儿教育应该渗透于孩子的一日生活各项活动之中。"因而，成人要敏锐地发现并抓住生活中的点点滴滴，使之成为教育契机。例如，家长与孩子在户外活动时，如果孩子发现了蚂蚁并表现出对蚂蚁的兴趣，家长就可以抓住这个契机和孩子一起进行探索，包括蚂蚁的生活习性、外形特征，等等。

5. 赏识鼓励的原则

婴幼儿由于身体、心理各方面尚未发育完全，所以他们是脆弱的，需要成人的用心呵护，无论是身体方面，还是心理方面。因此，冯德全先生在《0岁方案》一书中提出要养育好孩子的两个生命，即心理生命和生理生命。当孩子在原有基础上取得些许进步时，成人不应吝啬自己的赏识；当孩子遇到一些小挫折时，成人也不要吝啬自己的鼓励，可以运用语言或肢体语言等方式表达对于孩子的赞赏，使孩子体会到成功感和成就感，从而更有自信地向前发展。例如，当孩子摔倒的时候我们说："勇敢点，爬起来！"当孩子胆小的时候我们说："不要怕,你能行!"当孩子失败的时候我们说："没关系,再来一次!"

6. 性格首位的原则

一个人要想取得成功,在很大程度上取决于他(她)优良的性格,因为世上没有一帆风顺的事业,也没有唾手可得的成就,没有优良的性格就像小鸟缺少一扇羽翼,飞不高也飞不远,不可能达到成功的彼岸。所以在智力开发的同时,不能忽视非智力因素的培养,不能只进行一半的教育。俗话说:"习惯成自然。"播下行为的种子,就收获习惯;播下习惯的种子,就收获性格;播下性格的种子,就收获命运!

给孩子良好的性格,聪明的大脑是孩子一生用之不尽的财富。

四、早期教育的内容

"小荷才露尖尖角,早有蜻蜓立上头。"——早期教育的重要性日益被爸妈所接受,而了解它所涉及的内容更是爸妈应该关注的。

早期教育是指在婴儿生命的初始阶段(通常指0～6岁),利用大脑半球急剧增长、分化的有利时机,挖掘潜能,使之早慧,同时形成良好的习惯和性格。归纳来说,早期教育有15个区域,这15个方面都要涉及,但不是平均进行,而是通过行之有效的方式,同时培养婴儿的智力和非智力因素。

1. 训练感觉器官

视觉:新生儿所在的房间要宽敞明亮,视力所及处要有鲜艳的物品。

听觉:不要避开人的声音,而且要有音乐存在。

嗅觉:让婴儿闻各种各样的气味。

味觉:让婴儿品尝酸甜苦辣的滋味。

触觉:经常抱婴儿,并有意识地用软、硬等不同材质的东西触碰婴儿,让他(她)能够有所感受。

2. 发展交往能力

这是婴儿心理健康的重要标志,也是婴儿进入社会的开始。

爸妈要有意识、有目的、有计划地让婴儿接触同龄婴儿和成人,鼓励他(她)在大庭广众之下落落大方、行事礼貌;并给婴儿创造机会,比如鼓励婴儿正确称呼客人,给客人倒茶,带婴儿串门等。这样不仅培养了婴儿的语言能力,提高了自信心,而且为其正常的人际交往打下了基础。

3. 培养观察提问的能力

教婴儿学会看世界。从衣食住行、花草树木、砖瓦泥石等日常所见来培养婴儿的观察能力,并能够即时地对婴儿的提问做出回应。比如,婴儿指天上的星星,爸妈就要立刻告诉他"星星"这一概念,将物与概念对应起来。等婴儿再大些,观察的事物多了,就要引导他进行思考提问,刺激他认识世界的强烈欲求。

4. 进行体能训练

平时多带婴儿进行运动,有条件的家庭从婴儿一出生就应该开始注意这方面的训练,比如,新生儿期开始学游泳、1岁半左右学滑冰等。根据对中美两国儿童的调查,在身体运动、发展体力方面,中国儿童稍有不足。爸妈要提高婴儿的体能训练,让婴儿在拥有健壮体格的同时,还可培养大胆、勇敢等品格。

5. 训练劳动制作

从猿到人的标志是:开始用手使用和制作工具。人的个体成长也是需要劳动和制作的,但是现在的独生子女的动手能力却很差,其原因在于爸妈的溺爱剥夺了婴儿的动手权力。所以爸妈要鼓励婴儿培养自我服务的能力,将婴儿力所能及的动手权力还给婴儿,让他在做纸工、玩玩具中体会创造的快乐。

6. 培养口语能力

语言是思维的工具,巴甫洛夫将语言称为"人类独有的第二信号系统"。在早期教育中,要增加语言的信息量,将足够的语言信息输入婴儿的大脑;要用规范化语言,比如、每天花20分钟给婴儿朗诵美文。此外,若要学习外语,就让婴儿及早接触。

7. 学会音乐舞蹈

这是美育教育的范畴。爸妈与婴儿一起欣赏优美的音乐、给婴儿唱儿歌、打节拍,让婴儿在音乐中感受美,提高审美能力,而且爸妈会发现,音乐会令婴儿的表情、动作、容貌等透出优雅的气质。进而从美育切入,让婴儿接触真和善。

8. 学习绘画造型

这也是美育的范畴,对刺激婴儿右脑发育,增强想象力、形象思维力,提高美的鉴赏力有极大的作用。爸妈可带婴儿参观摄影展、雕塑展,并对各种工艺品、绘画、艺术照片等进行品评;家里的摆设也要有美的讲究。人的精神生活不能强求,所以爸妈所要做的,就是感染熏陶婴儿,让他自觉地去学习、去追求。

9. 给婴儿很好的玩具观

玩具有好多类,如果是买的,爸妈不要买了之后直接丢给婴儿不管,也不要认为玩玩具是消磨时光的,爸妈要陪着婴儿一起玩;如果不买,也可发现不少不是玩具的玩具,比如吸铁石、闹钟、卷尺等;而最好的玩具则是爸妈和婴儿一起制作的玩具,比如做风筝、风车、灯笼等,婴儿会更有兴趣。

爸妈购买玩具时要考虑婴儿的年龄。

0～1岁:感知触摸玩具。色彩鲜艳、音质优美、便于抓握丢掷,但不要太小以免婴儿误吞。

1～2岁:可拖动玩具和可训练双手精细动作的玩具。

2～3岁:可激发想象力的玩具,如小餐具、积木、拆装玩具。

3～4岁:智力玩具,如七巧板、小算盘等。

10. 参加亲子教育

参加社区的亲子活动,在集体生活中可锻炼婴儿的友爱协作、竞争等意识,形成良好的社会交往。

11. 热爱大自然、走进大自然

大自然是婴幼儿的精神营养之源,是融智育、美育、体育于一体的大课堂,婴儿在这里可以学习种花草、分辨五谷杂粮、观气象、感受劳作等。

12. 了解社会

带婴儿去工厂、农村、博物馆、名胜古迹等地方,接受人文教育,扩充见闻。见多识广的婴儿更聪明。

13. 早期识字,提前阅读

爸妈可结合与婴儿生活有联系的事物,进行识字教学,寓识字于游戏中,制作各种专门的识字卡片等,并陪婴儿一起看绘本讲故事。

14. 建立空间、时间、数的概念,培养高超的数学逻辑智能

爸妈可以在一日活动中,通过引导婴儿走、爬、跑,让其感知空间的远近、高低不同,培养婴儿的空间感;可以利用吃饭、睡觉、玩游戏等生活环节让婴儿体验时间概念;还可以通过数水果、分餐具等游戏让婴儿领会数的概念。

15. 其他种种全方位活动

爸妈可因条件而异、因人而异地广泛开展丰富多彩的、积极健康的活动,如集邮、摄影、钓鱼、种花卉、养鱼虾等。这些活动既是学习,又是拉近亲子关系的重要途径。

认识
早教 2

同步实训　早教专业体验实训

1. 实训目的

(1)感性认识和了解早教行业的工作环境和流程。

(2)学习早教活动设计。

(3)学会运用理论知识进行实际操作的专业综合能力。

(4)培养整理和分析资料,并撰写体验实训报告的能力。

2. 实训安排

(1)确定体验实训主题。

(2)制订体验实训方案。

(3)进行实地体验实训。

(4)撰写体验实训报告。

(5)总结报告演讲。

3. 资源（时间）

实训项目	实 训 内 容	时间安排
早教专业体验实训	确定体验实训主题：学生分好组后，共同确定实训主题	
	制订具体的体验实训方案：与校外实训中心负责人就本次体验实训共同制订具体的体验实训方案，具体安排由对方后期提供（网络和电话沟通完成）	
	进行实地体验实训：按照具体的实施方案完成与校外实训中心负责人就本次体验实训共同制订体验实训方案（外出完成）	
	撰写体验实训报告	
	学生做实训总结报告演讲，指导老师做点评并指出不足	

4. 评价标准

表 现 要 求	是否适用	已达要求	未达要求
小组活动中，外在表现（参与度、讨论发言积极程度）			
小组活动中，对概念的认识与把握的准确程度			
小组活动中，角色扮演的精准度			
小组活动中，文案制作的完整与适用程度			

教学做一体化训练

一、重点名词

早期教育　早期教育机构

二、课后讨论

如何说服家长接受早期教育的理念并主动对孩子实施早期教育？

三、课后自测

1. 早期教育的意义是什么？
2. 早期教育的原则是什么？
3. 早期教育的目的是什么？
4. 早期教育的内容是什么？

课 后 推 荐

一、图书

1. 黄人颂.学前教育学[M].北京：人民教育出版社,1989.

2. 黄人颂.学前教育学参考资料[M].北京：人民教育出版社,1991.

3. 卢乐山.学前教育学原理[M].北京：北京师范大学出版社,1991.

4. 唐淑,钟昭华.中国学前教育史[M].北京：人民教育出版社,1993.

5. 陈帼眉.学前教育新论[M].北京：北京师范大学出版社,1996.

6. 郑慧英.幼儿教育学[M].福州：福建教育出版社,1996.

7. 杨汉麟,周采.外国幼儿教育史[M].南宁：广西教育出版社,1998.

8. 唐淑.学前教育思想史[M].北京：人民教育出版社,2010.

二、期刊

1. 侯莉敏.百年中国幼教事业的变化及发展[J].幼儿教育,2004(2).

2. 侯莉敏.不同学科视野中的儿童研究及其对早期教育的启示[J].教育导刊,2006(4).

3. 侯莉敏.理论的引入与我国学前教育的变革与发展[J].幼儿教育,2010(7).

4. 王春燕.学前教育价值取向的百年追思与启示[J].学前教育研究,2011(9).

5. 张利洪,李静.学前教育学的研究对象[J].学前教育研究,2011(9).

三、网站

1. 中国学前教育网：http://web.preschool.net.cn/。

2. 中国学前教育研究会：http://www.cnsece.com/。

3. 中国早教论坛：官方微信。

4. 杨森亲子汇：微信公众号。

模块二
古希腊的早期教育思想

学习目标

- 识记：城邦、斯巴达。
- 领会：斯巴达早期教育发展的时代背景；雅典早期教育发展的时代背景。
- 理解：斯巴达教育的目的、行政主管机构，斯巴达教育的内容、特点、局限性；雅典教育的目的、行政主管机构，雅典教育的内容、特点、局限性。
- 应用：
  1. 能够清楚地说明斯巴达教育和雅典教育的异同；
  2. 能够借鉴斯巴达教育和雅典教育，对当前中国早期教育的发展提出自己的见解。

模块描述

　　本模块主要介绍古希腊早期教育思想，特别是斯巴达和雅典的早期教育思想，掌握其教育内容和教育方法，正确评价其利弊，并结合当前中国社会现状和教育需求，特别是早期教育的需求，去芜存菁，加以甄别和借鉴。

思维导图

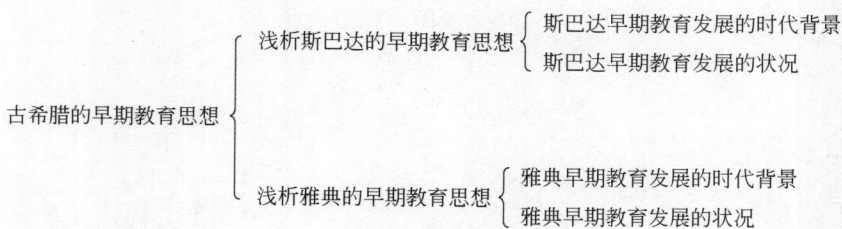

　　人的教育,包括 0～3 岁婴幼儿的早期教育,在人类社会之初就开始存在,并随着人类的不断发展,日益凸显其重要性。在原始社会,由于生产力水平低下,人类只能通过群居方式生存,且婴幼儿作为氏族部落生存、繁衍的希望,被当作氏族部落的公共财产,由氏族部落的成年妇女和老人实行"公养公育",主要学习生活、劳动的一些经验。人类社会进入奴隶社会和封建社会以后,随着社会生产水平的提高和剩余价值的出现,逐渐出现了贫富分化和阶级,教育成为统治阶级的特权,婴幼儿的早期教育在内容上出现了分化,同时,也主要由家长或专门的保姆等在家庭中实施喂养、看护和教育。在古代文明发达的地区,如古代中国、古希腊、古埃及、古印度等都在实践中探索如何对婴幼儿进行早期教育,并形成了各具特色的教育方法和风格。

　　古希腊是四大文明古国之一,是西方文化的摇篮,西方文化受到了古希腊文化的深远影响,西方教育也受惠于古希腊的教育思想、理论和实践。美国教育史家克柏利认为,古希腊教育是奠定欧洲教育发展的四大支柱之一,且是最早树立的支柱。

　　斯巴达和雅典不仅是古希腊最大的两个城邦,而且在政治体制、经济发展、文化生活上具有截然不同的特色,因此也孕育出了迥然相异的教育观,开展了大相径庭的教育实践。它们不仅淋漓尽致地体现了古希腊文化,而且也反映了古希腊的教育状况,并且是截然不同的两种教育方式。

任务一　浅析斯巴达的早期教育思想

案例导入

　　洋洋才刚满月,他的父母就为了他的教育争论了起来。洋洋爸爸认为孩子要"放养",特别是上小学前,应该想玩就玩、想吃就吃,充分发挥他的天性。洋洋妈妈却不同意,她举出"虎妈"蔡美儿、郎朗的"法西斯"爸爸,坚持认为必须从小严格要求孩子,就像斯巴达人教育孩子一样,磨炼孩子一往无前、英勇强悍的性格,长大了才能成为真正的勇士,取得人生的成功。

案例思考

　　1. 斯巴达教育是怎样的教育?
　　2. 你认为斯巴达教育是否适用于今天的婴幼儿?

一、斯巴达早期教育发展的时代背景

　　"斯巴达"原意指"可以耕种的平原",斯巴达城邦位于伯罗奔尼撒半岛的东南部。约公元前 2000 年初期,一支叫作阿卡亚人的希腊部落来到伯罗奔尼撒,逐渐建立了一些城市,建立了迈锡尼王国。公元前 1100 年左右,另一支叫作多利亚人的希腊部落入侵伯罗奔尼撒,毁灭了原有的迈锡尼政权,在公元前 10—前 9 世纪建立了斯巴达城,这些多利亚人就被称为斯巴达人。

斯巴达人最终征服了拉哥尼亚地区，迫使被征服的原住民居住在斯巴达人的周围，并向斯巴达人纳贡，把他们称为皮里阿西人（意为周围地区的居民）。后来居住在南部沿海希洛斯城的被征服者不堪斯巴达人的压迫而发动了起义。斯巴达人镇压了起义者，将他们变为奴隶，称为希洛人。公元前8世纪中叶，当解决由于社会分化加剧和人口增加导致的土地不足，斯巴达人开始向外扩张，一方面向外殖民，另一方面侵入美塞尼亚。最终，斯巴达人占领了整个美塞尼亚，把其居民也变成希洛人，在斯巴达人与皮里阿西人之间分配侵占的土地，斯巴达人分得平原的土地，皮里阿西人分得山区的土地。希洛人则从事艰苦的农业劳动，但大部分劳动所获必须上交奴隶主，自己过着半饥半饱、牛马不如的生活。此外，由于斯巴达人经常发动对外战争，因此希洛人还必须承受沉重的军役，在战争中，他们被迫打头阵，刺探敌人的虚实，无辜丧命。希洛人作为全体斯巴达人的奴隶，生活悲惨，随时会遭受侮辱、殴打，朝不保夕。长期的压迫，终于使希洛人爆发了反抗压迫的起义，公元前640—前620年，20年的起义几乎席卷了斯巴达城邦，斯巴达人不得不把全国变成一座大军营，实行严格的公民军事训练制度。虽然起义以失败告终，但给予斯巴达人沉重打击。

斯巴达是一个奴隶主贵族专政的国家，它的社会分为三个等级。斯巴达人是城邦的全权公民，依靠剥削奴隶劳动而生活，其男性成年公民可以加入"平等者公社"，这是一种军事性质的组织，是斯巴达的统治阶层。皮里阿西人有人身自由，但无政治权利，主要务农，也可以从事手工业和商业，拥有自己的土地和财产，但要向奴隶主服役纳税。希洛人则是斯巴达城邦国有的奴隶，希洛人没有自由和政治权利。

二、斯巴达早期教育发展的状况

1. 斯巴达教育的目的

教育具有阶级性，是为国家服务的，必然符合统治阶级的利益和要求。斯巴达的教育可以分为两个阶段，以公元前8世纪为分界线，此前与古希腊其他地区没有明显差异，但公元前8世纪开始，呈现出了不同的特色。镇压希洛人反压迫的起义后，为了维护斯巴达的国家权力和社会政治制度的稳定，斯巴达把教育作为它治国的最主要的工具。由于扩张领土、压迫奴隶、维护统治的需要，斯巴达人把整个国家变为一个大军营，尚武精神成为斯巴达国家的灵魂，其教育的目的是通过严酷的军事化训练把贵族子弟训练成体格强壮忠诚勇敢的武士。

2. 斯巴达教育的机构

传说，斯巴达国家创始人来库古认为教育是一个立法者应考虑的最重大、最主要的事务。因此，教育被斯巴达人视为国家事业，完全由国家控制。国家设立7~18岁儿童的教育机构，主要有军营式的教练所和"埃弗比"，教育经费由国家承担，教官（埃伦）、监督者（派度诺米）均由国家委派。儿童完全属于国家所有，必须服从国家安排。

3. 斯巴达的早期教育

斯巴达人实行严苛的体检制度，儿童一生下来，就要接受长老和父母的考验：父母用烈酒擦拭婴儿的身体，长老作为国家的代表检查婴儿的身体，只有健康的新生儿才有生存资格,身体羸弱或有先天残疾的婴儿会被无情抛弃、自生自灭。实行体检制的目的在于保证斯巴达人在体质上的"优越性",为培养体格强壮的军人打下基础。

斯巴达幼儿,无论男女,7岁以前在家中由父母养育,7岁以后的教育开始按性别区分。男童7岁以后要进入国家创建的军营式教练所接受军事体育训练,经受体魄和心智的磨砺。

斯巴达的女童7岁以后,除在母亲教导下学习家务,还要在国家的监督下接受军事和体育训练,如竞走、掷铁饼、投标枪、格斗等。这些训练除了使女子在男子出征时可以保卫城邦,而且也为结婚后生育健康强壮的孩子做准备。因此,斯巴达的妇女也具有坚毅的性格,相比同时期其他城邦的女性,具有较高的社会地位。

4. 斯巴达的教育内容

国家教育机构的教育可以分成三个阶段:男童7～18岁时在初级军事训练所接受体育和初级军事训练;18～20岁时在埃弗比青年军事训练团进行正规军事训练;20～30岁时开始接受实战训练,30岁可获得公民资格。

在训练所里,男童们的生活条件非常恶劣,食不果腹、衣不蔽体,即使严冬也仅能着单衣,光头赤足,为了生存,必须善于忍耐,或足够强悍能夺取衣食。男童的学习内容除了体育、初级军事训练外,还有音乐、舞蹈、道德教育。音乐教育是为了陶冶尚武精神,舞蹈教育是为了提高身体的灵活性和协调性,道德教育则是为了灌输爱国、忠诚、顺从的品质。同时,因为其教育是为了培养合格的军人,对文化知识教育不重视,仅要求能看懂简单命令和会写命令和便条。

在埃弗比主要进行正规军事训练,其中有一个项目是对弗洛人进行夜间突袭,以锻炼本领和性格。20岁后常年戍边实战,最终成为合格的战士。

因此,斯巴达教育是军事化的训练,不全面,不利于受教育者的全面、均衡发展,这也是斯巴达没有思想家、艺术家、文学家等多样化人才的根本原因。

5. 斯巴达教育的师资队伍

斯巴达地处内陆,以农耕为主,自给自足的小农经济和封闭的地理环境,导致在教育方面也同样闭塞,无法向其他城邦学习、借鉴,斯巴达人思想保守,其教育机构成员均为斯巴达奴隶主阶级的成员,严禁其他人员的加入和参与。

6. 斯巴达教育的特点

斯巴达教育特色鲜明,主要为如下几点。

首先,斯巴达教育具有国家公立教育的性质,儿童被视作国家的财产,男童7岁以后由国家负责教育,与原始社会的公养公教公育相似。

其次,斯巴达教育具有片面性,不注重人的全面发展,仅仅出于维护统治的需要开展军事体育训练,对文化知识的教育非常忽视,因此培养的是军人和公民。

最后,相对于同时期其他城邦、国家的教育,斯巴达教育重视女子教育,女童可以和男童一样参加体育训练和比赛,甚至可以在学校学习音乐、舞蹈等课程。

7. 斯巴达教育的弊端

斯巴达的军事教育制度使斯巴达男人几乎一生都在军营中度过,单一的体育、军事训练，忽视了对儿童智力、艺术创造力等的培养，无视了儿童个体的差异和不同需求，没有发挥教育启迪思维、发展个性的作用，最终导致斯巴达在人类文化史上没有留下任何文化遗产。

此外，斯巴达的军事教育制度成为后世军国主义学习的榜样，造成了恶劣的影响。

8. 斯巴达教育的启示

虽然斯巴达的军事教育制度存在弊端，但是也有值得我们学习的地方，如大力培养儿童的爱国主义精神，服从集体利益，锻炼健康体魄，不溺爱儿童，培养儿童顽强、勇敢、坚韧的品质，重视并实行男女平等，赋予男女儿童同等的受教育的权利。

斯巴达的早
期教育思想

任务二　浅析雅典的早期教育思想

案例导入

现如今，很多家长在孩子一两岁的时候就把他们送往各种各样的培训班，如绘画班、舞蹈班等，希望孩子能够掌握一门技能。但小王没随波逐流，他认为比知识、技能更为重要的是孩子的品行，并坚持在生活的点点滴滴中影响和塑造孩子的道德品质。

案例思考

1. 小王坚持的教育理念与西方历史上哪一个时期的教育一脉相承？
2. 如何看待道德教育？

一、雅典早期教育发展的时代背景

雅典是古希腊最强盛的城邦，位于希腊东南的阿涅夫半岛。雅典三面环海，山地多，平原少，不利于发展农业，但手工业发达，同时，得益于良好的海运条件，航海和商业贸易发达，是希腊各邦与古代东方各国联系和贸易的纽带。这不仅使雅典经济繁荣，为雅典教育的发展打下基础，也使雅典人思想开放，善于接受外来文化。

雅典最初只是一个城市，当阿涅夫半岛统一成为一个城邦后，雅典成为城邦的名称。公元前 8 世纪，雅典从原始社会过渡到奴隶制社会。早期，它实行贵族统治，公元前 594 年的梭伦改革开始，经过公元前 509 年—前 508 年的克利斯提尼改革，逐步实行奴隶主民主制。到伯利克里时代（公元前 495—前 429 年）雅典确立了奴隶制民主政治。伯罗奔尼撒战争（公元前 431—前 404 年）后，雅典战败于斯巴达，国力衰弱。在希波战争后，雅典成为提落同盟首领，逐渐建立起它在希腊世界的海上霸主地位，在政治、经济、文化方面达到鼎盛，也使雅典有更多的机会接触、甄别外来文化并改造，引为己用。

二、雅典早期教育发展的状况

（一）雅典教育的目的

雅典城邦高度重视教育,甚至立法规定如父亲不让子女接受适当的教育,子女可不履行赡养之责。但不同于斯巴达,雅典教育的目的在于培养体格强健、情操高尚、智力发达、兴趣广泛、能言善辩的全面发展的公民,其所从事的职业不仅局限于军人,还可以是商人、手工业者等。

（二）雅典教育的机构

雅典人虽然重视教育,认为应由国家规定公民须具备的智慧、公正等公民素质,但具体如何培养,不能完全依赖于国家。因此,雅典私人学园盛行,国家只负责针对 16～20 岁青年的教育。

（三）雅典的早期教育

雅典的儿童出生后,也要经过体格检查,与斯巴达不同的是,体格检查由儿童父亲进行。7 岁前,男女童均在家中受父母教育。7 岁以后,男童便被送入学校学习,一直到 16 岁为止;女童继续在家中由母亲教育,学习纺织、缝纫等技能,为将来成为一名家庭主妇做准备。

（四）雅典的教育内容

雅典男童在 7 岁以后进入私立收费的文法学校和音乐学校,文法学校为启蒙阶段,主要学习读、写、算的初步知识,在音乐学校学习乐器演奏和荷马史诗,以培养美感、陶冶情操。在十二三岁时进入体操学校学习赛跑、跳远、角力、标枪、掷铁饼五项竞技及游泳、拳击等,以强健体魄,并培养坚强、勇敢的品格。而十五六岁后,少数贵族子弟再进入国家体育馆,学习军事技术,参加宗教活动、公共集会、法庭审判,进行政治道德培养。18 岁以后就进入青年军事训练团,20 岁时通过一定的仪式即可取得公民称号。雅典儿童在此期间的学习内容如下。

1. 体育

雅典的体育教育主要靠体操学校完成。雅典城邦是最早让内科医生和训练专家参与儿童体育训练的,按照青少年的不同身体发展水平来划分不同阶段的训练目的,注意儿童的个体差异和生长发育不同阶段的特点,避免过度劳累,力求使训练内容、强度、水平与儿童的体力、耐力和技巧发展水平相适应。体育主要训练内容有跑步、跳远、掷标枪、扔铁饼、摔跤等。

2. 音乐和舞蹈

音乐教育在雅典人的教育中几乎包括除体育以外的所有科目,它不仅指音乐本身的节奏、旋律、声调,而且包括诗歌、阅读、写字、算术,甚至包括法律、哲学和自然科学。也就是说,凡是能增加知识、陶冶性情、培养德行的学问都属于音乐教育的范畴。

3. 文学教学及其他

能读会写是雅典公民必须具备的技能,几乎每个公民都能识字。雅典的儿童刚能阅读，就开始学习《荷马史诗》。

法律是雅典人必须学习的科目。因为商业发达，为了从事商业活动，算术也是必不可少的科目之一。

4. 道德教育

在雅典，普遍认为孩子的品行远比阅读和音乐更为重要，学校会组织有关心灵教育的活动，使学生灵魂得到洗礼。

5. 埃弗比训练

雅典青少年满18岁后就会被正式载入城市公民册，成为一名埃弗比青年，然后接受训练，去乡村当巡逻兵，直到20岁成为普通公民。

（五）雅典教育的师资队伍

由于雅典三面临海，交通便利，是希腊各邦和东方联系的要塞，有利于吸收外邦的文化。雅典人的思想也较为开放，这也使雅典的文化教育较为开放和包容，雅典的教师队伍里除了本国的统治阶级和哲学家等智者，来自外邦的智者也为数众多。

（六）雅典教育的特点

雅典教育注重受教育者的身心全面和谐发展，着力培养身心和谐，既美且善的公民，教育的功利性不强，确立了人类教育史上全面教育的模式，影响深远。

（七）雅典教育的弊端

雅典教育不重视女子受教育的权利，女童7岁后学习内容局限于操持家务，不利于女子的发展。

雅典的早期
教育思想

（八）雅典教育的启示

雅典教育注重受教育者身心和谐，全面发展，教育内容丰富多彩，教学方式灵活多样；注重兼容并重，开放而有活力；教育方法上注重师生互动，启发引导，不仅奠定了西方教育的理论，也值得我们借鉴。

拓展阅读：《古希腊雅典教育思想及其前瞻性浅析》

同步实训　比较斯巴达和雅典早教思想的异同

1. 实训目的

加深学生对斯巴达教育和雅典早教思想的认识。

2. 实训安排

（1）学生就斯巴达教育和雅典早教思想上网搜索资料，制作 PPT。

（2）小组讨论、总结。

3. 教师注意事项

(1) 由电影导入斯巴达教育思想。

(2) 提供一些网络资源,供学生讨论。

4. 资源(时间)

1 课时、参考书籍、网页。

5. 评价标准

表 现 要 求	是否适用	已达要求	未达要求
外在表现(参与度、讨论发言积极程度)			
资料收集的全面程度			
PPT 制作的适宜和完整程度			

教学做一体化训练

一、重点名词

古希腊　斯巴达　雅典　城邦

二、课后讨论

1. 古希腊的教育思想对人类有什么作用?

2. 斯巴达教育的主要内容是什么?

3. 斯巴达教育的特点是什么?

4. 如何评价斯巴达教育?

5. 雅典教育的主要内容是什么?

6. 如何评价雅典的教育?

三、课后自测

比较斯巴达和雅典的教育,并结合案例谈谈对自己的启示。

课 后 推 荐

一、图书

1. 李立国.古代希腊教育[M].北京:教育科学出版社,2010.

2. 冯克诚.古希腊罗马教育思想与论著选读[M].北京:人民武警出版社,2010.

3. 张法琨.古希腊教育论著选[M].北京:人民教育出版社,2007.

二、电影

1. 斯巴达克斯,斯坦利·库布里克,美国,1960。

2. 斯巴达300勇士,扎克·施奈德,美国,2007。

模块三
近代早期教育思想

学习目标

- 识记：大教育论、自然教育、恩物、绅士教育。
- 领会：近代学前教育家的主要教育思想；几种教学思想的主要特色。
- 理解：分析近代学前教育思想的演变过程；分析几种教育观之间的异同。
- 应用：
    1. 夸美纽斯的大教育观对现代教育的启示；
    2. 卢梭的自然主义教育观和约翰·洛克的教育理论在幼儿教育中的体现；
    3. 试分析比较几种教育理论的异同点。

模块描述

　　本模块主要介绍西方近代早期教育的历史背景，知道几种主要的近代学前教育思想的形成原因，了解这几种思想的基本情况和主要特色，掌握他们的教育方案的核心，明确这些教育思想对我国幼儿教育改革和发展的几点启示。

思维导图

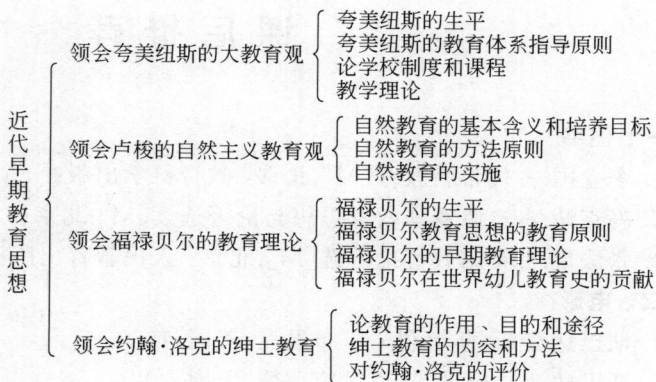

任务一　领会夸美纽斯的大教育观

案例导入

有的人认为孩子是一张白纸,完全可以按照大人的意愿来描绘、设计未来。有的人认为孩子是一粒种子,带有与生俱来的基因密码,教育为它提供生长的土壤和条件。

案例思考

1. 你更倾向于哪一种比喻呢？为什么？

2. 如果你是夸美纽斯,你会怎么看待人的天赋和后天环境？

一、夸美纽斯的生平

扬·阿姆斯·夸美纽斯(Johann Amos Comenius,1592—1670 年)(图 3-1)是 17 世纪著名的教育理论家和实践家,近代教育理论体系的奠基人,是人类教育史上里程碑式的人物,被誉为"教育学之父"。他于 1632 年发表的《大教学论》被称为世界教育史上第一部系统的教育学理论巨著。后人把他尊称为"教育史上的哥白尼"。

1592 年,夸美纽斯生于捷克一个磨坊主的家庭,12 岁时父母双亡。受到资助先后进入拉丁文法学校、德国赫尔伯恩大学学习。在大学期间,他研读了古代思想家以及人文主义思想家的著作,产生了在人民中间传播知识的民主愿望。1614 年,夸美纽斯大学毕业回到祖国,开始了改革旧教育,建立新教育的事业。

图　3-1

不久后,处于德国统治下的捷克爆发了起义并失败,战乱中,夸美纽斯的藏书和手稿全部丧失,他又在战后的瘟疫中失去妻子和儿女。夸美纽斯迁居波兰的黎撒避难,从此他终生漂泊国外,未能重返祖国。

夸美纽斯在黎撒从事教育理论研究,研究了古代希腊、罗马的优秀教育遗产,汲取了文艺复兴时期人文主义教育思想,总结了当时新兴资产阶级教育经验,并结合自己长期的教育实践,系统地阐述了改革旧教育建立新教育的各方面问题,写出了大量教育专著和教科书,包括近代第一本教育学论著《大教学论》(1633 年)和近代第一本学前教育学论著《母育学校》(1632 年)。他还编写了著名的儿童启蒙读物《世界图解》(1658 年),这是西方教育史上第一本附有插图的儿童百科全书,该书构思新颖、内容广泛、图文并茂,堪称教材一绝。

二、夸美纽斯的教育体系指导原则

夸美纽斯的教育体系指导原则主要包括以下两个方面。

（一）适应自然

教育必须适应自然是夸美纽斯教育体系的一条指导原则。教育适应自然，是教育必须遵循自然界的普遍规律。自然界有一种普遍规律，人是自然的一部分，因而人类的教育活动必须与自然界的普遍规律相适应。夸美纽斯要求新学校应把自然的"秩序"作为"把一切事物教给一切人类的主导原则"。

自然适应性原则还包括教育必须适应儿童本身的"自然"，即儿童身心发展的特点。夸美纽斯为使自己改革封建主义、经院主义教育的斗争立于不败之地，以自然界的普遍规律作为自己教育思想的理论依据，并注意到儿童的年龄特征，这在当时是进步的。但由于时代和阶级的局限，夸美纽斯对儿童心理的认识也是肤浅的、粗糙的。

（二）"泛智"思想

"泛智"思想是夸美纽斯教育体系的又一指导原则，也是其教育理论的核心，是夸美纽斯从事教育实践和研究教育理论的出发点和归宿点。所谓"泛智"，用夸美纽斯的话来说，就是"把一切事物教给一切人类"。使所有人通过接受教育而获得广泛全面的知识，从而使智慧得到全面的发展。它包含着两个方面内容：一是教育内容泛智化，夸美纽斯对几乎以《圣经》为唯一教育内容的旧教育极为不满，认为人们所受的教育应当是周全的，要"学会一切现世与来生所必需的事项"，即百科全书式的知识，从而"懂得科学，纯于德行，习于虔敬"；二是教育对象普及化，夸美纽斯指责当时的学校只是为富人、贵人设立的，穷人、贱人被排斥在校门之外，他要求学校向全体人们敞开大门，不论富贵贫贱，一切男女青年都应进学校接受教育。

夸美纽斯的"泛智"思想，反映当时新兴资产阶级反对宗教蒙昧主义，提倡认识世界和发展科学的时代精神，以及广泛普及教育的民主要求，具有极大的进步意义。"泛智"是夸美纽斯改革旧教育，建立新教育的思想基础，夸美纽斯的一系列教育主张与活动都是跟"泛智"思想紧密联系在一起的。

三、论学校制度和课程

夸美纽斯的"泛智"思想，反映在学校制度方面，就是夸美纽斯从普及教育思想出发，提出了一个前后衔接的单一的学校制度体系。夸美纽斯重视学校，认为"学校是造就人的工厂"，所有青年都应该进学校受到共同的教育。夸美纽斯要求每个城市和乡村都设立学校，让全体男女儿童不分贫富贵贱都进学校。夸美纽斯关于普及教育的主张，反映了包括资产阶级在内的广大人民的要求，体现了夸美纽斯的民主思想。

夸美纽斯所设计的学校制度体系明显反映了儿童身心发展特点。夸美纽斯把儿童从出生到青年分为 4 个阶段,每个阶段 6 年,设有与之相适应的学校。

第一阶段:0～6 岁——婴儿期——母育学校。

第二阶段:6～12 岁——儿童期——国语学校。

第三阶段:12～18 岁——少年期——拉丁语学校。

第四阶段:18～24 岁——青年期——大学与旅行。

夸美纽斯认为每个家庭应当是一所母育学校,母亲是主要的教师。母育学校的主要任务是保护和发展幼儿的身体健康,给予初步的、知识的、道德的和宗教的教育,为培养身心和谐发展的人打下基础。

夸美纽斯十分重视体育,坚信身体是精神的基础。他说,最重要的是父母应首先注意保持其子女的健康,因为除非他们生气勃勃而有力,否则就不能成功地把他们培养起来。

夸美纽斯为母育学校拟订了一个范围极为广泛的课程计划。他要求用适当的方法教给儿童物理学、光学、天文学、地理学、年代学、历史学、算术、静力学、机械学、辩证法、文法学、修辞学、诗词、音乐、经济学、政治学、道德学、宗教与信仰等各种学科的基础知识。这个课程计划极其明显地表现了夸美纽斯的"泛智"思想。

夸美纽斯
大教育观 1

四、教学理论

夸美纽斯所说的教学理论是指"教学的艺术"即"把一切事物教给一切人类的全部艺术",包括三层意思:①夸美纽斯的教学论是为"一切人类"服务的,人人都可受教;②"泛智"思想,教学内容包括"一切事物"的知识;③夸美纽斯把教学看作一项艺术。

(一)学年制和班级授课制

夸美纽斯对中世纪学校工作的缺乏计划性和个别教学极为不满,提出实行学年制和班级授课制。所谓学年制,就是所有公立学校在一年之中只招一次学生,秋季始业,同时开学,同时放假。学生入学之后,必须坚持完成学业,不许中途退学。一学年分四个学季,四次节假日,三次安排在宗教节日前后,每次八天,在收葡萄的季节安排一个月的假期。学校工作应按年、按月、按日、按时安排妥当。学年终了时,通过考试同时升级。

教学组织方面,夸美纽斯要求用班级授课来代替个别教学,就是把不同年龄、不同知识水平的学生,分成不同年级,通过班组进行教学。夸美纽斯认为一位教师可向全班几百名学生同时授课。教师把全班学生分成若干个十人小组,每个小组由一个成绩优秀的学生去管理(称为"十人长")。

夸美纽斯断定,班级授课制具有极大的优越性:①它扩大了教育对象数量(每位教师可教几百名学生),有利于普及教育;②教师面对众多的学生,工作兴趣大增,工作热情高涨,从而能够促进学生学习的积极性;③在学生方面,大群的伴侣在一起,可以互相激励,互相帮助。例如,每当在课堂让学生进行复述练习时,就可以帮助他人记忆,同时,在复述练习中,学生会逐步养成细心、注意和镇定的习惯,而这种习惯对学生在日后处理生活实际问题时有极大的用处。

虽然夸美纽斯关于学年制和班级授课制的许多意见还是粗糙的,其中也有不少片面性的地方,但他总结了教育实践中的宝贵经验,最早从理论上详细阐述了班级授课制,论证了其必要性和可行性,从而大大加强了学校工作的计划性,提高了工作效率。学年制和班级授课制反映了教育工作的客观规律,符合近代学校教育,特别是普及教育发展的需要,因而被后人广泛采用,夸美纽斯在世界教育史上建立了不朽的功绩。

（二）教学原则

夸美纽斯认为,周全的教育必须对旧的教学方法进行改革。应当追随自然规律,把教学提高到科学水平,他根据自然"秩序",对新学校提出了五条原则,即延长生命的原则;精简科目,使知识能够更快地获得的原则;抓住机会,使知识一定可以获得的原则;开发心智,使知识容易获得的原则;提高判断能力,使知识能够彻底地获得的原则。

针对教学,夸美纽斯的原则归纳起来,主要有以下几个方面。

1. 直观性原则

夸美纽斯依据"一切知识都是从感官的感知开始的唯物主义感觉论",把通过感官所获得的对外部世界的感觉经验作为教学的基础,强调教学中的直观性原则。他强调教学中实际观察、使用图片模型、呈现直观教具的重要作用,论述了直观教学的具体规则,如距离要合理,观察的顺序应是先整体后细节等。

关于直观教学,古人早有提及,文艺复兴时期许多人文主义教育家尤为重视。夸美纽斯的重大功绩在于他第一次赋予直观教学以感觉论的理论基础,并详细阐述了它的重要性和具体方法,这不仅对当时的死记硬背、文字说教的经院主义教育来说有着巨大的革新意义,而且对教学理论的发展也有着深远的历史影响。但他把直观知识和间接知识对立起来,又承认"神启"的作用,在教学中有着一定的局限性。

2. 自觉性和主动性原则

夸美纽斯认为求知的欲望是人的天然倾向,是人的自然本性。父母、教师、学校和国家必须采取一切可能的方式激发孩子们的求知欲,引导他们自觉自愿地学习。比如,父母当着孩子的面鼓励他们去用功;教师可用温和的、循循善诱的语言,仁慈的感情去吸引学生,用时时表扬用功的学生的方法,去激发他们向往学习;学校则应当用光亮清洁的课室,饰以伟人照片、历史图表以及图画的墙壁,可供游戏和散步的空地,赏心悦目的花园等快意、幽美的环境,去激励孩子们爱好知识的心思。

3. 循序渐进和系统性原则

夸美纽斯要求教学工作要依据儿童的年龄特点和理解能力,循序渐进地进行。教材的难易要符合儿童的理解能力,分量要适当。循序渐进是与系统性紧密联系的。他认为教学必须按照一定的秩序和阶段逐渐发展,给予学生系统知识。教学应遵守从易到难,从简到繁,从已知到未知,从具体到抽象。

4. 巩固性原则

夸美纽斯指责当时学校没给孩子以巩固的知识,使之获得"彻底的教育"。他认为,出现这种情况的原因有两个:一是学校专教无意义的、不重要的功课;二是孩子所学的知识没有在头脑中固定下来,犹如继续不断地向筛子上泼水,最后仍然是一无所得。为了使孩子真正掌握知识,夸美纽斯强调,首先,应教给孩子真正有用的科目,有价值的知识;其次,要循序渐进,真正打好基础。夸美纽斯高度评价记忆在巩固知识中的作用。他认为,记忆靠练习,因而自幼就应练习记忆,在教学过程中应有适当的反复与练习,不断巩固知识。

夸美纽斯依据自然适应性原则,详细地论述了教学过程中应遵循的规则,第一个提出较为完整的教学原则体系,为改革教学作出了重大贡献,在世界教育史上建立了功绩。夸美纽斯的教学原则实际上是前人特别是人文主义教育家以及他本人教育实践经验的总结,其中有不少合理的因素,因而为后人所接受,并不断充实、发展和完善,成为一份珍贵的教育遗产。

夸美纽斯大教育观 2

拓展阅读:《剖析夸美纽斯〈母育学校〉中的学前教育思想》

任务二　领会卢梭的自然主义教育观

案例导入

家长们越来越重视孩子的教育,舍得对孩子的培养投入金钱和精力,甚至是把 3 岁的孩子送到兴趣班。而且很多家长们有这样的想法:“别家孩子都在上兴趣班,我家孩子不学点才艺,好像落伍了。”除了识字、算数,有的家庭让孩子学钢琴、书法、绘画,甚至英语,原本天真烂漫的孩子变成了“机器人”。一位妈妈假期给孩子报了三个兴趣班,英语、舞蹈和绘画。这位妈妈说,她希望孩子将来多才多艺,看到很多孩子都在学英语,她也不愿自己的女儿落后。

案例思考

1. 你是否赞成这些家长的做法?
2. 什么样的教育方式更适合 3 岁的孩子?

让-雅克·卢梭(Jean-Jacques Rousseau,1712—1778 年)是法国 18 世纪伟大的启蒙思想家、哲学家、教育家、文学家,18 世纪法国大革命的思想先驱,杰出的民主政论家和浪漫主义文学流派的开创者,启蒙运动最卓越的代表人物之一。他的自然教育论及其思想完成了教育中儿童观的革命,使教育发展方向发生了根本的转变,在西方教育史上具有划时代的意义。卢梭的教育思想对我们当今教育理论和倡导以素质教育为主题的改革实践有较强的现实意义和指导价值。

一、自然教育的基本含义和培养目标

(一)基本含义

卢梭“自然教育”的核心是教育必须顺应儿童天性发展的自然历程。所谓顺应儿童天性发展的自然历程,就是教育必须遵循儿童身心发展的特征。

在他看来,儿童生理、心理的发展有其规律,是不可能改变的。每个人都是由自然的教育、人为的教育、事物的教育三者培养起来的。只有这三种教育圆满地结合才能达到预期的目的。所谓自然的教育,是指儿童身心自然发展;所谓人为的教育,是指教育者对于受教育者所施的有意识、有目的的指导;所谓事物的教育,是指环境对受教育者的影响。人为的教育与事物的教育必须服从自然教育的指导。卢梭要求教育内容、方法以及儿童生活和学习的环境都必须适合儿童自然发展的进程,教师应当成为自然的理性助手,为儿童自然发展创造条件。

教育必须遵循自然,夸美纽斯早已提出,但夸美纽斯所理解的自然,主要是指客观世界的自然秩序,没有强调儿童身心发展的特点。卢梭对自然的理解主要是指儿童的年龄特点,这比夸美纽斯有所进步。但是卢梭关于教育三个来源的论述,虽然过分强调了自然的决定作用,对环境特别是教育对人的发展主导作用认识不足,表现了他的形而上学观点。但卢梭作为卓有远见的教育思想家,早在200多年前,就对遗传、教育、环境三者对人的发展的作用有了初步认识,这对教育学理论的发展是有意义的。

（二）自然教育的培养目标

自然教育的培养目标是自然人。"自然人"这个概念是与"公民""国民"等概念相对立的,但也不是原始社会的野蛮人,而是身心和谐发展的人。自然人主要有以下四个特征:一是独立自主的人,能体现自身价值;二是平等的人,而社会中公民是有等级的;三是自由的人,不必固定于某一个职业,而国家公民在社会中常常是某种专业化的职业人;四是自食其力的人,无须依赖他人为生,这是独立自由的可靠保证。总之,自然人就是独立自主、平等自由、道德高尚、能力和智力极高的人。

卢梭自然主义
教育观1

二、自然教育的方法原则

（一）正确认识儿童

卢梭认为儿童有其特有的看法、想法和感情,不能用成人的思想来代替儿童的思想和感情。卢梭指出,在万物的秩序中,人类有他的地位;在人生的秩序中,儿童有他的地位。应当把成人看作成人,把孩子看作孩子。他呼吁人们既不要把孩子当成待管教的奴仆,也不能把他作为成人的玩物。

（二）给儿童自由

卢梭反对过早对儿童进行理性的教育,向他们灌输成人的东西。他主张不干预、不灌输、不压制和让儿童遵循自然率性发展的"消极教育"。"消极教育"并非什么都不做,而是观察自由活动中的儿童,了解他们的自然倾向和特点,并且防范来自外界的不良影响。"消极教育"与传统的教师为主的教育相反,以儿童的自主发展为中心。卢梭"消极教育"思想是卢梭哲学观点在教育上的反映,是他的自然教育理论在教育上的运用。它颠覆了一直以来的儿童观和教育观,对近现代教育有重要的启发意义。

(三)因材施教

卢梭认为教育适应儿童的身心发展的年龄特征,还应当适应儿童的个性差异,每一个人的心灵有他自己的形式,必须按他的形式去指导他。只有确切地了解每一个儿童之后,再对他进行正确的指导,这样才能让儿童的个性得到自由的、充分的发挥。

三、自然教育的实施

卢梭告诫教育者要按照儿童的年龄去对待他们。他在《爱弥儿》一书中根据自己对儿童的观察和研究,提出了教育的四个阶段。

(一)婴儿期的教育(0~2岁)

卢梭认为这一时期的婴儿不会说话,体弱无能;虽能活动,有感觉,但不成熟,更没有思考能力。应以身体的养育和锻炼为主,一切身体保育措施都要合乎自然,给孩子活动的自由。这时的教育不在于教给孩子的是什么,而是促使他们自己去发现。

在具体养护方面,他主张送孩子去乡下环境自然生长,反对襁褓束缚孩子和对孩子的娇生惯养。提倡用母乳喂养孩子,由父母亲自养育孩子。

(二)儿童期的教育(2~12岁)

此时儿童具备了一些独立性,但是他们的认识仍处于对外界形象的感觉阶段。不要教他道德观念,也不要强迫他接受道德规则,应结合具体事物进行教育。这时期着重进行感觉教育,使其获得丰富的感觉经验,如进行绘画、唱歌、游戏等活动。感觉是智慧的工具,训练感觉和身体器官,为理性活动打好基础。

卢梭对如何发展感觉、训练儿童的各种感官方面提出了许多见解。例如,触觉在感觉功能中运用最多,发展触觉的主要方法是练习。可以让儿童像盲人那样抚摸物体,训练触觉的敏锐性和准确性。视觉与触觉相比,视觉具有不可比拟的优越性。它延伸的范围较广,接触物体很快,能使心灵迅速做出判断。可以通过各种活动游戏、写生、制图等,发展视觉。还要重视听觉官能的教育,主要是训练判断发声物体的大小和远近,它的振动是猛烈还是轻微等。听觉主要靠学说话、唱歌、听音乐来练习。

(三)青年期的教育(12~15岁)

这一阶段的教育包括文化知识学习和劳动教育两个方面。在文化知识学习方面,卢梭把培养兴趣和能力放在首位,并注意通过学习知识陶冶情操。在劳动教育方面,他主张学生必须学习一门职业。通过劳动教育可以使思想得到陶冶,同时锻炼思维能力。

卢梭自然主义教育观2

（四）青春期的教育（15～20 岁）

卢梭认为儿童在这一阶段可以由农村返回城市，接受道德教育，学会做一个城市社会中的自然人。

拓展阅读：《爱弥儿》（选段）

任务三　领会福禄贝尔的教育理论

📝 案例导入

有一位母亲盼星星盼月亮只盼自己的孩子能够成才。她带着自己年仅 3 岁的孩子找到一位著名的化学家，想了解这位大人物是如何踏上成才之路的。知道来意后，化学家没有向她历数自己的奋斗经历和成才经验，而是要求他们随他一起去实验室。来到实验室，化学家将一瓶紫色的溶液放在孩子面前。孩子好奇地看着它，显得既兴奋又不知所措，过了一会儿终于试探性地将手伸向瓶子。这时，他的背后传来了一声急切的断喝，母亲快步走到孩子旁边，孩子吓得赶忙缩回了手。化学家哈哈笑了起来，对孩子的母亲说："我已经回答你的问题了。"母亲疑惑地望了望化学家。化学家漫不经心地将自己的手放入溶液里，笑着说："其实这不过是一杯染过色的水而已。你的一声呵斥出自本能，但也呵斥走了一个天才。"

📐 案例思考

1. 为什么化学家说这位母亲呵斥走了一个天才？
2. 你认为母亲应不应该阻止孩子把手伸向瓶子？为什么？

一、福禄贝尔的生平

福禄贝尔（Friedrich Wilhelm Frobel，1782—1852 年）（图 3-2）生于德国乡村图林根，是著名的教育理论家和实践家，19 世纪新教育的倡导者之一，近代学前教育理论的奠基人。其父是位虔诚的牧师，母亲在他 9 个月时就去世了，继母对他并不好。

孤独的他喜欢和大自然接触，并沉浸在大自然的安慰里，不断地思索自然的真理和奥秘。之后他被舅舅带走抚养，同时受到宗教熏陶。福禄贝尔 15 岁到林业官那里学习林业管理和测量，17 岁考入耶拿大学，攻读自然科学，同时接受了唯心主义哲学、浪漫主义和进化论的影响，形成了复杂的世界观，两年后因家庭经济困难而被迫辍学。回家后，他先后当过林业员、书记员、会计员，过着颠沛流离的生活。后来他仰慕裴斯泰洛齐，一方面在裴

图 3-2

斯泰洛齐的学校里任课,钻研动物、植物、物理、化学、矿物等自然科学;另一方面又吸取裴斯泰洛齐的教育思想和经验。1817 年,福禄贝尔在自己的故乡为学龄儿童创办了一所学校,实验裴斯泰洛齐的教育原则。1826 年,他写了《人的教育》一书,系统地阐述了他关于教育与教学的主张。1837 年,55 岁的福禄贝尔开始专门研究幼儿教育问题。他回到德国,在山林中创立了一所招收 3～7 岁幼儿的实验学校。1846 年,热爱自然的福禄贝尔为这个学校取名 Kindergarten 幼儿园——幼儿园如同花园,幼儿如同花草,教师犹如园丁。这也是世界上最早创立的幼儿园之一。同时他又开办了讲习班,训练大批妇女成为幼儿园教师。

二、福禄贝尔教育思想的教育原则

(一)教育适应自然发展原则

福禄贝尔接受了裴斯泰洛齐的教育适应自然原则的解释,进一步地把教育适应自然的原则理解为适应潜藏在人身中的力量和能力的自我发展。他还把教育适应自然法则理解为"小心翼翼地追随本能"。他认为儿童的活动受本能的制约。他说,儿童有四种本能:即活动的本能、认识的本能、艺术的本能、宗教的本能。教育要追随活动的本能,就是要唤起发展儿童的积极性、创造性和自动性。

我们应该抛弃这种不正确的"论证",但应该重视裴斯泰洛齐发展学生的积极性、创造性和自动性的主张,这对我们的教育是有价值的。

(二)自动发展原则

福禄贝尔关于教育的另一个重要原则是人的自动发展的原则。福禄贝尔认为,这种自动发展是个体利用自我能动的力量,通过内部表现于外部和外部表现于内部的两个阶段实现的。福禄贝尔之所以提出人的自动发展的教育原则,还在于反对旧教育对儿童的束缚。他研究了儿童的发展过程,将其划分为三个阶段:幼儿期、少年期和学生期。生命的发展是连续性的,父母的要求过多、过远,强迫子女去强加模仿,努力达到不属于他们时期的样子,会阻碍子女,使他们成为虚弱的孩子。他认为整个教育制度,应该建立在儿童不断成长、发展的基础上。教育的目的在于帮助儿童达成他自己的发展。教育工作者应该创造条件,使儿童能在这种条件下把自己内部所蕴藏着的神的本源很好地表现出来、发展起来。

三、福禄贝尔的早期教育理论

(一)论早期教育的地位和作用

福禄贝尔把早期教育放在极其重要的地位,他认为婴幼儿时期对人的发展是非常重要的,一个人对于自然、家庭以及社会关系的认识都取决于这个时期的生活。他提倡早期教育,是由父母的教育来开始的。婴儿看外界是像雾一样朦胧混沌的,由看到的东西及父母的话来认识事情，婴儿的感官的发展是从听觉、视觉，乃至四肢循序发展的，所以要先准备环境，在环境中让婴儿能够正确地去观察认识事物的特性、相互关系、时间、空间关系。他比以前所有的教育思想家更强调重视早期教育的重要性。福禄贝尔在 1844 年出版了《母亲的爱抚之歌》，并创设早期教育环境，让婴幼儿在母爱的环境中正确观察认识事物的特征和相互关系。为了培养婴儿期和幼儿期的身心和手脑并用能力，他还设计了"恩物"（gift），让幼儿由"恩物"游戏来认知外界事物。

（二）论幼儿园的意义和任务

福禄贝尔详细地研究了西欧各国和美国广泛流行的学前教育的理论和体系。他和裴斯泰洛齐一样重视家庭教育，但是他看到当时的德国由于资本主义经济的发展，许多妇女要进工厂劳动，于是小资产阶级家庭的母亲没有充分的时间来教育自己的子女，而且也没有受过足够的教育专业的训练，不可能把孩子教育好。因此，他认为建立幼儿园很重要。他继承了欧文等人办学前教育的思想，训练了大批幼儿园教师，创办了幼儿园，为学前教育和幼儿园在思想理论上做了大量的工作。

福禄贝尔认为幼儿园的任务是发展儿童的体格，锻炼儿童的外部感觉器官，使儿童认识人和自然，并在游戏、娱乐和天真活泼的活动中去做升入小学的准备。这些思想都是很有意义的。19 世纪后半期至 20 世纪初期，他的幼儿教育方法一直深刻地影响着欧美各国、日本和其他国家的幼儿教育。

但是，福禄贝尔认为幼儿园还要进行宗教教育和道德教育，培养服从、驯服、忍耐、节制等品格，这却是当时德国反动的封建统治所需要的。因此，福禄贝尔有关宗教教育、道德教育的观点是落后的、不可取的。

福禄贝尔
教育理论 1

（三）论游戏在儿童教育中的地位

游戏是儿童活动的特点。为了发展儿童的积极性、创造性和自动性，福禄贝尔认为必须应用各种游戏、作业和练习。

福禄贝尔认为，游戏和语言是儿童生活的组成部分，通过各种游戏，儿童的内心活动和内在生活变为独立的、自主的外部自我表现，从而获得愉快、自由和满足，并保持内在与外在的协调；游戏是儿童认识世界的工具，是快乐的源泉，是培养儿童道德品质的手段，在游戏过程中最能表现（或发展）儿童的积极性和主动性。

福禄贝尔为幼儿园制造教学材料和玩具，设计了一整套作业体系的思想和方法，这在整个幼儿教育史上是首创，具有重大的历史意义。虽然他在利用"恩物"等玩具和材料进行教学和作业的方法过于枯燥和形式主义，但如果我们能结合儿童实际灵活运用这套"恩物"和作业体系，确实可以发展儿童的各种能力。因此，福禄贝尔的"恩物"和作业体系在西方各国的幼儿园中被广泛采用，影响很大。但他为各种游戏规定了严格的次序，儿童在游戏中多半是机械模仿教养员的动作，在很大程度上使游戏变成了令人厌倦的单调的练习，这些又阻碍了儿童各种能力的发展，存在不足。

四、福禄贝尔在世界幼儿教育史的贡献

福禄贝尔把自己的一生贡献在幼儿教育上。他曾经详细地研究了学前教育的理论和幼儿园的教学方法,并在教育实践和理论研究的基础上创立了比较完整的学前教育理论体系,至今人们仍把幼儿园与福禄贝尔的名字联系在一起。他的"恩物",直到今天都具有广泛的影响,现在的儿童玩具中仍包含有它的某些基本形式。

福禄贝尔的整个教育理论体系建立在唯心的哲学基础上,带有宗教神秘主义色彩,具有一定的局限性。尽管如此,他的理论体系中的许多合理因素是不容低估的。例如,他反对强制性教育,重视儿童的积极活动,重视发展儿童的创造性等,都是正确的。他重视儿童游戏以及手工制作活动和劳动的教育作用,对 19 世纪后期资本主义国家初等教育有一定的影响。他对儿童发展的看法和自我活动等的一些教育原则,对 20 世纪初的"新教育理论"有直接的影响。尤其是他创办的幼儿园以及提出的幼儿教育理论,对世界各国幼儿教育的发展有广泛的影响,直到 20 世纪初期,他所制定的学前教育体系仍是学前教育领域中最流行的。

福禄贝尔
教育理论 2

任务四　领会约翰·洛克的绅士教育

📝 案例导入

据英国《每日邮报》报道,中国香港某奢侈童装品牌在上海某私人会所中推出"英式贵族礼仪"课程,针对家境富裕的中国"小公主""小王子"们,由英国著名礼仪专家 James Seatton 亲自授课,一天的定制课程高达 3800 元人民币。这一新闻经腾讯新闻转载,受到了网民们的热烈讨论。

《东方网》评论道,这些家长不惜巨资让子女上"英式贵族礼仪"课程,其心态可以理解。但不可否认的是,这是这些有钱家长对自己家教的不自信。也就是说,对于期盼自己子女养成"贵族气息"的家长而言,一定认为自己提供的家庭环境培养不出"贵族",所在的家庭环境不具有"培养贵族"的氛围。也就是说,在这些"小公主""小王子"的日常生活空间中是没有"贵族环境"和"培养不了贵族"的,否则,家长们又何必舍近求远、不惜巨资让子女上"贵族礼仪班"?

📊 案例思考

1. 你是怎么看待这个课程的?
2. 你认为什么是真正的"贵族"? 贵族是如何培养出来的?

约翰·洛克(John Locke,1632—1704 年)是 17 世纪英国哲学家、政治家和教育家,出生于清教徒家庭,是启蒙时代最具影响力的思想家和自由主义者,被誉为"自由之父"。他的著作影响了伏尔泰和卢梭,以及许多苏格兰启蒙运动的思想家和美国开国元勋。

早期资产阶级革命时期，资本主义制度正式在英国确立。洛克在政治上拥护由大资产阶级与贵族联合专政的君主立宪政体，其哲学观继承并发展了培根的唯物主义经验论，要求教育为现实生活服务，系统地提出了绅士教育理论。在其发表于 1693 年的著名教育著作《教育漫话》中，洛克总结了自己从事家庭教育的经验，为英国绅士的培养提供了详细的方案。

约翰·洛克
的绅士教育 1

一、论教育的作用、目的和途径

洛克高度评价教育在人形成中的巨大作用，教育的社会意义在于可以促进国家的幸福和繁荣；教育的个人作用体现于教育对每个人幸福、事业、前途的影响。他反对天赋观，倡导"白板论"，认为儿童的天性是白板或柔软的蜡块，可以任人随心所欲地涂写或塑造。

洛克还明确地提出，教育的目的就是培养绅士。所谓绅士，就是一种有德行、有学问、有能力、有礼貌的人。这其实反映了英国的资产阶级统治者对自己的下一代的要求，要求他们有良好的品德，有发展资本主义事业的能力，并具有与人交往的能力，具有多方面的学识。在他看来，绅士属于社会的精英，抓住了这一群体的教育，社会发展就有了保证。

在教育的途径上，洛克认为学校的学生来自不同社会阶层，人口参差不齐，所以绅士的培养绝不能通过学校教育，而只能通过良好的家庭教育来进行。凡是有能力的家庭应不惜重金聘请具有良好品格、丰富社会经验和良好文化素养的人作为家庭教师，以便取得良好的教育效果。

二、绅士教育的内容和方法

（一）健康教育的内容和方法

洛克把健康教育当作健康精神寄居的寓所、基础和前提条件。他说："健康之精神寓于健康之身体；要能工作，要有幸福，必须先有健康；要能忍受劳苦，要能出人头地，也必须先有健康的身体。"

洛克在牛津大学学过医学，当过私人医生和家庭教师，具有丰富的医学知识，并以此为基础拟订了具体完整的健康教育实施计划。他提出要从幼年起对儿童实施锻炼，反对娇生惯养。他提出作为父母必须对儿童的衣、食、住及生活常规提出严格的要求。例如，无论冬夏，儿童的衣着不可过暖；饮食要清淡、简单、定时；儿童要早睡早起，要睡较硬的床。在体育上，洛克特别重视加强儿童的身体锻炼。他主张儿童每天要用冷水洗脚，要学会游泳，多过露天生活，多外出活动，加强身体锻炼，增强身体的抵抗力。洛克关于体育的见解反映了当时英国新兴资产阶级对其子女在身体素质上的严格要求。在西方，第一个详细拟定儿童的保健制度的功绩应归于洛克。

（二）德育的内容和方法

洛克始终把儿童应具备的良好的德行放在首位，认为德行是绅士教育的灵魂，其他教育围绕着德行这个核心并为之服务。

1. 德育的内容

德行是什么？主要是指儿童在具有健康身体的基础上，精神和品德必须能够健全发展。洛克认为一切德行与美善的原则，在于克制理智所不容许的欲望的能力。一个人有了这种能力就可以智慧而有远见，有胆略，善于处理自己的事务，可以获得一切和他接近的人的尊重和好感。这是一个人成长和事业的基础。

洛克认为绅士应具有理智、礼仪、智慧、勇敢、节制、公正等品德。对于理智，洛克认为具有"健康精神"的人是必须能够克制自己的欲望，是一切德行与价值的重要原则和基础。绅士的第二种美德是良好的礼仪，美德是精神上的宝贵财富，但能使其发出光彩的则是良好的礼仪。而且对于礼仪，洛克给予的关注比德行的其他几个方面更多。洛克强调儿童的"第一件大事"就是懂礼节、讲礼貌、有风度(图3-3)。因此，家长及导师首先就要教会儿童言谈举止得体，与人交往合礼仪。洛克认为一个人事业的成功与否与其人际交往能力是紧密相连的。至于智慧，洛克所说的智慧就是为人处世之道，也就是在未来社会"生存"的技巧。他还要求儿童能够及时学会处理自己的事务，具有处理好所面临的各种事务的远见、才干和能力。洛克还认为勇敢和坚忍也是绅士必备的美德，是一个真正有价值的人的品性，为此需要从小锻炼孩子的胆量，即培养孩子的勇敢精神，使之能忍受痛苦，克服怯弱、脆弱的本性，能够做到刚毅、果断、勇敢。

图　3-3

2. 德育的方法

洛克主张教育方法应适应儿童的"心性"，即符合儿童的年龄。不管对儿童施以什么样的教育或教导，都必须要了解儿童，教育要适合儿童的自然天性和才能。在实践过程中，要保护孩子的天真稚气，但遵循自然原则并不意味着要溺爱、放任儿童的缺点，要注重理智的规范作用。对于孩子不合理的要求和不良的嗜好要加以禁止，要让他们学会用理智来克服欲望，具体方法有以下几种。

（1）及早实践。洛克认为儿童应该在极小的时候就被管教。每个人在不同的年龄段，都有不同的欲望。这是人的本性。而人的德行好坏，区别不在于有没有欲望，而在于能不能管理与克制自己的某种欲望。小时候不能克制自己欲望的人，长大后也不会服从自己的理智。所以培养这种品德应当"及早"地"通过练习"养成"习惯"。人在懵懂的婴幼儿期，没有形成自己的见解，可塑性强，教育可达到事半功倍的效果。建议父母在孩子出生后就要树立自己的权威，利用孩子对父母的崇敬，使孩子从小接触一些道德范畴，例如诚实、勇敢、谦逊等品质。

（2）宽严结合。孩子长大一些后，可以用符合儿童的能力和理解力的语言来规范其道德素质。说理的时候，教师和家长的举止应温和，即使惩罚，态度也要镇定，要使他们觉得教师和家长的作为是合理的，对于他们是有益的，而且是必要的。而当孩子逐步成长，有自己的思想和见解时，教师和家长则应越来越亲切，像朋友一样对待他，给予其一些参考意见。因此，在德育中，教育儿童要注意爱与畏这两方面尺度，既要尊重、爱护儿童，与儿童建立一种良好的亲情关系，唤起儿童对教育者的爱恋，又要对儿童严格要求。儿童对道德知识的获取、道德规范的遵守只有建立在对教育者敬畏的基础上才能成功，要张弛有度，宽严结合。

（3）奖励、惩罚与练习相结合。练习是培养儿童道德习惯的有效途径。教师和家长应当创造机会让他们练习，使他们养成习惯。洛克主张练习时，教师要认真观察儿童的行为，研究儿童的天性与才能，然后为儿童制定相应的道德规范体系。把体系分为若干规则进行练习，当一种规则经过练习，建立基础之后，再去增加另外一种规则。对儿童练习时的好行为，进行公开的表扬或适当的物质奖励；反之，则私下责备，用语应严肃认真，不受情绪支配。这样儿童会学会爱好名誉并在其中体会到尊重与耻辱之心，自觉地去维护其行为。洛克明确反对体罚，认为那是一种奴隶式的管教，因为它所培养的是一种奴隶式的脾气。教鞭威胁的时候，儿童是会屈服，可一旦不用教鞭，没人看见，知道不会受处罚的时候，儿童便会放任本来的倾向。

（4）榜样教育。洛克在书中写道："与榜样相比，没有任何事情能这么温和而又深入地打动人的心扉。父母与教师一定要以身作则（见图3-4《父与子》片段），你不愿意他去效仿之事，你自己便不可当着他的面去做。"儿童出生后，心智未开，对外部事物没有自己的见解，往往会先进行模仿。因此家长要为儿童提供优良的生活及教育环境，为儿童选择好的生活伴侣以及聘请一位具有良好教养、通晓礼仪、又具有智慧的教师来指导他们。这样儿童的道德水平才会向着良性循环的方向发展。

（三）智育的内容和方法

洛克认为，相对于品德，学问不是最重要的，只是作为辅助更重要的品德之用。洛克主张智育的目的不仅仅在于传授知识，更重要的是借此发展儿童各方面的能力，培养儿童的理解力、判断力、思维能力。洛克认为思维能力的发展比知识的掌握更有价值，因此洛克极其反对死记硬背。洛克认为，教师的职责并不在于把世上可以知道的全部知识都教给学生，而在于使学生爱好知识，尊重知识，采用正当的方法求知。洛克还主张智育必须同实用性结合起来，要求儿童把大部分时间用在日常生活中最有利的事情上，主张智育既应有助于儿童思维能力的培养，也应有助于绅士品格的形成，还要有助于对日常生活中实用知识的掌握。洛克在教学上有不少行之有效的见解。

1. 激发兴趣与好奇心

洛克认为，儿童天性爱玩，如果让他们去学习一些枯燥无趣的知识，或者是通过责罚

图 3-4

和打骂强迫他们去学习,结果会适得其反。他主张一方面教师要针对儿童的天性,将枯燥的教学过程变为有趣的游戏,比如借助玩具、插图等辅助教学,使儿童感到轻松又愉快。在游戏的过程中,对于儿童良好的表现进行奖励。另一方面,教材也应尽可能地具有趣味性和可读性,内容要适合他们的理解力,要能激发他们的兴趣,倡导用实物教学,让儿童在经验中获得知识。

同时,教师和家长要保持儿童的好奇心。当儿童提出"为什么"或"是什么"时,父母和教师要鼓励和重视,正确、认真地回答儿童提出的一切问题,当然还要符合他们的理解水平。家长和教师还应给予鼓励和赞赏,可以当着儿童所敬仰的人的面赞扬他们求知的欲望,使他们更喜欢知识。

2. 集中并保持儿童的注意力

洛克认为教师的技巧在于集中儿童的注意力,并且保持他的注意力。

(1)态度温和,不要粗暴专横。如果教师把自己当作惊吓鸟儿的稻草人,使儿童见了自己的面就害怕,儿童脆弱的心灵就会产生恐惧心理,就不能很好地接受教导、增加知识。教师应当经常庄重、安适、和蔼地与儿童交谈,这种对儿童的爱护,能够使儿童心情愉悦,更容易接受新知识,也更有动力去学习。

(2)教师应该使儿童明白学习的用处——能够做出以前不能做的事情,以此激发儿童学习的动力。

(3)要根据不同学科的特点,选择运用适当的教学方法,只要能保持儿童学习的兴趣与欲望,集中和保持儿童的注意力就容易了。

3. 循序渐进

洛克要求教师在教学中遵循由易到难、由简到繁、由已知到未知、循序渐进的原则。从明白简易的地方开始，一次教的分量越少越好，一部分完全明白了，才可以再教下一部分，要在不知不觉中一步一步地往前教。从已具有的知识入手，进而探求那些与它相邻相关的知识。这样儿童的悟性也会逐步得到开发，思维能力也能得到进步。

4. 练习法

洛克认为，干练的事业家必须先受到身体、道德、智力等多方面的训练。他认为，知识并不都在书本教材中获得，而主要是通过各种有关的实践活动即练习来获得。如通过地球仪与地图学习地理知识；通过实际计数活动学习算术；通过了解本国历史、古代法律以及当前的国家宪法来学习法律知识；通过阅读和会话来学习语言课程等。他还认为，让儿童把自己已经学过的知识教给别人，是儿童巩固知识的一种有效的方法。一个人如果学会了什么事情，要想使他记住，要想鼓励他前进，最好的方法莫过于让他教给别人。

三、对约翰·洛克的评价

洛克反对封建的旧教育，从当时英国资产阶级的需要出发，提出了一套全新的绅士教育理论，旨在培养资产阶级发展所需要的人才，这和封建的、宗教的教育相比，无疑是一大历史进步。他坚决反对封建贵族为维护等级差别而鼓吹的遗传决定论，提出了著名的"白板说"；主张对儿童进行德、智、体三方面的教育，使之全面和谐地发展；提出许多符合人类认识规律的教育原则和方法。

但洛克的教育观点也存在许多时代局限性，如他提出的培养目标是适应当时资产阶级发展需要的"绅士"；没有认识到教育与环境和遗传之间的辩证关系；完全否定学校教育；提出的广泛的课程体系，强调学习"有用"的、能"获取个人幸福"的知识，具有明显的资产阶级功利。

拓展阅读：《教育漫话》（节选）

约翰·洛克
的绅士教育 2

同步实训　近代早期教育思想的比较

1. 实训目的

加深学生对近代几种早期教育思想的认识。

2. 实训安排

（1）学生选择近代早期教育思想的两种，分组进行归纳。

（2）分析并比较这些思想的异同。

3. 教师注意事项

（1）从人物所处的时代背景入手引导产生异同的原因。

（2）提供一些学习资源,供学生参考讨论。

4. 资源（时间）

2 课时、参考书籍、案例、网页。

5. 评价标准

表 现 要 求	是否适用	已达要求	未达要求
小组活动中,外在表现(参与度、讨论发言积极程度)			
小组活动中,对概念的认识与把握的准确程度			
小组活动中,角色扮演的精准度			
小组活动中,文案制作的完整与适用程度			

教学做一体化训练

一、重点名词

大教育论　自然教育　恩物　绅士教育

二、课后讨论

时代背景与不同教育观之间有什么样的联系?

三、课后自测

1. 试述夸美纽斯的"泛智"思想的基本含义及其主要体现。

2. 卢梭自然教育的方法是什么?

3. 福禄贝尔的教育理论对后世有什么影响?

4. 洛克的绅士教育对我国早期教育有什么启发?

课 后 推 荐

一、图书

1. 诸惠芳.外国教育史纲要[M].北京：人民教育出版社,2003.

2. 夸美纽斯.大教学论[M].任中印,译.北京：人民教育出版社,2006.

3. 约翰·洛克.约翰·洛克的家庭教育[M].海鸣,译.福州：海峡文艺出版社,2005.

4. 卢梭.爱弥儿[M].成墨初,李彦芳,译.武汉：武汉大学出版社,2014.

5. 约翰·洛克.绅士的教育[M].方晋,译.西安：西安出版社,2011.

二、期刊

1. 徐小洲.19 世纪西方教育思想演变中的若干问题[J].浙江大学学报,2001(3).

2. 杨帆,杨静.论 16 世纪中西方教育思想内容及差异[J].重庆科技学院学报,2012(18).

3. 向月.论夸美纽斯与卢梭的"自然主义教育思想"的异同[J].基础教育研究,2010(15).

模块四
蒙台梭利早期教育理论

学习目标

- 识记：儿童发展敏感期、儿童心理发展的三个阶段、蒙台梭利的教育内容。
- 领会：蒙台梭利的教师观；蒙台梭利感官教育。
- 理解：蒙台梭利的教育目标；蒙台梭利教育中环境的重要性。
- 应用：
  1. 总结蒙台梭利理论对我国早期教育改革的启示；
  2. 掌握蒙氏教学的流程；
  3. 比较蒙台梭利教具和福禄贝尔恩物。

模块描述

　　本模块主要了解蒙台梭利早期教育理论的儿童观、教师观、教学观，领会蒙台梭利早期教育基本情况和主要特色，掌握蒙台梭利教育内容和方法的有关内容，正确评价和利用蒙台梭利理论。

思维导图

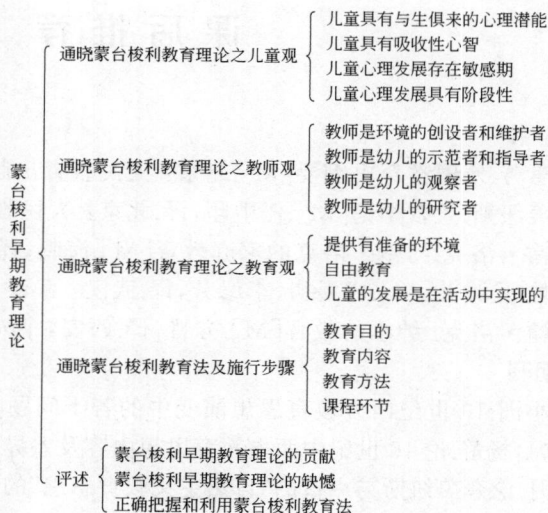

蒙台梭利早期教育法（图 4-1）又称蒙氏教育法，系由意大利心理学家兼教育学家玛丽亚·蒙台梭利（Maria Montessori，1870—1952 年）发展起来的教育方法。1907 年，蒙台梭利在罗马贫民区建立"儿童之家"，她运用自己独创的方法进行教学，结果出现了惊人的效果。几年后，那些"普通的、贫寒的"儿童心智发生了巨大的转变，被培养成了聪明自信、有教养、生机勃勃的少年英才。蒙台梭利崭新的、具有巨大教育魅力的教学方法，轰动了整个欧洲，"关于这些奇妙儿童的报道，像野火一样迅速蔓延"。人们仿照蒙台梭利的模式建立了许多新的"儿童之家"。

图 4-1

蒙台梭利
生平介绍

1909 年，蒙台梭利写成了《运用于儿童之家的科学教育方法》一书，1912 年这部著作在美国出版，同时，很快被译成 20 多种文字在世界各地流传，100 多个国家引进了蒙台梭利的教育方法，欧洲、美国还出现了蒙台梭利运动。1913—1915 年，蒙台梭利学校已遍布世界各大洲。到 20 世纪 40 年代，仅美国就有 2000 多所蒙台梭利学校。蒙台梭利在世界范围内引起了一场幼儿教育的革命。

任务一　通晓蒙台梭利教育理论之儿童观

案例导入

　　2 岁的贝贝最近特别爱扔东西，而且很明显是故意扔的，妈妈帮他捡起来马上又被他扔掉了。他还喜欢推着他的小推车四处转，有一天用力过猛，把书柜的玻璃门都撞裂了。还有，他会趁大人不注意爬到茶几上面玩，骑在沙发靠背上吃东西，吃到一口还得意地哈哈笑。他喜欢和妈妈一起搭积木，可是妈妈好不容易搭起来的积木，他就喜欢一巴掌打翻，然后乐不可支。出门时，贝贝一定要走马路牙子，摇摇晃晃却乐此不疲……贝贝的"惊人壮举"真是数不胜数。面对贝贝的捣蛋行为，妈妈又气又担心："贝贝这是怎么了？"

案例思考

　　贝贝到底怎么了？你知道原因吗？儿童在成长的不同阶段，会出现不同的行为现象，蒙台梭利是怎么对此总结的？

　　儿童观是对儿童的本质看法，蒙台梭利的儿童观受卢梭、裴斯泰洛齐、福禄贝尔的自然教育和自由教育的影响，是结合当时生物学、遗传学、生理学和生命哲学的理论，以及自己的实际观察和实验研究而加以阐述和发挥形成的。

一、儿童具有与生俱来的心理潜能

蒙台梭利认为，儿童存在着与生俱来的"内在生命力"，或称为"内在潜力"。它是儿童自我成长、发展并形成独特心理的内在源泉的基本动力。这种心理潜能的分化和发展使儿童逐渐出现各种心理现象并形成复杂的心理现象系统。

蒙台梭利认为所有正常的儿童都具备能促进自我发展的积极力量，生命有自己的发展规律，而教育就是要帮助生命按本身的规律去发展，切勿用一种外在的力量使幼儿脱离自身的发展轨道。蒙台梭利毕生所追求的就是帮助儿童发展，并使他们的个体潜在能力能最充分地实现。

二、儿童具有吸收性心智

吸收性心智是指儿童受心理潜能驱动，具有一种不自觉的、无意识的感受能力，积极地从外部世界获取各种印象和文化模式，并有一定选择地进行吸收。

蒙台梭利认为人有"双重胚胎"，即生理胚胎和心理胚胎。生理胚胎期，胎儿在母体内吸收营养；心理胚胎期是指形成最初心理萌芽的时期，是儿童出生时才开始发育的。

心理胚胎期的大脑空无所有，但它能积极地从周围环境中吸收各种事物印象。儿童吸收所处地区的气候和自然地理条件，吸收所处地区的风俗等民族文化传统，并将自己塑造成具有适应当地条件的体质和心理的人；儿童吸收抚育自己的双亲、家族、教师等社会关系的人格，吸收了社会环境中的有效成分并形成了自己的心理。在蒙台梭利看来，在生命的最初几年里，儿童正是依靠这种吸收性心智获得了关于周围世界的各种印象和文化模式，使之成为自己心理的一部分，并在此基础上形成了自己的个性和行为模式。

儿童通过"吸收"来"形成"其心理。从"吸收"到"形成"，这是一个主动建构的过程。儿童一方面依靠动作；另一方面依靠吸收性心智的活动与环境互动。3 岁以后，儿童逐渐觉醒并接受潜意识阶段所吸收的东西，并慢慢形成有意识的行为。儿童一方面通过活动来完成其无意识心理先前吸收的东西；另一方面继续吸收环境中的事物，但不同的是，他们的吸收开始变得有目的、有意识了。利用双手的活动使经验日益丰富，同时也发展自己。所以说，儿童心理是一个从无到有的过程，在这个过程中，事物的印象不仅进入其心理，而且形成其心理，同时形成有意识的吸收心理。儿童通过吸收逐渐建构起自己的心理，直到具有记忆能力、理解能力和思维能力等。

三、儿童心理发展存在敏感期

敏感期最早是由荷兰生物学家德弗里斯（Hugo De Vries，1848—1935 年）在研究动物时发现的。敏感期是指生物在其发展过程中，对环境中某事物的感知极其敏锐，产生无法抗拒的冲动，而且相应器官的机能也急速发展的时期。蒙台梭利认为，儿童发展过程中也存在着与动物相同的对特殊环境刺激的敏感期，教师应将敏感期概念引入儿童的发展领域并运用于儿童的教育中。她认为儿童的敏感期是指在不同的发展阶段,儿童表现出对某种事物或活动特别敏感,或产生一种特殊兴趣和爱好,学习也特别容易而迅速,是教育的最好时机。

蒙台梭利关于儿童发展具有敏感期的思想是她儿童观思想中最重要、最具独创性的部分。这一思想和实践体系为早期教育有效地适应儿童的特点、发挥儿童的主动性提供了理论和实践依据,开创了早期教育的新局面。

(一) 敏感期的特征

当幼儿处于某个敏感期时,会产生一种敏感力。当敏感力产生时,幼儿内心会有一股无法抑制的动力,驱使他对他所感兴趣的特定的事物产生尝试或学习的狂热,直到满足需求或敏感力减弱,这股力量才会消逝。

敏感期具有暂时性。敏感期是一种与成长密切相关的现象,并和一定的年龄相对应,它只持续一段短暂的时期,只要消失就永远不可能重新出现。由此,蒙台梭利认为如果不能有效地利用敏感期,宝贵的敏感期就会在未成熟的状态下稍纵即逝,造成儿童发展方面的种种障碍,使其无法达到完全的发展。她同时指出,能够充分利用敏感期的情况并不多见。绝大多数儿童在没有觉察和未充分利用敏感期的情况下,就已经定型了。这种未能充分利用敏感期的情况对于人类的发展来说是极大的遗憾和损失。

(二) 敏感期的划分

儿童的敏感期因人而异,蒙台梭利根据对儿童的观察与研究,归纳出儿童的五个敏感期。

1. 语言的敏感期

蒙台梭利认为语言的敏感期是从出生后 2 个月开始到 8 岁,其中 6 个月至 3 岁是语言敏感期的高峰时期。这个时期儿童对语言产生最大的兴趣,以模仿大人的言语来快速学习,在语言的词汇容量上快速增加,在语言的表达能力上迅速增强。语言敏感期表现在初期注视成人说话,牙牙学语,而后进一步模仿或重复成人的话,喜欢使用某些词句。

2. 感觉的敏感期

蒙台梭利认为感觉的敏感期是从出生到 6 岁,其中在 2~2.5 岁达到高峰。她指出孩子在 2 岁时对细微的物体,如对成人注意不到的小东西发生兴趣并给予极大的注意,这种对细节的关心不仅使儿童有选择地注意周围的环境,而且引发了幼儿的有关活动,从而使幼儿的感觉更加敏锐。这个时期可以毫不费力地学习几何形体,辨别颜色、方向、声音的高低以及字母的形体等,而这些均可以为以后更高层次的智力发展奠定基础。

3. 秩序的敏感期

蒙台梭利认为秩序的敏感期最早出现于儿童 2 岁左右,大约持续 2 年,3 岁左右表现最为明显。儿童在这一时期将知觉归类,了解环境,学会如何对待环境、物体之间的关系。儿童会表现出看到一件东西摆放在一个经常出现的位置时显得很高兴;发现环境或使用物品改变或改变固定路线会哭闹不休;如果有能力,他会坚持把不在固定位置的东西放回原来相应的位置上。如果儿童在秩序的敏感期内形成了良好的秩序感，他终生都将是一个规范、有序和温和的人。反之，如果错过了秩序的敏感期，再想培养规范性和条理性，就会很难。

4. 运动的敏感期

蒙台梭利认为运动的敏感期处于出生到 4 岁。在这段时间中，儿童喜欢活动而且其动作逐渐完美，为以后的发展奠定基础。如果这一时期缺乏运动，就会导致儿童对运动缺乏自信、性格上缺乏协调性和精神上的不满足。蒙台梭利指出，在这一时期内，儿童开始时是喜欢爬，然后是学习行走，到 1.5～3 岁时，他们又喜欢经常地抓握东西，如打开—关上、放进—拿出、搭好—推倒等，到 4 岁左右时，儿童又喜欢闭着眼睛靠手触摸来辨认物体，并用手和身体做各种较为复杂的动作。

5. "工作"的敏感期

在蒙台梭利教育法中有一个非常重要的概念是"工作"，蒙台梭利所谓的"工作"，简言之就是儿童在"有准备的环境"中和环境相互作用的活动。她认为儿童必须通过自己的"工作"才能使自己达到心理的健康发展。蒙台梭利认为儿童"工作"的敏感期是 3 岁到六七岁。在这一段时间里，儿童像一个"工作狂"，以令人惊讶的热情投入"工作"。蒙台梭利不仅仅把"工作"的敏感期看作一个独立的敏感期，更认为"工作"是各种敏感期的主要特征，是儿童得到各种发展的基础。

四、儿童心理发展具有阶段性

蒙台梭利认为儿童是处在连续的和不断前进的发展变化中的，而且这种发展变化是有阶段性的。儿童在其发展变化的每一阶段都表现出与另一阶段明显不同的特点，前一个阶段是后一个阶段的准备，为后一个阶段奠定基础。

蒙台梭利特别论述了儿童发展呈现阶段性，根据对儿童认真地观察和研究，她把儿童心理发展划分为以下三个阶段。

（一）幼儿阶段（0～6 岁）

这一阶段是儿童为适应环境而自我变化并转换形象的时期。根据儿童是否有意识地适应环境，这一阶段又可以分为两个时期，即 0～3 岁无意识地适应环境的时期和 3～6 岁有意识地吸收环境的时期，如图 4-2 所示。

1. 幼儿前期（0～3 岁）

这一时期是儿童身心各种能力发展的奠基时期，在这一时期里，儿童在无意识中通过旺盛的吸收性心理的作用，大量感受和吸收周围的环境，获得大量关于周围环境的印象和心理等各方面的进步。

2. 幼儿后期（3～6 岁）

儿童满 3 岁以后，便开始有意识地吸收环境，从这时起儿童有了记忆。这一时期的儿童不像前一时期那样仅仅依靠感觉，更主要的是依靠手的活动有意识地吸收环境。他们

图 4-2

有意识地用双手不停地做事、触摸和把握各种东西,有选择地模仿成人的动作,并通过这些活动一步一步地发展自己的心理,直至获得较为完整、系统的心理发展,使各种心理现象初步形成体系。蒙台梭利也把这一时期说成是性格形成的时期,认为儿童在各种能力均得到发展并初步形成系统的基础上,稳定的性格特征在这一时期就开始出现了。

(二)儿童阶段(6～12岁)

这一阶段是儿童在安宁、幸福的心态下开始有意识地学习的阶段,是儿童增长学识和艺术才能的阶段。这一阶段儿童的主要特征有三方面:①要求离开过去那种狭小的生活圈子;②开始具备抽象思维能力;③产生道德意识和社会感。因此,蒙台梭利要求扩大他们的生活范围,把对他们的教育从早期的感觉练习转向抽象的智力活动,并用道德标准和社会规范来要求他们。

(三)青春阶段(12～18岁)

这一阶段是儿童社交关系的敏感时期。在这一阶段,儿童强烈地意识到自己是社会团体的一员,并开始具备自尊心和自信心。因此,蒙台梭利主张在个体发展的青春期必须重视对他们进行社会性训练,帮助他们学习适应社会,成为合格的社会一员——公民。

蒙台梭利
的儿童观

任务二　通晓蒙台梭利教育理论之教师观

案例导入

早教教师是法官,每天都有处理不完的小官司;早教教师是"孩子王",每天和孩子摸爬滚打在一起,上蹿下跳,忘记了自己的年龄;早教教师是清洁工人,打扫教室,清理玩具,所有的体力活都要自己干。早教教师是艺术家，唱歌、跳舞、弹琴、手工、画画，十八般武艺样样精通；早教教师是教育专家，因为在家再难缠的孩子，到了早教中心都会乖乖地听话；早教教师是设计师，家长园地的布置，区域活动的设计，样样都凝聚着教师的心血；早教教师是妈妈，给年幼的孩子们带来无微不至的呵护。

■ 案例思考

　　1. 早教教师还是哪些角色？

　　2. 成为一名优秀的早教教师需要具备哪些素质？

蒙台梭利从根本上改变了传统幼儿教育的教师与儿童之间的关系。她对教师的作用及其应当扮演的角色作了详细的论述。

一、教师是环境的创设者和维护者

"有准备的环境"是蒙台梭利教育的核心。这样的环境包括有规律、有秩序的生活环境；提供有吸引力的、美的、实用的设备和用具；允许儿童独立地生活，自然地表现，使儿童能意识到自己的力量；丰富儿童的生活印象，促进儿童智力的发展，培养儿童社会性行为。蒙台梭利坚持教师应成为这一"有准备的环境"的创设者和维护者，使这个环境充满舒适、清洁、秩序、和平。让幼儿在教师为其创设的"有准备的环境"中进行自由活动和自我教育，而教师则"被动"地观察、研究和进行必要的指导。教师应当为幼儿提供具有吸引力且能够保持他们专注于工作的环境。在教师提供的环境中，幼儿可以自由地选择、操作教具，获得自由的环境经验，从而得到能力的发展。蒙氏教育的环境应该是有序的、美的，同时又必须是贴近儿童生活实际的，具有保护性和吸引力。

二、教师是幼儿的示范者和指导者

蒙台梭利把教师称为"启导员"。她认为教育工作者的首要任务是刺激生命，使儿童自由发展，因此，教师是幼儿教育活动的示范者和指导者。

（一）示范者

教师首先在自己的言行、仪表等方面起示范榜样作用，如举止自然优雅、仪容整洁、宁静端庄等。因为儿童的心智是"吸收性"的，教师的任何言行举止都可能无意地影响儿童人格的发展。

在儿童刚开始接触教具时，教师在鼓励儿童使用的前提下，可以做一次示范性操作；或者儿童对某些较复杂的教具虽已操作过，但操作起来比较困难，教师可做适当解释，但必须做到简单、明了、准确。

（二）指导者

儿童的发展离不开教师的指导和协助。蒙台梭利说："必须把教育理解为对儿童生命的正常扩充与发展给予积极的帮助。"她把"儿童之家"的教师称为"导师",而不是"教师"。

　　教师应该掌握好适度干预的时机和方式,时刻准备着在儿童需要的时候帮助他们。但教师的支持和帮助,必须以引导孩子向独立自主的方向发展为目标,而不是包办代办。传统的说教会破坏儿童自发的活动和独立自主意识,扼杀他们的主动性和创造性。

　　同时,在儿童的自由损害集体利益、冒犯或干扰他人时,教师还要负起维护良好纪律和阻止不良行为的责任。对幼儿超越自由限度的行为,如冒犯打扰他人等,要予以禁止和纠正。

三、 教师是幼儿的观察者

　　观察是幼儿教师必须具备的素质。教师在教育过程中,应当将自己定位于观察者,才能耐心地等待而不是粗暴地干涉儿童的各种自由活动,使儿童能够自动地将其内在需求显示出来。活动是儿童内在生命力的外部表现,教师只有通过观察儿童在自由活动中的各种行为表现,包括儿童是否对对象感兴趣,怎样感兴趣,兴趣的持续时间长短等,甚至应该注意儿童的面部表情,才能真正地了解儿童的精神,并揭示其生命的准则——内在的秘密,而给予适时与适量的帮助。

　　观察者的这一角色不是自然生成的,它需要采取一系列有效的措施来加以训练,包括观察能力的提高、科学的观察态度的养成和强烈的观察欲望的激发等,并且还需要不断地实践去提高观察水平。

四、教师是幼儿的研究者

　　教师的研究者角色是与观察者角色紧密连在一起的。蒙台梭利强调一个好的教师应当是一个科学工作者。为了了解儿童的欲望必须用科学的方法研究他们,因为儿童的欲望常常是在不自觉的情况下流露出来的。教师通过对儿童自由活动的观察得到信息,用这些信息来研究儿童的需求,并设法帮助他们。

　　幼儿教师只有把自己视作研究者,不断钻研业务,其认知结构、知识经验结构等方面才能始终处于一种开放的状态,即始终能够与外界保持良好的联系,时刻关注专业发展动态,并能较快地接受新的观念。在开放的追求中,不断地完善和超越自己。教师不仅是教学的主体,还应成为幼教研究的主体。如果幼儿教师不去研究每个幼儿,就无法了解每一幼儿的特点,"因材施教"等现代教育所倡导的个别化教育的理念便会落空,而教育就有可能成为一种无效或负效的影响。

蒙台梭利的教师观

　　拓展阅读:《蒙台梭利教师十大守则》

任务三　通晓蒙台梭利教育理论之教育观

案例导入

　　明明的奶奶特别疼他，不放心他去做有一丁点儿危险的事情。小朋友们在沙坑里玩，明明想去，奶奶阻止他："太脏啦，全是细菌。"小朋友们爬到小土坡上往下滑，奶奶也觉得太危险不让他去。明明很想和小朋友们一起玩，但是奶奶这也不让那也不让，他只能呆呆地看大家愉快地玩耍。他的所有尝试都被奶奶打断，他渐渐失去了探索的欲望。

案例思考

　　1. 在生活中你肯定也遇到过明明奶奶那样的家长。应该如何引导这些家长放手呢？
　　2. 未来存在各种各样的挑战，怎样才能让孩子们为这些挑战做好准备呢？请你从蒙台梭利的理论中找到帮助他们的办法。

一、提供有准备的环境

　　蒙台梭利认为儿童的发展是个体与环境交互作用的结果，环境的重要性仅次于生活本身，环境对人的发展有改变的力量。因此，她所创设的教育体系的最根本的特征就是对环境的强调。

　　她认为，合适的环境需具备以下几个要素。

（一）自由的氛围

　　自由是蒙台梭利环境中的首要因素。她认为，自由是幼儿可以不受任何人的约束，不接受任何命令、强制与压抑，可以随心所欲地做自己喜欢的活动。只有在自由的氛围中，儿童才会显露他们的本质，展露发展的可能。只有在自由的环境中，儿童通过自由的选择可以获得意志上的独立，使其身体的功能在自由的活动中获得完善和提高，并且使其心理、人格获得完善，最终达到具有和谐、独立人格的状态。

（二）结构和秩序

　　儿童成长的环境应表现外面世界的结构与秩序，以使儿童能够了解、接受，进而建立自己精神上的秩序。蒙台梭利教室中，各种活动区域划分明确，各种教具材料由易到难、由简到繁、错落有致地摆放在高矮适中的教具柜上，并随儿童发展水平和发展需要不断调整和更换。

（三）真实和自然

　　环境中的设备应尽量真实，接近自然生活，以使儿童能够尽早地适应社会，提高实际生活能力。蒙台梭利教室中有由儿童照顾的生物，有儿童按照实际生活的要求和规则操作的真实材料及实验器材，如真的冰箱、烤炉、水池、电话等，以及喝水的玻璃杯、削水果的带刃刀子、洗衣服用的搓板等。

（四）和谐与美感

环境无须装潢得精巧也无须布置得纷繁，而应简洁、明快、协调、有朝气。蒙台梭利学校通常都是低层建筑，室内宽敞明亮，色彩柔和，户外安全、洁净、绿草茵茵。师生交谈轻声细语，操作材料轻拿轻放，环境中的气氛轻松、和缓、温暖，儿童乐在其中。

（五）完备的教具

蒙台梭利教室中有四大类教具，包括日常生活练习教具、感官训练教具、知识性训练教具和艺术类训练教具。这些教具符合儿童身心发展需要，体现对儿童的教育要求、包括有丰富教育内容。

二、自由教育

蒙台梭利认为，在教育活动中，儿童是主体，是中心，教师是儿童活动的观察者和指导者。儿童具有天赋的生长潜能，具有内在的生命力。只有在自由的条件下产生的自我创造才能成功。

她提倡儿童根据自己的能力和需要去自由选择教具，独立操作，自我校正。她相信，没有一个人是由别人教育出来的，他必须自己教育自己。所以她设计的教具中设有专门的"错误控制"系统，如果儿童没有按照正确的方法去操作，那么操作就会失败，进行不下去。儿童在操作过程中根据教具的暗示进行自我教育，而不过多依靠成人的指点和批评。当儿童反复尝试成功以后，会获得喜悦和自信，这便是自我奖赏。传统教育中的评比、表扬、恐吓和批评，会使儿童依赖外部评价，屈从权威，丧失独立思考的能力，缺乏自信，失掉学习的乐趣。

但蒙台梭利所说的自由并不是无原则的自由，并不是任由儿童为所欲为的自由。儿童的暴力行为、粗野行为、干扰他人的行为等不良行为在蒙台梭利环境中是禁止的。除这些行为的其他行为都是允许儿童去做的。

三、儿童的发展是在活动中实现的

蒙台梭利认为儿童的教育不是以填鸭式的灌注知识为主，而是以活动为主。活动是儿童内在生命力的外部表现。她认为早期教育的目的不应该是将一些经过选择的事实塞给儿童，而是通过活动培养其自发的学习欲望。环境本身不能制造儿童的能力，只是提供儿童活动、发挥他们能力的场所和材料，只有让儿童运用各种感官，通过各种形式去感知、研究和探索他们周围的环境，才能发展其内在潜力。

她所指的活动就是"工作"。如果儿童能全神贯注地工作，则说明这种工作能满足他内在的需要。这个过程也就是儿童生理和心理实体化的过程。这不仅使儿童得到心理上的满足，而且也使他获得独立的能力。总之，工作对于儿童来说是极有帮助的，能有助于他的肌肉协调和控制，能使他发现自己的潜力，能有助于他培养独立性和意志力，能使他在生命力不断展现的神秘世界中练习自己，并进一步完善自我。

蒙台梭利
的教育观

任务四 通晓蒙台梭利教育法及施行步骤

✏ 案例导入

　　在某早教中心的活动室里，教师一边念儿歌"食指拇指碰碰，食指中指剪剪，我是小小魔术师"。一边带领家长和婴儿做手指游戏。随后，教师出示自制的魔术瓶，边示范边念儿歌"我是小小魔术师，摇一摇，碰一碰，变出红色真神奇"，边变出红色、黄色、绿色魔术瓶，节奏忽快忽慢。接着，教师给婴儿几个魔术瓶，让其在多次的重复中，说出颜色词红色、黄色、绿色。

▀ 案例思考

　　1. 教师开展这些活动的目的是什么？
　　2. 教师开展这些活动有什么依据？

一、教育目的

　　蒙台梭利关于教育目的的观点与实践是蒙台梭利教育法的第一要义，它规定了蒙台梭利教育法的起点和方向。蒙台梭利教育法所倡导的教育目的包括直接目的和最终目的，是直接目的与最终极目的的有机结合。

（一）直接目的——培养具有健全人格的人

　　蒙台梭利认为，教育不再是传授知识的主要途径，而是应该寻求新的途径来释放人的潜能，幼儿教育的目的在于帮助幼儿的智力、精神和体格得到自然发展。智力、精神和体格正是构成健全人格的要素。

（二）最终目的——建设理想的和平社会

　　蒙台梭利希望通过培养具有健全人格的一代"新人"建设理想的和平社会。在蒙台梭利看来，人类和平的实现不能仅仅通过军事手段或政治手段，因为这些手段只能赢得暂时的和平。真正持久的世界和平应该以人与人之间的友爱为基础，使全世界处于正义和爱的和谐状态中。由此，蒙台梭利教育法立足于在个体年幼时期为他们提供自由、和平、彼此理解、相互尊重的"有准备的环境"，培养出一代又一代的新人类，并通过一代代的"新人"建设和平社会。

蒙台梭利晚年致力于宣传通过教育建设理想和平社会的主张,三次被提名为诺贝尔和平奖候选人。

二、教育内容

蒙台梭利指出在"儿童之家"中对幼儿的教育应该包括以下四个方面。

(一)肌肉训练

肌肉训练(如坐、走、站及抓握等)不仅有助于幼儿的身体发育和健康,而且有助于幼儿动作的灵活、协调和正确,还有助于锻炼幼儿的意志和发展幼儿之间的合作关系。

(二)感官训练

蒙台梭利认为,必须对幼儿进行系统的和多方面的感官训练,使他们通过对外部世界的直接接触,发展敏锐的感觉和观察力。这是幼儿高级的智力活动和思维发展的基础。她认为感官教育的主要目的是通过训练视觉、听觉、触觉、味觉和嗅觉,使幼儿感官敏锐,促进观察、判断、比较、归类等能力的发展。

视觉训练在于帮助幼儿提高视知觉,鉴别大小、高低、粗细、长短、形状、颜色及不同的几何形体;触觉练习则是帮助幼儿辨别物体是光滑还是粗糙,辨别温度的冷热,辨别物体的轻重、大小、厚薄;听觉训练使幼儿习惯于区分声音的差别,使他们在听声的训练中不仅能够分辨音色、音高,还能培养初步的审美和鉴赏能力;嗅觉和味觉的训练则是注重提高幼儿嗅觉和味觉的灵敏度。蒙台梭利希望通过这一系列的感官训练,使幼儿成为更加敏锐的观察者,促进和发展他们的一般感受能力,并且使他们的各种感受处于更令人满意的准备状态,以完成诸如阅读、书写等复杂的动作,也为将来进行数学学习打下基础。

(三)实际生活训练

蒙台梭利十分重视幼儿的实际生活练习,包括清洁、秩序和安静练习、日常活动中的实际生活练习、园艺活动和制陶作业。其中,促进儿童独立的日常生活练习最为突出。它可以分为两方面:一方面是儿童的自我服务,包括穿脱衣服,刷牙、洗脸、洗手、梳头等盥洗活动;另一方面是管理家务的工作,包括扫地、拖地板、擦桌椅、摆餐桌、端盘子、整理房间等。

(四)知识教育

3~6岁幼儿天生具有学习初步知识的能力,完全可以教他们学习阅读、书写和计算。初步知识教育与感官训练是相联系的,正确的感官训练有助于初步知识的教育。

幼儿读、写、算以感觉训练为基础,通过触觉练习,幼儿可以自然地进行书写练习,在描摹的基础上,幼儿会展现出书写能力。

阅读教学也以感觉教育为基础。儿童之家设计了简单字母教具,让幼儿进行练习,使视觉、触觉、听觉和发音结合起来。这样,幼儿在掌握了书面技能之后就转入阅读的练习。

数和算术教学也遵循由简单到复杂的顺序,虽然根据生活实例进行,但教学中大量运用各种感官教具。首先,利用幼儿日常生活中接触到的物体帮助幼儿练习计数;其次,用图形数目字通过幼儿触摸等方式进行认识和记忆数目字练习;最后,用漆成红蓝相间的木棍,教幼儿学习1～20的加减乘除。

三、教育方法

1. 预备环境

蒙台梭利非常强调一个适合生命发展的环境对儿童的重要性,所以在蒙台梭利教学法中,首要的条件就是如何为儿童准备一个适合他们生命发展的环境。

拓展阅读:《欧美蒙台梭利教室是啥样》

2. 发现意愿

蒙台梭利提出了"敏感期",是指儿童学习某种知识和行为比较容易,心理某个方面发展最迅速的时期,体现了儿童在某一阶段的某种需求。成人如果能在孩子敏感期内提供相适应的环境和教育,对于孩子的启发和发展将是事半功倍的。

3. 协调意愿

蒙台梭利教师与传统教师最大的差别,在于蒙台梭利教师所扮演的角色不止是"教"学生,而是作为教具、儿童及学习意愿的协调者。她必须依儿童的需要而整理环境,并且观察儿童的需要和意愿,提出适当的教具来让儿童"工作"。

4. 延长工作周期

延长工作周期是指当儿童专心进入"工作"情境时,教师不应由于时间关系去打断儿童的工作,限制儿童的行为,而是鼓励儿童将工作状态继续下去,让儿童酌情地反复练习,感到"工作"的乐趣。其目的就是在于培养儿童的专心和耐力,使儿童发生"真正的成长,即心智的任性发展",因为一个儿童未来生命发展的"精度"与其"专心和耐力"的程度是成正比的。

5. "观察—实施—记录—研究—发现—再设计"的循环

教师的教育规划不是固定不变的,而是要随时观察、记录和研究儿童的个体差异、不同的敏感期和不断的成长过程,对拟定的教育规划不断修改,以便真正发现儿童内在的需要,并给予适当的引导,使其生命成长得更加美好。

四、课程环节

蒙台梭利课程体系要体现顺序性。蒙台梭利课程一般坚持由易到难、由简到繁的原则。课程的设计与实施在时间上除了针对儿童能力进行合理的安排之外,还在课程的每一个单元和课程的各个环节上体现了一定的顺序性。

如在许多蒙台梭利早教课程中,一般为90分钟8个环节。这8个环节是:走线(双手叉腰脚尖对脚跟,逆时针地沿蒙氏线走)、介绍自己、趣味游戏、示范工作、选择工作、器械游戏、总结工作、圆圈游戏结束。蒙台梭利教师在课程实施方面按照一定的顺序,可以帮助孩子建立一种规则意识,从而逐渐内化为自身的学习方式和学习态度。这8个环节的时间并不是一成不变的,因为课堂要素是变化的和多元的,因此教师可以根据课堂上幼儿的情况进行随时调整。

参考教案

粉 红 塔

1. 活动科目

感官。

2. 活动目标

(1) 通过视觉,强化大小概念,学习立方体的概念,同时观察和理解由大及小和由小到大的渐变顺序(三次元空间差异变化)。

(2) 锻炼手眼协调和手腕的控制力。

(3) 培养注意力的集中和敏锐的观察力,培养逻辑思考能力。

3. 活动准备

粉红塔,工作桌,从托盘中将粉红塔放于桌子右侧(图4-3)。

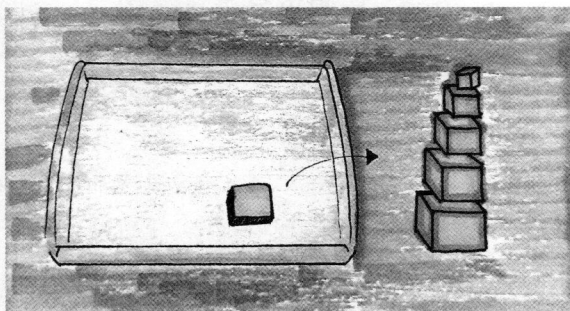

图 4-3

4. 活动过程

1) 预备活动

师幼互相问候,跟随音乐走线。

2) 操作

(1) 最大的和最小的

教师取出最大的和最小的,放在桌子的上方。

① 命名最大的、最小的。

② 请小朋友指认,哪个是最大的,哪个是最小的。

③ 请小朋友说出,这个是什么(最大的),那个是什么(最小的)。

(2) 按由大到小的顺序搭高

粉红塔散放在教师右侧,教师右手示意,在粉红塔中选取最大的一块(在每个正方体上面做停顿,示意幼儿是在挑选),然后按大小次序居中堆高,指出形状像塔,强调每一块的颜色和形状、材质是一样的,只有大小变化。让幼儿清楚看到塔的除掉方法,一个一个取下,散放在右侧。

(3)归位

从最大的开始收入托盘。

(4)延伸练习

① 对正立方体的两边及夹角,垂直向上堆高。

② 10个立方体呈水平的序列排放。

③ 从倒数第二个正方体开始变换90°,依次向上,引导幼儿从上向下观察其形状特点,教师询问幼儿像什么。

④ 教师没有按照大小顺序垒搭,让幼儿纠正。

⑤ (伴随记忆的练习)请幼儿闭上眼睛,教师从中间抽出一块,问:"这一块从哪里抽出来的?"

⑥ 从中间抽出另外一块,藏起来,请幼儿找出原来的位置。

3)作业

用粉红色纸做十个大小渐减的正方形。课堂完成对图样的部分裁剪,课后完成裁剪及大小渐次排序。

按颜色分类

1. 活动科目

感官。

2. 活动目标

(1)能够辨识五种不同颜色、三种不同形状,建立起幼儿对颜色和形状的认知(图4-4)。

(2)通过对不同形状卡片的堆叠,能够进行一些手部细微动作的练习,锻炼幼儿的手部小肌肉。

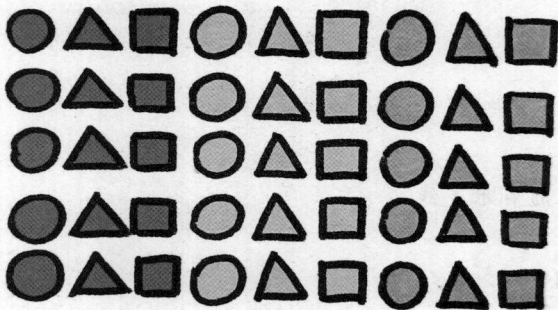

图　4-4

3. 活动准备

取红、黄、蓝三色纸板,剪成圆形、三角形、正方形纸片,每种图形每种颜色各5个。

4. 活动过程

(1)走线,教师弹琴,让幼儿跟着音乐走线。

（2）做线上游戏《好朋友抱抱抱》。

第一轮教师请出 6 个小朋友，边拍手边念儿歌"一二三，两人抱抱"。（找到旁边的好朋友抱在一起）重复两次。第二轮教师可请 9 人或 12 人一起来玩，边拍手边念儿歌"一二三，三人抱抱"。（找到旁边的 3 个人抱在一起）重复进行两次。

（3）回座位。

（4）教师按顺序出示三种颜色让幼儿认识。

（5）做游戏《小花快快开》。

教师先请 3 个小朋友上来玩一次游戏，给幼儿按顺序带上圆形三色卡片，站成一排。教师说红色小花快快开，带有红色卡片的那个小朋友双手上举打开，并且向前走出一步。教师再提问幼儿："你们看看红色小花旁边的小花是什么颜色呀？"幼儿回答："是黄色，他们两个是离得最近的。"教师请小朋友一起说黄色小花快快开，请出黄色小花。以同样的方式请出蓝色小花。引导幼儿说出三种不同颜色的名称。

（6）教师按顺序出示红色的圆形、三角形、正方形卡片，让幼儿认识。

（7）做游戏《拼小猫》。

教师在黑板上画一个大圆，教师说，小猫的耳朵是红色的三角形，眼睛是黄色的圆形，鼻子是蓝色的三角形，嘴里咬着的面包是黄色的正方形，请小朋友们帮助老师把小猫贴好。请出两位小朋友给小猫贴上耳朵，两位小朋友给小猫贴好眼睛，一位小朋友贴鼻子，一位小朋友贴面包。引导幼儿说出红色的三角形、黄色的圆形、蓝色的圆形、黄色的正方形等名词。

（8）教师讲述故事，让幼儿将相同颜色、相同形状的卡片归类放到格子内。

（9）交流小结，收拾学具。

（10）做游戏《找朋友》。

教师可把全班幼儿分为 9 人一组来玩游戏，分别带上三种颜色三种形状的卡片，让幼儿记住自己的颜色和形状。游戏开始，教师可以任意说出一种颜色或形状，如教师说"红色"，则请带有红色任意形状卡片的 3 位小朋友拉着手一起站出来，看看谁最快最准，并给予表扬或奖励，并分别报出自己的两个同伴的形状。游戏可多次进行（应适当调整幼儿的数字，尽量避免重复）。

5. 活动反思

未考虑到幼儿对课程内容的接受能力，课程内容多。

6. 活动延伸

请幼儿回家后和家长一起辨认家中的家具颜色及形状。

任务五　评　　述

案例导入

蒙氏教育受到不少家长的追捧，很多早教中心也以蒙台梭利为卖点。亲临一些教学现场，我们可以看到教师用精练的语言一丝不苟地向儿童展示操作过程，而孩子们也认真练习教师的每一步操作步骤。每种教具有固定的操作方法，如果有不一样的地方，就被认为是"错误"，需要"修正"。

▐ 案例思考

1. 你认可这样的蒙氏教学现状吗？谈谈你所了解到的情况。
2. 试讨论如何改变这样的现状？

一、蒙台梭利早期教育理论的贡献

1. 对智障儿童教育的贡献

蒙台梭利向社会呼吁，智障儿童应当与正常儿童一样享有受教育的权利。在从事身心缺陷和精神病儿童的治疗工作中，她发现自己为智力缺陷儿童设计的教育方法也适用于正常儿童，而且会获得更显著的效果。

2. 推翻了智力不可改变的旧观念

蒙台梭利由感官教育开始，使孩子"耳聪目明"，能更为"精确敏锐"地认识事物，证明了后天环境对智力的影响。她强调心理的发展虽是由内驱力推动的，但发展绝不是单纯的内部成熟，离不开环境和教育的影响，而是机体和环境相互作用的结果。

3. 发现了成长法则

蒙台梭利发现了人类成长及生存的重要法则和规律，让幼儿教师和母亲们能了解孩子是怎样成长的，以及该如何帮助孩子发展智能和发掘潜力。这项成就不但解放了儿童，同时造福了人类。

4. 提出了早期教育的重要性

蒙台梭利重视儿童的早期教育，认为童年的教育影响人的一生。儿童具有无限深厚的潜力，必须把握孩子各项成长的敏感期，用合理有效的办法提升儿童各感官的吸收力和认知辨异等动脑的思维力，同时培养他们爱学习、能独立、肯研究、爱世界的德行。

5. 将孩子从大人的桎梏下解放出来

蒙台梭利教育就是让儿童在有准备的环境中，根据自己的意愿和进度学习，从而促进儿童的发展。她把儿童的学习活动概括为"工作"，认为工作是儿童的天性需要，儿童与成人的工作性质截然不同，工作是开展人类自然禀赋的唯一途径，儿童通过工作走向正常化，在工作中身心获得自然的发展。

6. 对后世的恒久启示

蒙台梭利终其一生探索科学的幼儿教育法，向世人展示了以前不曾被发现的童年的秘密，提出了许多有价值的见解，引发了后世的教育家对认知理论、智力结构和创造力训练的"再发现"。她的实证性与前卫性的幼儿教育观点，更推动了后世的医学家、生物学家、心理学家和教育学家在胎教、幼儿教育学的理论和方法上，有更为精进的研究和发现，值得人们吸取、借鉴或进一步研究。

二、蒙台梭利早期教育理论的缺憾

（一）孤立的感官训练

蒙台梭利非常强调感觉训练,感觉教育是蒙台梭利课程体系的核心部分。她精心为儿童设计了一套感觉教具,并提出感觉训练的方法和原则,具有重要的价值。然而,她的感觉教育也有美中不足之处。

1. 孤立地训练各种感觉

蒙台梭利设计的每一种教具都是专门针对某种特定的感官的。实际上,蒙台梭利的这种观点违背了儿童心理发展的一般规律。首先,儿童在认识事物时,往往是把事物作为一个整体来反映的,知觉的整体并不是长短、高低、大小、颜色、形状等各种感觉的简单结合。其次,感知觉能力是不可能自然而然地过渡到理解力、概括力等抽象思维能力的。此外,美国的卡特尔等人对感觉敏度和认知能力的关系进行测量,结果发现一种感觉敏度与另一种感觉敏度并不相关,而且没有任何一种感觉敏度与智能有明显关系。

2. 训练的方法带有机械化和形式化的色彩

蒙台梭利强调在操作教具时给儿童自由,但这种自由只是选择教具和选择操作时间上的自由,儿童在操作教具的方法、规则上则没有自由,因为蒙台梭利教具的操作步骤和方法是固定的。儿童按照固定的步骤和方式不断地进行重复练习,剥夺了他们自主建构、自主探究、自主发现的权利,不利于儿童主动性和创造性的发展。

（二）艺术教育课程方面

蒙台梭利明确指出了艺术教育的必要性,也开展了一些艺术教育活动。在蒙台梭利学校,绘画教育主要包括三种活动:自由绘画、画圆和涂色。她强调绘画的基础和写字的基础是相同的,关键是手的娴熟。音乐教育主要包括节奏感训练、听觉辨音训练和识谱、记谱训练。这种音乐训练的方式本身有一定的价值,但在整个音乐教学中,蒙台梭利忽视了对音乐的美感和情操的培养,使音乐教育失去了很大一部分价值。

总的来说,蒙台梭利的艺术教育思想和实践是比较落后的,她更看重的是艺术的工具价值,而不是本体价值。有人曾指出:"在蒙台梭利教育方案中缺乏最能发展儿童创造力的、自由的艺术教育。"

（三）语言教育课程方面

从现代心理学和教育学的观点来看,蒙台梭利的语言教育是有问题的。最重要的问题就是忽视了语言学习中最重要的学习方式——交流。在提早学习读、写、算问题上,有些教育家"从珍惜儿童童年的立场出发而反对这一做法"。

另外,蒙台梭利反对在"儿童之家"讲神话故事,认为这些故事只能使儿童产生幻想,并且听故事对学生来讲是被动地接受,违反了活动的原则。她过分强调了真实性,没有看到想象对儿童发展的价值。

（四）社会性——品德教育课程方面

蒙台梭利的教具缺乏变化,缺乏社会生活训练和社会关系。儿童的学习一般是独立进行的,每个儿童所关心的是他自己的活动,其他的儿童仅仅"靠近"别人或在别人"边上"而不是互相"在一起",因而社会合作的机会比较少。

（五）健康教育课程方面

蒙台梭利主张让儿童想睡就睡,不想睡就不睡。其实,这种完全由儿童自行掌握早晚睡眠时间的做法对于孩子即便是成人也显得过于自由,难以培养儿童良好的作息习惯。

另外,对于儿童膳食的问题,蒙台梭利的有些观点也是不科学的。比如,她认为鸡蛋和牛奶在煮后会被破坏营养成分,且不易吸收,主张让小孩食用母鸡刚产下的温热的生鸡蛋,喝刚从奶牛身上挤出的鲜牛奶;年龄小的孩子少吃肉,绝不能给孩子吃煮的肉,绝对不能食用龙虾、牡蛎等软体动物和甲壳动物,不可食用各种乳酪,不赞成儿童食用绿色蔬菜,尤其是生食等。

三、正确把握和利用蒙台梭利教育法

（一）完整认识蒙台梭利教育法

蒙台梭利教育法作为一种模式,有自己相对完备的系统,其儿童观、教育观是其教育方法的出发点。借鉴时应注意到蒙台梭利教育法重视的是对儿童自身的研究,重视的是尊重儿童、根据儿童的内在需求引导儿童的成长和发展。

其教育内容既包括以使用工作材料为主的内容,还包括不以工作材料为主的内容。我们学习蒙台梭利,不能单单学习那一套教具,要理解蒙台梭利教育的精髓,学习蒙台梭利研究儿童、关心儿童、从儿童出发的精神,以帮助生命发展为基点对蒙台梭利思想的体系进行全面的把握。

（二）改进和发展蒙台梭利教育

起源于100年前的意大利的蒙台梭利教育,固然有不少可借鉴之处,但随着社会和时代的发展,以及民族文化的不同,其历史局限性和文化差异性也是必然存在的。同时,蒙台梭利教育也不是一成不变、不可发展的,因此,我们要结合我国国情,用发展的观点来看待、研究蒙台梭利教育,使其在中国健康地成长。

1. 扩展教育内容

国外一些蒙台梭利教育思想的追随者顺应时代的发展,将蒙台梭利方案中原有的五大领域扩展为十大领域,分别为日常生活训练、感觉教育、语言教育、数学教育、文化教育、体能(大肌肉活动)、音乐教育、美术教育、戏剧(角色扮演)、社会教育(包括社会交往技能的练习)。这种改进和发展对我国当前的幼儿教育有着十分积极的意义。现代美国蒙台梭利协会也强调,让儿童通过可视艺术、音乐、舞蹈和戏剧来表达自己。

2. 把握思想实质

不拘泥于形式,不生搬硬套蒙台梭利模式。比如,虽然很多研究已表明,混龄的教育形式更有利于儿童社会性的发展,能在一定程度上弥补同伴之间互动的不足,但我国的儿童多为独生子女,在家中缺少玩伴,早教机构和幼儿园能够为儿童提供同龄的伙伴,再加上师资力量不均衡,早教机构和幼儿园可以根据自己的实际情况选择混龄还是同龄。蒙台梭利课程的核心在于在理解和尊重儿童的基础上,观察、了解儿童发展的内在需要,以确定其个别化教学的目标,满足不同儿童的需要。

拓展阅读:《基于蒙台梭利教育理念的幼儿园人文环境创设》

同步实训　蒙台梭利课程实践

1. 实训目的

加深学生对蒙台梭利教育理论的认识。

2. 实训安排

(1)学生选择蒙台梭利课程内容中的一部分,分组进行讨论,并尝试运用。

(2)分析并体会蒙氏课程的适用性与特点。

3. 教师注意事项

(1)由早教机构中的具体事例导入对蒙台梭利课程的认识。

(2)提供一些蒙氏课程的简单案例,供学生讨论。

(3)参观早教机构或提供其他相应学习资源。

4. 资源(时间)

2课时、参考书籍、案例、网页。

5. 评价标准

表 现 要 求	是否适用	已达要求	未达要求
小组活动中,外在表现(参与度、讨论发言积极程度)			
小组活动中,对概念的认识与把握的准确程度			
小组活动中,角色扮演的精准度			
小组活动中,文案制作的完整与适用程度			

教学做一体化训练

一、重点名词

蒙台梭利　儿童敏感期　有准备的环境

二、课后讨论

1. 蒙台梭利教学可以给我国的幼教改革特别是早期教育改革提供哪些启示?

2. 蒙台梭利理论的优缺点分别有哪些?

三、课后自测

1. 列举蒙台梭利所说的儿童敏感期。

2. 儿童心理发展的阶段性是什么？

3. 教师在蒙台梭利教育中的作用是什么？

4. 蒙台梭利教学的核心是什么？

课 后 推 荐

一、图书

1. 蒙台梭利.蒙台梭利早期教育法全书[M].万信琼,译.北京：中国发展出版社,2004.

2. 蒙台梭利.童年的秘密[M].马荣根,译.北京：人民教育出版社,2005.

3. 张红兵.蒙台梭利教育理论概述[M].北京：北京理工大学出版社,2007.

4. 蒙台梭利.蒙台梭利早期教育法[M].祝东平,译.北京：中国发展出版社,2006.

二、期刊

1. 王微丽,范莉,何红漫.吸收·融合·发展——学习与借鉴蒙台梭利教育法的探索历程[J].幼儿教育·教育教学,2008(5).

2. 田景正.蒙台梭利的"儿童之家"幼儿教育实验[J].幼教论坛,2003(3).

三、电影

1. 幼儿园,张以庆,中国,2004。

2. 再见啦,我们的幼儿园,水田伸生,日本,2011。

四、网站

1. 中国蒙台梭利官方网站：http://www.mengtaisuoli.org/。

2. 中国蒙台梭利协会：http://www.montessori-china.org/。

模块五
皮亚杰儿童智力理论

学习目标

- 识记：智力、图式、同化、顺应。
- 领会：皮亚杰理论的主要观点。
- 理解：儿童智力发展的四个阶段。
- 应用：举例分析说明幼儿智力发展的过程。

模块描述

　　本模块主要了解儿童的智力如何产生和发展，理解皮亚杰理论几个主要概念，掌握儿童智力发展的几个阶段，懂得皮亚杰的儿童发展论对我国当前早期教育领域的启发与应用，从而在将来的工作中有效地对婴幼儿实施早期教育，成为一名合格的早期教育指导师。

思维导图

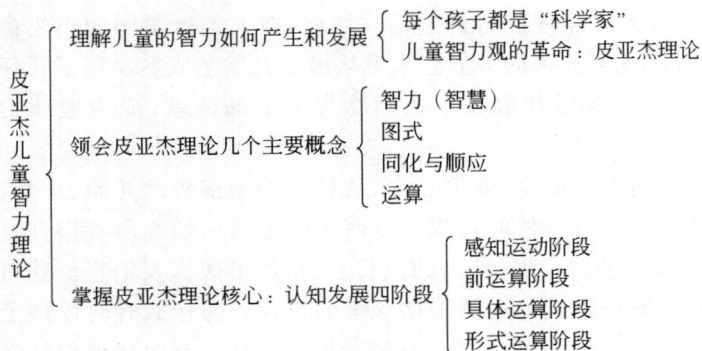

让·皮亚杰(Jean Piaget)，1896 年 8 月 9 日出生于瑞士的纳沙特尔，逝于 1980 年 9 月 16 日，其父亚瑟·皮亚杰是一位纳沙特尔大学教授，主要是研究中世纪的历史与文学，其母丽贝卡·杰克逊则是一位虔诚的宗教徒。这样的家庭背景使皮亚杰有机会接触与思考有关哲学和科学的知识，进而发展出一套独到的思想与见解。由于父亲的教导，皮亚杰重视以科学的系统性来求知，他是近代最有名的儿童心理学家，发生认识论创始人。他的认知发展理论成为这个学科的典范，他一生留给后人 60 多本专著、500 多篇论文，他曾到过许多国家讲学，获得几十个名誉博士、荣誉教授和荣誉科学院士的称号。

皮亚杰对心理学最重要的贡献，是他把弗洛伊德的那种随意、缺乏系统性的临床观察，变得更为科学化和系统化，使日后临床心理学有长足的发展。

任务一　理解儿童的智力如何产生和发展

案例导入

在一个 3 岁和一个 6 岁的孩子面前的桌上，放了 8 个杯子，再在每个杯子旁放 1 个鸡蛋，并向这两个孩子提问："杯子和鸡蛋是不是一样多？"两个孩子会回答："是的。"说明孩子知道杯子和鸡蛋的数目相等。但破坏这种知觉对应而把杯子或鸡蛋堆在一起时，再问儿童杯子和鸡蛋是否一样多？或是鸡蛋多杯子少、杯子多鸡蛋少？3 岁的孩子回答是不一样多，而 6 岁的孩子则会回答一样多。

案例思考

为什么两个不同年龄的孩子回答会不一样？这体现了儿童发展过程中的什么特点？

随着一声响亮的啼哭，一个新的生命诞生了。与其他高等哺乳动物幼仔相比，人类婴儿在出生时最为柔弱无能。类人猿出生后就能独自觅食和自卫，小猩猩依赖母猩猩只需 1～2 年，而人类婴儿则需依赖成人多年才能自理生活。然而，在人类这柔弱的小生命体内却蕴藏着其他任何动物幼仔都无可比拟的潜能。人类从出生发展至成熟经历了比任何哺乳动物都更为漫长的时间，但在最后却取得了在动物界的最高成就，成为地球的主宰者。

在一般人看来，婴儿从出生到会坐能走、爱笑会说，从母亲的襁褓到幼儿园、小学、中学及大学，最后长大成人似乎是一个很自然的过程。然而实际上这一切经历着极其复杂的变化。体格的发育成熟、情绪情感的发展、智力的成长、人格的形成以及语言的获得等生理、心理过程都无一不是充满奥秘而成为人类长期探索的目标。为什么有时候孩子的表现会远远超出成人的想象而给父母带来无尽的欢乐和惊叹？为什么有时候他们又显得不可理喻、难以管教？儿童与成人在认知上到底有何区别？儿童的智力是如何产生与发展的？这些问题长期以来都是世界各国不同学者所研究的重大理论课题，也是教育工作者及儿童保健人员经常遇到和需要解决的现实问题。

很长一段时期，心理学家们对儿童智力发展的研究和观察往往特别重视儿童获得智能增长的正确学习过程，但当代著名学者瑞士心理学家让·皮亚杰却对孩子是如何犯错误的思维过程进行了长期的探索,他发现分析一个儿童对某问题的不正确回答比分析正确回答更具有启发性。

1925—1929 年,皮亚杰在纳沙特尔大学任心理学、社会学和哲学教授。1925 年和1927 年,他的两个女儿杰奎琳和露西安娜先后出生,1931 年他的儿子罗伦出生。皮亚杰在妻子的协助下,采用临床法(Clinical Method),先是观察研究自己的三个孩子,为其创立儿童心理发展理论提供了重要基础;之后与其他研究人员一起,利用大量时间对成千上万的儿童动作进行观察并进行各种实验,找出了不同年龄儿童思维活动质的差异以及影响儿童智力的因素,进而提出了独特的儿童智力阶段性发展理论。皮亚杰理论引发了一场儿童智力观的革命,虽然这一理论在很多方面目前也存在争论,但正如一些心理学家指出:"这是迄今被创造出来的唯一完整系统的认知发展理论。"

皮亚杰的研究为我们揭秘:儿童理解事物的方法和成人存在着根本区别;儿童智力的产生和发生遵循着独特规律。

一、每个孩子都是"科学家"

孩子生来就具有想去认识事物的动力。例如,一个 4 个月的孩子会不停地扔东西,然后又到处找。他是在检验自己物质不灭的想法。他可能会向自己提出这样一个问题:"如果我把这块吃的东西丢掉了,是否以后就再也看不见它了? 它还存在不存在了?"

(1) 看不见就等于忘记。在幼儿进行这种"看不见就等于忘记了"的实验之前,除了他当时能看到、听到和摸到的东西以外,他的脑海里实际上什么也不存在。可想而知,幼儿确实需要跨越一个信念的飞跃才能明白,即使一件东西自己看不见了,它也仍然存在。幼儿在前几个月里,通过一次又一次的验证,开始理解了这个概念。

(2) 喜欢玩"躲猫猫"。小科学家开始故意把东西丢到地上,并且发现低头就能看见它。他喜欢玩"躲猫猫"也是出于同样的原因:一张脸忽隐忽现,真是有趣。8 个月左右的时候,幼儿对物体不灭的理解才开始变得复杂起来,东西不见了以后他开始到处寻找。

(3) 2 岁以前处于感觉运动阶段。2 岁前幼儿的知识是在运用手、感觉和运动能力的过程中学到的。他们对事物的认识,是以物质世界上发生的事情为基础的,而理解抽象事物的能力很有限。2 周岁末的时候,他们开始知道,不管他能否看见或者摸到那样东西,它依然存在。

二、儿童智力观的革命: 皮亚杰理论

皮亚杰的认知发展理论摆脱了遗传和环境的争论和纠葛,旗帜鲜明地提出内因和外因相互作用的发展观,即心理发展是主体与客体相互作用的结果。皮亚杰认为智力是一种适应形势,具有动力性的特点。随着环境和有机体自身的变化,智力的结构和功能必然不断变化,以适应变化的条件。

(一) 生物学的同化在心理学中的应用

在皮亚杰的理论中,格式既可被看成有机体认知结构中的一个子结构,又可被看成认知结构中的一个元素。认知结构就是协调了格式的整体形式。

皮亚杰将生物学的同化这一概念应用于心理学中，意指人们把知觉到的新鲜刺激融于原有的格式中，从而达到了对事物的理解，同化是个体认识成长的机制之一。

依据皮亚杰的观点，平衡化是指通过多重的去平衡与再平衡，导致从一接近平衡的状态向着质上存在差异的平衡状态递进发展。而自动调节是介于同化与顺应之间的第三者，对同化与顺应进行调整以达到两者的平衡。

皮亚杰认为一切知识，从功能机制上说，是同化与顺化的统一；从结构机制上分析，则是主体认知结构的内化产生和外化应用的统一。而运算是组成认知结构的元素，各个运算联系在一起就组成了结构的整体。

（二）建构主义发展观

皮亚杰认为，发展有四个条件，即成熟、实际经验、社会环境的作用和平衡化，前三个条件是发展的三个经典性因素，而第四个条件才是真正的原因。

皮亚杰认为，心理既不是起源于先天的成熟，也不是起源于后天的经验，而是起源于动作，即动作是认识的源泉，是主客体相互作用的中介。最早的动作是与生俱来的无条件反射。儿童一出生就以多种无条件反射反应外界的刺激，发出自己需求的信号，与周围环境相互作用。随之而发展起来的各种活动与心理操作，都在儿童的心理发展中起着主体与环境相互作用的中介作用。第四个因素平衡化促进了同化与顺应之间的和谐发展，并使得成熟、实际经验和社会环境之间处在协调状态。更为重要的是，平衡的倾向作为一种过程，总是把儿童的认知水平推向更高阶段。当低层次的平衡被冲破以后，由于有了这种倾向，平衡才能在高一级的水平上得以恢复，从而导致了智力的发展，因此是最为根本的因素。

（三）儿童认知发展阶段论

皮亚杰把儿童的认知发展分成以下四个阶段。

（1）感知运动阶段（感觉—动作期，0～2岁）。这个阶段的儿童的主要认知结构是感知运动图式，儿童借助这种图式可以协调感知输入和动作反应，从而依靠动作去适应环境。通过这一阶段，儿童从一个仅仅具有反射行为的个体逐渐发展成为对其日常生活环境有初步了解的问题解决者。

（2）前运算阶段（前运算思维期，2～7岁）。儿童将感知动作内化为表象，建立了符号功能，可凭借心理符号（主要是表象）进行思维，从而使思维有了质的飞跃。

（3）具体运算阶段（具体运算思维期，7～11岁）。在本阶段内，儿童的认知结构由前运算阶段的表象图式演化为运算图式。具体运算思维的特点：具有守恒性、脱自我中心性和可逆性。皮亚杰认为，该时期的心理操作着眼于抽象概念，属于运算性（逻辑性）的，但思维活动需要具体内容的支持。

（4）形式运算阶段（形式运算思维期，从11岁开始一直发展）。这个时期，儿童思维发展到抽象逻辑推理水平。其思维形式摆脱思维内容，形式运算阶段的儿童能够摆脱现实的影响，关注假设的命题，可以对假言命题做出逻辑的和富有创造性的反应。同时儿童可以进行假设—演绎推理。

任务二　领会皮亚杰理论几个主要概念

案例导入

在某医院产科的产房内,医生正在为一产妇接生。经过产妇十几个小时的痛苦和医生护士耐心细致的照料,婴儿终于来到了这个世界。有趣的是,医生刚把婴儿迎接到这个世界,婴儿居然伸手紧紧地抓住了医生的手。这一幕,既温馨又暖人。在场的人都说这个婴儿将来情商高。

案例思考

婴儿的这个动作是与生俱来的还是发展超前于常人?

在儿童认知发展理论中,皮亚杰革命性地提出几个概念:智力(智慧)、图式、同化与顺应、运算。

一、智力（智慧）

有人认为,智力主要是抽象思维的能力;也有心理学家将智力解释为"适应能力""学习能力""获得知识的能力""认识活动的综合能力"。更有某些智力测验的先驱者认为:"智力就是智力测验的那个东西。"迄今为止心理学家尚未能提出一个为众人所接受的明确定义。

皮亚杰在年轻时曾在巴黎比奈智力测试实验室担任西蒙(T.Simon,世界第一个智力测验的创立者之一)的助手。正是在比奈实验室工作期间,皮亚杰认识到"智力"不可能和儿童正确回答的那种测验题目相等,因而他从根本上反对以智力测验卷上正确回答的题目数来定义智力。

在皮亚杰看来:一个智慧行为是一个生物体本身在现存条件下能够产生的最适合于其生存条件的行为。换句话说,智慧就是生物体能最有效地应付环境,在客观现实条件下创造最佳生存条件的品质和能力。这样一种观点充分体现了生物进化"适者生存"的思想。皮亚杰在从事心理学研究之前是一个生物学博士,因而在日后的儿童智力发展研究中,他总是力图把生物学与认识论二者沟通起来。正是从生物学的观点出发,皮亚杰认为智慧是生物适应的一种特殊表现,即人的智慧是机体适应环境的手段。

智慧既然是机体适应环境的一种手段,那么由于环境总是在不断变化着,因而智慧也必然在变化着,儿童的智力也正是个体在与环境的相互作用中,伴随着生物性状的发展与成熟及自身经验的增长,在适应中一步一步地发展起来的。

心理学界一般认为,皮亚杰并不十分注重回答"智慧的定义是什么?"这类问题。尽管如此,人们认为他对智慧本质的理解是十分深刻的。

二、图式

皮亚杰认为智慧是有结构基础的，而图式就是他用来描述智慧（认知）结构的一个特别重要的概念。

皮亚杰对图式的定义是"一个有组织的、可重复的行为或思维模式"。凡在行动可重复和概括的东西我们称为图式。简单地说：图式就是动作的结构或组织。图式是认知结构的一个单元，一个人的全部图式组成一个人的认知结构。初生的婴儿具有吸吮、哭叫及视、听、抓握等行为，这些行为是与生俱来的，是婴儿能够生存的基本条件，这些行为模式或图式是先天性遗传图式，全部遗传图式的综合构成一个初生婴儿的智力结构。遗传图式是图式在人类长期进化的过程中所形成的，以这些先天性遗传图式为基础，儿童随着年龄的增长及机能的成熟，在与环境的相互作用中，通过同化、顺应及平衡化作用，图式不断得到改造，认知结构不断发展。在儿童智力发展的不同阶段，有着不同的图式。例如，在感知运动阶段，其图式被称为感知运动图式，当进入思维的运算阶段，就形成了运算思维图式。

案例 1：一个四个半月的婴儿，当看到拨浪鼓时，伸手去抓，握住后摇晃拨浪鼓。这系列的动作包括视、听、抓握及晃动等，这样一个行为模式显然是有其神经系统生理基础的，完成这一行为的神经系统生理基础即是这一行为模式的心理结构，也就是图式。

案例 2：一个 5 岁的孩子，当被要求回答两根长短不一的木棍（长棍 A、短棍 B）哪一根长，哪一根短，他会毫无困难地指出 A 棍长于 B 棍，继续让这个孩子比较 B 棍与更短的 C 棍，孩子显然也能得出正确答案。但当要他比较 A 棍与 C 棍的长短而不显示这三根木棍，这个 5 岁的孩子就回答不了。而当这个孩子长到 8 岁，他就能够准确地说出 A 棍长于 C 棍。显然 5 岁的孩子大脑中存在着正确完成 A 棍与 B 棍或 B 棍与 C 棍两两比较的心理结构，但却尚没有形成当三根棍不放在一起时比较 A 棍与 C 棍的心理结构。而当他长到 8 岁，显然在他大脑中某种东西发展了，因而他得出了 A 棍长于 C 棍的正确结论，这个发展的东西就是心理结构，即图式。

图式作为智力的心理结构，是一种生物结构，它以神经系统的生理基础为条件，如案例 1 中四个半月婴儿的视觉抓握反射的协调，显然是锥体束中一定的新神经通路的髓鞘形成的结果。然而限于目前的科学水平，还只能对少数较低级的图式（例如运算图式）来说，目前的研究还无法指出这些图式的生理性质和化学性质。相反，这些图式在人的头脑中的存在是根据可以观察到的行为推测的。

事实上，皮亚杰是根据大量的、通过临床法所观察到的现象，结合生物学、心理学、哲学等学科的理论，运用逻辑学以及数学概念（如群、群集、格等）来分析描述智力结构的。由于这种智力结构符合逻辑学和认识论原理，因此图式不仅是生物结构，更重要的是一种逻辑结构（主要指运算图式）。

尽管诸如前述视觉抓握动作的神经生理基础是新神经通路髓鞘形成，而髓鞘形成似乎是遗传程序的产物。包含着遗传因素的自然成熟也确实在使儿童智慧发展遵循不变的连续阶段的次序方面起着不可缺少的作用，但在从婴儿到成人的图式发展中，成熟并不起决定作用。智慧演变为一种机能性的结构,是在诸多因素共同作用下的结果,儿童成长过程中智力结构的完整发展不是由遗传程序所决定。遗传因素主要为发展提供了可能性,或是说对结构提供了门径,在这些可能性未被提供之前,结构是不可能演化的。但是在可能性与现实性之间,还必须有一些其他因素,例如练习、经验和社会的相互作用。

三、同化与顺应

同化与顺应是皮亚杰用于解释儿童图式的发展或智力发展的两个基本过程。同化是通过已有的认知结构获得知识(本质上是旧的观点处理新的情况)。例如,学会抓握的婴儿当看见床上的玩具,会反复用抓握的动作去获得玩具。当他独自一个人,玩具又较远,婴儿手够不着(看得见)时,他仍然用抓握的动作试图得到玩具,这一动作过程就是同化,婴儿用以前的经验来对待新的情境(远处的玩具)。

从以上解释可以看出,同化的概念不仅适用于有机体的生活,也适用于行为。顺应是指"同化性的格式或结构受到它所同化的元素的影响而发生的改变"。也就是改变主体动作以适应客观变化,也可以说改变认知结构以处理新的信息(本质上即改变旧观点以适应新情况)。例如,上面提到那个婴儿为了得到远处的玩具,反复抓握,偶然地,他抓到床单一拉,玩具从远处来到了近处,这一动作过程就是顺应。

皮亚杰用同化和顺应来阐明主体认知结构与环境刺激之间的关系:同化时主体把刺激整合于自己的认知结构内,一定的环境刺激只有被个体同化(吸收)于他的认知结构(图式)中,主体才能对之做出反应。或者说,主体之所以能对刺激做出反应,也就是因为主体已具有使这个刺激被同化(吸收)的结构,这个结构正具有对之做出反应的能力。认知结构由于受到被同化刺激的影响而发生改变,就是顺应,不做出这种改变(顺应),同化就无法运行。简言之,刺激输入的过滤或改变叫作同化,而内部结构的改变以适应现实就叫作顺应。同化与顺应之间的平衡过程,就是认识的适应,也即是人的智慧行为的实质所在。

同化不能改变或更新图式,顺应则能起到这种作用。但皮亚杰认为,对智力结构的形成主要有功的机能是同化。顺应使结构得到改变,但却是同化过程中主体动作反复重复和概括导致了结构的形成,从中可以看出一旦结构已经改变,反复训练就非常重要了。

四、运算

什么是运算?在这里运算指的是心理运算,是皮亚杰理论的主要概念之一。运算是动作,是内化了的、可逆的、有守恒前提、有逻辑结构的动作。运算(心理运算)有以下四个重要特征。

(一)心理运算是一种在心理上进行的、内化了的动作

例如,把热水瓶里的水倒进杯子里,倘若我们实际进行这一倒水的动作,就可以见到

在这一动作中有一系列外显的、直接诉诸感官的特征。然而对于成人和一定年龄的儿童来说，可以不用实际地去做这个动作，而在头脑里想象完成这一动作并预见它的结果。这种心理上的倒水过程，就是所谓"内化的动作"，是动作能被称为运算的条件之一。可以看出，运算其实就是一种由外在动作内化而成的思维，或是说在思维指导下的动作。新生婴儿也有动作，哭叫、吸吮、抓握等，这些动作都是一些没有思维的反射动作，所以，不能算作运算。事实上由于运算还有其他一些条件，儿童要到一定的年龄才能出现称为运算的动作。

（二）心理运算是一种可逆的内化动作

继续用上面倒水过程为例，在头脑中我们可以将水从热水瓶倒入杯中，事实上我们也能够在头脑中让水从杯中回到热水瓶去，这就是可逆性，是动作成为运算的又一个条件。一个儿童如果在思维中具有了可逆性，可以认为其智慧动作达到了运算水平。

（三）运算是有守恒性前提的动作

当一个动作已具备思维的意义，这个动作除了是内化的可逆的动作，它同时还必定具有守恒性前提。所谓守恒性，是指认识到数目、长度、面积、体积、重量、质量等尽管以不同的方式或不同的形式呈现，但保持不变。

装在大杯中的 100 毫升水倒进小杯中仍是 100 毫升，一个完整的苹果切成 4 小块后其重量并不发生改变。自然界能量守恒、动量守恒、电荷守恒都是具体的例子。当儿童的智力发展到了能认识到守恒性，则儿童的智力达到运算水平。守恒性与可逆性是内在联系着的，是同一过程的两种表现形式。可逆性是指过程的转变方向可以为正或为逆，而守恒性表示过程中量的关系不变。儿童思维如果具备可逆性（或守恒性），则差不多可以说他们的思维也具备守恒性（或可逆性），否则两者都不具备。

（四）运算是有逻辑结构的动作

智力是有结构基础的，即图式。儿童的智力发展到运算水平，即动作已具备内化、可逆性和守恒性特征时，智力结构演变成运算图式。运算图式或者说运算不是孤立存在的，而是存在于一个有组织的运算系统中。一个单独的内化动作并非运算而只是一种简单的直觉表象。而事实上动作不是孤立的，而是互相协调的，有结构的。

例如，一般人们为了达到某种目的而采取动作，这时需要动作与目的有机配合，而在达到目的的过程中形成动作结构。在介绍图式时，已说过运算图式是一种逻辑结构，这不仅因为运算的生物学、生理基础目前尚不清楚，是由人们推测而来的，更重要的是因为这种结构的观点是符合逻辑学和认识论原理的，因为是一种逻辑结构。故心理运算又是有逻辑结构的动作。

拓展阅读：《印度狼孩的故事》

任务三 掌握皮亚杰理论核心：认知发展四阶段

✐ 案例导入

东东的妈妈带着东东到早教中心参加活动,东东把什么玩具都归为己有,其他婴儿要玩,他就打,就咬,只允许自己玩别人的东西,而不喜欢别人玩自己的东西。

▲ 案例思考

为什么东东会出现这样的行为？体现了儿童认知发展过程中的什么特点？

以运算为标志,皮亚杰把婴儿智力的发展阶段分为前运算时期和运算时期,同时又将前运算时期分为感知运动阶段和前运算阶段,运算时期分为具体运算阶段和形式运算阶段。这就是皮亚杰的理论核心——认知发展四阶段。

一、感知运动阶段（出生至 2 岁左右）

自出生至 2 岁左右,是智力发展的感知运动阶段。在此阶段的初期即新生儿时期,婴儿所能做的只是为数不多的反射性动作。通过与周围环境的感知运动接触,即通过他加以客体的行动和这些行动所产生的结果来认识世界。也就是说婴儿仅靠感觉和知觉动作的手段来适应外部环境。这一阶段的婴儿形成了动作格式的认知结构。这个阶段的儿童的主要认知结构是感知运动图式,婴儿借助这种图式可以协调感知输入和动作反应,从而依靠动作去适应环境。通过这一阶段,婴儿从一个仅仅具有反射行为的个体逐渐发展成为对其日常生活环境有初步了解的问题解决者。皮亚杰将感知运动阶段根据不同特点再分为六个分阶段。从刚出生时婴儿仅有的诸如吸吮、哭叫、视听等反射性动作开始,随着大脑及机体的成熟,在与环境的相互作用中,到此阶段结束时,婴儿渐渐形成了随意有组织的活动。

（一）第一分阶段（反射练习期,出生至 1 个月）

婴儿出生后以先天的无条件反射适应环境。这些无条件反射是遗传决定的,主要有吸吮反射、吞咽反射、握持反射、拥抱反射及哭叫、视听等动作。通过反复的练习,这些先天的反射得到发展和协调,发展与协调意味着同化与顺应的作用。

皮亚杰仔细观察了婴儿的吸吮动作,发现吸吮反射动作的变化和发展。例如,母乳喂养的婴儿,如果又同时给予奶瓶喂养,可以发现婴儿吸吮橡皮奶头时的口腔运动截然不同于吸吮母乳乳头的口腔运动。由于吸吮橡皮奶头较省力,婴儿会出现拒绝母乳喂养的现象,或是吸母乳时较为烦躁。在推广母乳喂养过程应避免给婴儿吸橡皮奶头可能正是这一原因。从中也可以看出婴儿在适应环境中的智力增长：他愿意吸省力的奶瓶而不愿意吸费力的母乳。

（二）第二分阶段（习惯动作和知觉形成时期，1～41 天）

在先天反射动作的基础上，通过机体的整合作用，婴儿渐将个别的动作联结起来，形成一些新的习惯。例如，婴儿偶然有了一个新动作，便一再重复。如吸吮手指、手不断抓握与放开、寻找声源、用目光追随运动的物体或人等。行为的重复和模式化表明动作正在同化作用中，并开始形成动作的结构，反射运动在向智慧行动过渡。由于行为并没有什么目的，只是由当前直接感性刺激来决定，所以还不能算作智慧行动。但是婴儿在与环境的相互适应过程中，顺应作用也已发生，表现为动作不完全是简单的反射动作。

（三）第三分阶段（有目的的动作逐步形成时期，41 天～9 个月）

从出生第 41 天开始，婴儿在视觉与抓握动作之间形成了协调，以后婴儿经常用手触摸、摆弄周围的物体。这样一来，婴儿的活动便不再限于主体本身，而开始涉及对物体的影响，物体受到影响后又反过来进一步引起主体对它的动作，这样就通过动作与动作结果造成的影响使主体对客体发生了循环联系，最后渐渐使动作（手段）与动作结果（目的）产生分化，出现了为达到某一目的而行使的动作。例如，一个多彩的响铃，响铃摇动发出声响引起婴儿目光寻找或追踪。这样的活动重复数次后，婴儿就会主动地用手去抓或是用脚去踢挂在摇篮上的响铃。显然，婴儿已从偶然的无目的地摇动玩具过渡到了有目的地反复摇动玩具，智慧动作开始萌芽。但这一阶段目的与手段的分化尚不完全、不明确。

（四）第四分阶段（手段与目的分化协调期，9～11 个月或 12 个月）

这一时期又称图式之间协调期。婴儿动作的目的与手段已经分化，智慧动作出现。一些动作格式（图式）被当作目的，另一些动作格式则被当作手段使用。如婴儿拉成人的手，把手移向他自己够不着的玩具方向，或者要成人揭开盖着玩具的布。这表明婴儿在做出这些动作之前已有取得物体（玩具）的意向。随着这类动作的增多，婴儿运用各动作格式之间的配合更加灵活，并能运用不同的动作格式来对付遇到的新事物，就像以后能运用概念来了解事物一样，婴儿用抓、推、敲、打等多种动作来认识事物，表现出对新的环境的适应。婴儿的行动开始符合智慧活动的要求。不过这阶段婴儿只会运用同化格式中已有的动作格式，还不会创造或发现新的动作顺应世界。

（五）第五分阶段（感知动作智慧时期，12～18 个月）

皮亚杰发现，这一时期的婴儿能以一种试验的方式发现新方法达到目的。当婴儿偶然地发现某一感兴趣的动作结果时，他将不只是重复以往的动作，而是试图在重复中做出一些改变，通过尝试错误，第一次有目的地通过调节来解决新问题。例如，婴儿想得到放在床上枕头上的一个玩具，他伸出手去抓却够不着，想求助爸爸妈妈可又不在身边，他继续用手去抓，偶然地他抓住了枕头，拉枕头过程中带动了玩具，于是婴儿通过偶然地抓拉枕头得到了玩具。以后婴儿再看见放在枕头上的玩具，就会熟练地先拉枕头再取玩具。这是智慧动作的一大进步，但婴儿不是自己想出这样的办法，他的发现是来源于偶然的动作中。

（六）第六分阶段（智慧综合时期,18～24个月）

这个时期儿童除了用身体和外部动作来寻找新方法外,还能开始"想出"新方法,即在头脑中由"内部联合"方式解决新问题。

例如,把儿童玩的链条放在火柴盒内,如果盒子打开不大,链条能看得见却无法用手拿出,儿童于是便会把盒子翻来覆去看,或用手指伸进缝道去拿,如手指也伸不进去,这时他便会停止动作,眼睛看着盒子,嘴巴一张一合做了好几次这样的动作之后突然他用手拉开盒子口取得了链条。在这个动作中,儿童的一张一合的动作表明儿童在头脑里用内化了的动作模仿火柴盒被拉开的情形,只是他的表象能力还差,必须借助外部的动作来表示。这个拉开火柴盒的动作是儿童"想出来的"。当然儿童此前看过父母类似的动作,而正是这种运用表象模仿别人做过的行为来解决眼前的问题,标志着儿童智力已从感知运动阶段发展到了一个新的阶段。

在感知运动阶段,儿童智慧的成长突出地表现在以下三方面。

（1）逐渐形成物体永久性（不是守恒）的意识,这与儿童语言及记忆的发展有关,物体永久性具体表现在：当一个物体（如爸爸妈妈、玩具）在他面前时,儿童知道有这个人或物,而当这个物体不在眼前时,他能认识到此物,尽管当前摸不着、看不见,也听不到,但仍然是存在的。爸爸妈妈离开了,但儿童相信他们还会出现,被大人藏起的玩具还在那个地方,翻开毯子,打开抽屉,还应可以找到。这标志着稳定性客体的认知格式已经形成。近年的研究表明,儿童形成母亲永久性的意识较早,并与母婴依恋有关。

（2）在稳定性客体永久性认知格式建立的同时,儿童的空间—时间组织也达到一定水平。因为儿童在寻找物体时,他必须在空间上定位来找到它。又由于这种定位总是遵循一定的顺序发生的,故儿童又同时建构了时间的连续性。

（3）出现了因果性认识的萌芽,这与物体永久性意识的建立及空间—时间组织的水平密不可分。儿童最初的因果性认识产生于自己的动作与动作结果的分化,然后扩及客体之间的运动关系。当儿童能运用一系列协调的动作实现某个目的（如拉枕头取玩具）时,就意味着因果性认识已经产生了。

二、前运算阶段（也称表象阶段,2～7岁）

皮亚杰认为,孩子成长到2岁左右,他的智慧有了新的飞跃。在2岁以前,他处于感知运动阶段,只能对当前感觉到的事物施以实际的动作和思维,在此阶段中期、晚期,形成物体永久性意识,并有了最早期的内化动作。接下来,2～7岁的儿童进入智力发展的第二阶段——前运算阶段。

到前运算阶段,儿童对物体永久性的意识巩固了,动作大量内化。随着语言的快速发展及初步完善,儿童频繁地借助表象符号（语言符号与象征符号）来代替外界事物,重视外部活动,儿童开始从具体动作中摆脱出来,凭借象征格式在头脑里进行"表象性思维",故这一阶段又称为表象思维阶段。在此阶段,儿童将感知动作内化为表象,建立了符号功能,可凭借心理符号（主要是表象）进行思维,从而使思维有了质的飞跃。

案例：有一次，皮亚杰带着 3 岁的女儿去探望一个朋友，皮亚杰的这位朋友家也有一个 1 岁多的小男孩，正放在婴儿围栏中独自嬉玩，嬉玩过程中婴儿突然跌倒在地上，紧接着便愤怒而大声地哭叫起来。当时皮亚杰的女儿惊奇地看到这情景，口中喃喃有声。3 天后在自己的家中，皮亚杰发现 3 岁的小姑娘似乎照着那 1 岁多小男孩的模样，重复地跌倒了几次，但她没有因跌倒而愤怒啼哭，而是咯咯发笑，以一种愉快的心境亲身体验着她在 3 天前所见过的"游戏"的乐趣。皮亚杰指出，3 天前那个小男孩跌倒的动作显然早已经内化于女儿的头脑中去了。

在表象思维的过程中，儿童主要运用符号（包括语言符号和象征符号）的象征功能和替代作用，在头脑中将事物和动作内化。而内化事物和动作并不是把事物和动作简单地全部接受下来而形成一个图像或副本。内化事实上是把感觉运动所经历的东西在自己大脑中再建构，舍弃无关的细节（如上例皮亚杰的女儿并没有因跌倒而愤怒啼哭），形成表象。内化的动作是思想上的动作而不是具体的躯体动作。内化的产生是儿童智力的重大进步。

皮亚杰将前运算阶段又划出以下两个分阶段。

1. 前概念或象征思维阶段（2～4 岁）

这一阶段的产生标志是儿童开始运用象征符号。例如，在游戏时，儿童用小木凳当汽车，用竹竿做马，木凳和竹竿是符号，而汽车和马则是符号象征的东西。即儿童已能够将这二者联系起来，凭着符号对客观事物加以象征化。

客观事物（意义所指）的分化，皮亚杰认为就是思维的发生，同时意味着儿童的符号系统开始形成了。

语言实质上也是一种社会生活中产生并约定的象征符号。象征符号的创造及语言符号的掌握，使儿童的象征思维得到发展。但这时期的儿童语词只是语言符号附加上一些具体词，缺少一般性的概念，因而儿童常把某种个别现象生搬硬套到另一种现象之上，他们只能做特殊到特殊的传导推断，而不能从一般到特殊的推理。

例如，儿童看到别人有一顶与他同样的帽子，他会认为"这帽子是我的"。他们在房间看到一轮明月，而一会儿之后在马路上看到被云雾遮掩的月亮，便会认为天上有两个月亮。

2. 直觉思维阶段（4～7 岁）

这一阶段是儿童智力由前概念思维向运算思维的过渡时期。此阶段儿童思维的显著特征是仍然缺乏守恒性和可逆性，但直觉思维开始由单维集中向二维集中过渡。守恒即将形成，运算思维就要到来。

案例：一位父亲拿来两瓶可口可乐（这两瓶可口可乐瓶的大小形状一样，里面装的饮料也是等量的），准备分别给他的 6 岁和 8 岁的孩子，开始两个孩子都知道两瓶中的饮料是一样多的。但父亲并没有直接将两瓶可乐饮料分配给孩子，而是将其中一瓶倒入了一个大杯中，另一瓶倒入了两个小杯中，再让两个孩子挑选。6 岁孩子先挑，他首先挑选了一大杯而放弃两小杯，可是当他拿起大杯看着两个小杯，又似乎犹豫起来，于是放下大杯又来到两小杯前，仍是拿不定主意，最后他还是拿了一大杯，并喃喃地说："还是这杯多一点。"这个 6 岁的孩子在挑选饮料时表现出了犹豫地选择了大杯。在 6 岁孩子来回走动着挑选量较多的饮料时,他那8岁的哥哥却在一旁不耐烦而鄙薄地叫道:"笨蛋,两边是一样多的。""如果你把可乐倒回瓶中,你就会知道两边是一样多的。"他甚至还亲自示范了将饮料倒回瓶中以显示其正确性。

从这个6岁孩子身上可以充分体现出直觉思维阶段儿童思维或智力的进步和局限性。数周前毫不犹豫地挑选大杯说明他的思维是缺乏守恒性和可逆性的,他对量的多少的判断只注意到了杯子大这一个方面,而当他此次挑选过程中所表现出的迷惘则说明他不仅注意到了杯子的大小,也开始注意到杯子数量,直觉思维已开始从单维集中向两维集中过渡。但他最后挑选大杯表明守恒和可逆意识并未真正形成。6岁儿童挑选可乐的过程表现出的迷惘和犹豫其实也是一种内心的冲突或不平衡,即同化与顺应之间的不平衡。过去的或是说现存的认知结构或图式(同化性认知结构)已不能解决当前问题,新的认知结构尚未建立。不平衡状态不能长期维持,这是智力的"适应"功能所决定的,平衡化因素将起作用,不平衡将向着平衡的方向发展,前运算阶段的认知结构将演变成具体运算思维的认知结构。守恒性和可逆性获得是这种结构演变的标志。8岁男孩的叫喊和示范动作充分体现了这一点。

由此可见,前运算阶段的儿童认识活动有以下几个特点:①相对的具体性,借助于表象进行思维,还不能进行运算思维。②思维的不可逆性,缺乏守恒结构。③自我中心性,儿童站在自己经验的中心,只有参照他自己才能理解事物,他认识不到他的思维过程,缺乏一般性。他的谈话多半以自我为中心。④刻板性,表现为在思考眼前问题时,其注意力还不能转移,还不善于分配;在概括事物性质时缺乏等级的观念。

皮亚杰将此阶段的思维称为半逻辑思维,与感知运动阶段的无逻辑、无思维相比,这是一大进步。

三、具体运算阶段(具体运算思维期7~11岁)

在本阶段内,儿童的认知结构由前运算阶段的表象图式演化为运算图式。具体运算思维的特点:具有守恒性、去自我中心性和可逆性。

皮亚杰认为,儿童到了7岁左右,开始出现内化了的、可逆的、有守恒前提的、有逻辑结构的动作,智力发展进入第三阶段——具体运算阶段。具体的运算意指该时期儿童的心理操作着眼于抽象概念,但思维运算必须有具体的事物支持,有些问题在具体事物帮助下可以顺利获得解决。

案例:爱迪丝的头发比苏珊的淡些,比莉莎的黑些。问儿童:"三个中谁的头发最黑?"这个问题如果以语言的形式出现,则具体运算阶段的儿童难以正确回答。但如果拿来三个头发黑白程度不同的布娃娃,分别命名为爱迪丝、苏珊和莉莎,按题目的顺序两两拿出来给儿童看,儿童看过之后,提问者再将布娃娃收藏起来,再让儿童说谁的头发最黑,他们会毫无困难地指出苏珊的头发最黑。

具体运算阶段儿童智慧发展的最重要表现是获得了守恒性和可逆性的概念。守恒性包括有质量守恒、重量守性、对应量守恒、面积守恒、体积守恒、长度守恒等。具体运算阶段儿童并不是同时获得这些守恒的,而是随着年龄的增长,先是在7~8岁获得质量守恒概念,之后是重量守恒(9～10岁)、体积守恒(11～12岁)。皮亚杰确定质量守恒概念达到时作为儿童具体运算阶段的开始,而将体积守恒达到时作为具体运算阶段的终结或下一个运算阶段(形式运算阶段)的开始。这种守恒概念获得的顺序在许多国家对儿童进行的反复实验中都得到了验证,几乎没有例外。

具体运算阶段儿童所获得的智慧成就有以下几个方面。

(1) 在可逆性(互反可逆性)形成的基础上,借助传递性,能够按照事物的某种性质如长短、大小、出现的时间先后进行顺序排列。

例如,给孩子一组棍子,长度(从长到短为 A、B、C、D……)相差不大。儿童会用系统的方法,先挑出其中最长的,然后依次挑出剩余棍子中最长的,逐步将棍子按正确顺序排列(这种顺序排列是一种运算能力),即 A>B>C>D……当然孩子不会使用代数符号表示他的思维,但其能力实质是这样的。

(2) 产生了类的认识,获得了分类和包括的智慧动作。分类是按照某种性质来挑选事物。

例如,他们知道麻雀(用 A 表示)小于鸟(用 B 表示),鸟小于动物(用 C 表示),动物小于生物(用 D 表示),这既是一种分类包括能力,也是一种运算能力,即 A(麻雀)<B(鸟)<C(动物)<D(生物)。

(3) 把不同类的事物(互补的或非互补的)进行序列的对应。简单的对应形式为一一对应。

例如,给学生编号,一个学生对应于一个号,一个号也只能对应于一个学生,这便是一一对应。较复杂的对应有二重对应和多重对应。二重对应的例子,如一群人可以按肤色而且按国籍分类,每个人就有双重对应。

(4) 自我中心观进一步削弱。在感知运动阶段和前运算阶段,儿童是以自我为中心的,他以自己为参照系来看待每件事物,他的心理世界是唯一存在的心理世界,这妨碍了儿童客观地看待外部事物。在具体运算阶段,随着与外部世界的长期相互作用,自我中心逐渐克服。

案例:一个 6 岁的儿童(前运算阶段)和一个 8 岁的儿童(具体运算阶段)一起靠墙坐在一个有四面墙的房间里,墙的四面分别挂有区别明显的不同图案(A、B、C、D),同时这些图案被分别完整地拍摄下来制成四张照片(a、b、c、d)。让两个儿童先认真看看四面墙的图案,然后坐好,将四张照片显示在儿童面前,问两个儿童:"哪一张照片显示的是你所靠墙对面的图案?"两位儿童都毫无困难地正确答出(a)。这时,继续问儿童:"假设你靠在那面墙坐,这四张照片中哪一张将显示你所靠的墙(实际没有靠坐在那面墙,只是假设)对面的图案?"6 岁的前运算阶段儿童仍然答的是他实际靠墙对面的图案照片(a),而 8 岁的具体运算阶段儿童指出了正确的图案照片(c)。为了使 6 岁的儿童对问题理解无误,研究者让 8 岁男孩坐到对面去,再问 6 岁儿童,8 岁儿童对面的墙的图案照片是哪一张。6 岁儿童仍然选了他自己靠坐墙对面的照片(a)。

由此表明,进入具体运算阶段的儿童获得了较系统的逻辑思维能力,包括思维的可逆性与守恒性、分类、顺序排列及对应能力、数的概念在运算水平上掌握(这使空间和时间的测量活动成为可能)、自我中心观削弱等。

四、形式运算阶段（12岁左右）

儿童成长到12岁左右,其智力发展进入形式运算阶段,其思维能够摆脱现实的影响,关注假设的命题,可以对假言命题做出逻辑的和富有创造性的反应,可以进行假设—演绎推理,这表明儿童思维发展到了抽象逻辑推理水平。

具体运算阶段,儿童只能利用具体的事物、物体或过程来进行思维或运算,不能利用语言、文字陈述的事物和过程为基础来运算。例如爱迪丝、苏珊和莉莎头发谁黑的问题,具体运算阶段不能根据文字叙述来进行判断。而当儿童智力进入形式运算阶段,思维不必从具体事物和过程开始,可以利用语言文字,在头脑中想象和思考,重建事物和过程来解决问题。故儿童可以不必借助于娃娃的具体形象而答出苏珊的头发黑。这种摆脱了具体事物束缚,利用语言文字在头脑中重建事物和过程来解决问题的运算就叫作形式运算。

除了利用语言文字外,形式运算阶段的儿童甚至可以根据概念、假设等为前提,进行假设演绎推理,得出结论。因此,形式运算也往往称为假设演绎运算。由于假设演绎思维是一切形式运算的基础,包括逻辑学、数学、自然科学和社会科学在内。因此,儿童是否具有假设演绎运算能力是判断他智力高低的极其重要的尺度。

当然,处于形式运算阶段的儿童,不仅能进行假设演绎思维,皮亚杰认为他们还能够进行一切科学技术所需要的一些最基本运算。这些基本运算,除具体运算阶段的那些运算外,还包括这样的一些基本运算:考虑一切可能性;分离和控制变量,排除一切无关因素;观察变量之间的函数关系,将有关原理组织成有机整体等。

案例:辨别液体实验,此实验用以观察形式运算阶段儿童是否能够考虑一切可能性的组合。

在被试儿童面前放置5瓶不同的无色透明液体,分别标志1、2、3、4、5(图5-1),从1瓶或几瓶中取出少量液体,与从瓶5中取出的少量液体相混合。这5瓶中液体分别是稀硫酸(瓶①)、水(瓶②)、过氧化氢溶液(瓶③)、硫代硫酸钠(瓶④)、碘化钠溶液(瓶⑤)。主试向儿童进行化学演示,让被试儿童观看混合后的颜色反应。但不要让儿童知道混合了哪几瓶中的液体。演示后让儿童自己做实验,判断哪一瓶或哪几瓶中的液体与瓶⑤中液体混合能产生特定的颜色(棕色),哪一瓶或哪几瓶中的液体与瓶⑤中液体混合不能产生棕色。

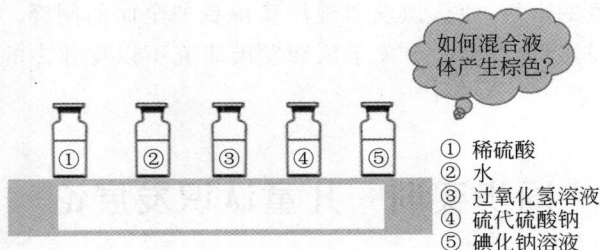

如何混合液体产生棕色?

① 稀硫酸
② 水
③ 过氧化氢溶液
④ 硫代硫酸钠
⑤ 碘化钠溶液

图 5-1

正确的答案是瓶①和瓶③的液体加上瓶⑤中的液体形成棕色(生成碘),瓶②的水没有什么用处，只是为增加组合的复杂性而增加，瓶④中的液体妨碍棕色形成，或者说如果已经形成棕色，它可以还原碘来消除棕色。

这一实验并不测验化学知识，只是测验儿童组合思维的能力。可以发现在儿童做此项实验时，有的乱撞瞎碰，而有的却在找其中的规律性，14～15岁或以上形式运算阶段的青少年能按五瓶液体的顺序①②③④⑤进行配合：①＋②，①＋③，①＋④，①＋⑤，接着②＋③，②＋④，②＋⑤……去概括，揭示其中的规律，得出正确答案。

形式运算思维是儿童智力发展的最高阶段。但是有两个问题应加以说明：①并非儿童成长到12岁以后就都具备形式运算思维水平。近些年在美国的研究发现，在美国大学生中（一般18～22岁），有约半数或更多的学生，其智力水平或仍处于具体运算阶段，或处于具体运算和形式运算两个阶段之间的过渡。②15岁以后人的智力还将继续发展，但总的来说属于形式运算水平。可以认为，形式运算阶段还可分出若干个阶段，有待进一步研究。皮亚杰认为智力的发展是受若干因素影响的，与年龄没有必然的联系。所以达到某一具体阶段的年龄即使有很大的差异，并不构成皮亚杰理论的重大问题。

皮亚杰采取系统的历史法，并在吸收神经生理学、生物学、人类学、逻辑学、数理逻辑、系统论、控制论和信息论的基础上，特别是把认识论和心理学紧密结合起来，创造了发生认识论。皮亚杰将心理学成果引进认识论中，提出活动中介论，主客体相互作用论和认识活动中的双向建构论，这些都揭示了认知形成的辩证运动规律，丰富原有认识论的内容，改变整个认识论的结构和体系，促进了科学认识论的发展。

首先，皮亚杰的儿童认知发展论推动了儿童心理学的发展。皮亚杰所创立的"日内瓦学派"批判儿童心理学史中各种形而上学的发展观，提出了儿童心理发展是在内外因相互作用中不断产生量和质的变化的心理发展观。他提出儿童心理发展的四要素并首次概括了心理发展的阶段理论，同时划分心理发展的四大阶段，揭示感知运动、前运算、具体运算以及形式运算的一般规律。因此，皮亚杰极大地丰富和深化了儿童心理学的研究，成为发展心理学史上的一个重要的里程碑。

其次，皮亚杰的儿童认知发展论，引导了认识论的发展方向。皮亚杰借助反省抽象和自我调节阐明认识无限发展的内在根据，这是关于认知微观运行机制的一种有益的探索。它突破近代认识论仅仅研究认识结构和认识内容的共时性转换的缺陷，把传统认识论对认识的静态分析拓深为动态研究，使具体认识活动中认知结构—功能的共时性转换，被纳入认知结构—功能演进的历时性建构框架，从而抓住系统思维的立体网络特征，实现对认识发展过程的多维度的审察，使认识发展规律获得更加全面的阐释。这些研究成果的意义是重大的。可以说，当今没有一个关于认知发展研究不以皮亚杰的发生认识论为理论基础或参考框架的。

同步实训　儿童认识发展论

1. 实训目的

加深学生对儿童认识发展论的认识。

2．实训安排

（1）学生分组到早教中心观察不同月龄和班级婴儿的言行。

（2）运用认识发展论分析并讨论所观察婴儿成长中各个阶段的特点。

3．教师注意事项

（1）由早教机构中的具体事例导入对儿童认识发展论中各个阶段的特点的认识。

（2）提供一些儿童认识发展论中各个阶段的特点的简单案例，供学生讨论。

（3）参观早教机构或提供其他相应学习资源。

4．资源（时间）

4课时、参考书籍、案例、网页。

5．评价标准

表 现 要 求	是否适用	已达要求	未达要求
小组活动中，外在表现（参与度、讨论发言积极程度）			
小组活动中，对概念的认识与把握的准确度			
小组活动中，角色扮演的精准度			
小组活动中，文案制作的完整与适用程度			

教学做一体化训练

一、重点名词

智力　图式　同化　顺应

二、课后讨论

皮亚杰的认识发展论对于当前教育的启发是什么？

三、课后自测

1．皮亚杰的认识发展论的主要观点是什么？

2．举例分析说明幼儿智力发展的过程。

课 后 推 荐

一、图书

1．让·皮亚杰.发生认识论原理[M].王宪钿，等译.北京：商务印书馆，1985.

2．施良方.学习论[M].北京：人民教育出版社，2001.

3．林崇德.发展心理学[M].北京：人民教育出版社，2009.

4．张大均.教育心理学[M].北京：人民教育出版社，2005.

二、视频

教育心理学研究："早教可以有多早？"——美国早教研究实验，2015-09-17，金宝贝国际早教石家庄中心。

模块六
瑞吉欧方案教学

学习目标

- 识记：方案教学、《儿童的百种语言》。
- 领会：研究性学习；瑞吉欧方案教学的主要特色。
- 理解：分析瑞吉欧方案教学中的师幼关系；瑞吉欧方案教学的形成及发展过程；生成课程的内涵。
- 应用：
  1. 瑞吉欧方案教学可以给我国的幼教改革特别是早期教育改革提供哪些启示？
  2. 根据瑞吉欧的幼教经验，试提出在早期教育中生成课程的基本思路。
  3. 试分析比较瑞吉欧方案和蒙台梭利教育法的异同点。

模块描述

　　本模块主要了解瑞吉欧幼儿教育方案产生、发展的时代背景，了解瑞吉欧幼儿教育方案的基本情况和主要特色，掌握瑞吉欧幼儿教育方案的核心即弹性课程与研究性学习的有关内容，明确瑞吉欧幼儿教育方案对我国幼儿教育改革和发展的几点启示。

思维导图

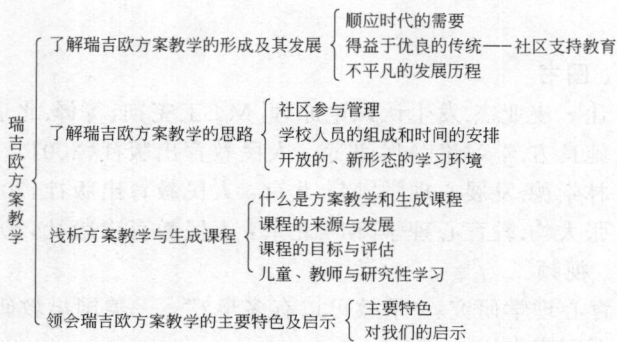

瑞吉欧方案教学
- 了解瑞吉欧方案教学的形成及其发展
  - 顺应时代的需要
  - 得益于优良的传统——社区支持教育
  - 不平凡的发展历程
- 了解瑞吉欧方案教学的思路
  - 社区参与管理
  - 学校人员的组成和时间的安排
  - 开放的、新形态的学习环境
- 浅析方案教学与生成课程
  - 什么是方案教学和生成课程
  - 课程的来源与发展
  - 课程的目标与评估
  - 儿童、教师与研究性学习
- 领会瑞吉欧方案教学的主要特色及启示
  - 主要特色
  - 对我们的启示

瑞吉欧·埃米利亚(Reggio Emilia)是意大利东北部的一个小城市,以其低失业率和低犯罪率、广泛而高质量的社会服务,以及地方管理机构的高效、诚实和富裕闻名于全国。自20世纪60年代以来,罗利斯·马拉古兹(Loris Malaguzzi)和该城市的教育工作者、家长和社区成员一起兴办并发展了该地的学前教育,经过数十年的艰苦奋斗,使意大利在举世闻名的蒙台梭利之后,又形成了独特而具有变革性的教育教学理论、学校组织的方法和环境设计的原则,建立了一套公立幼儿教养体制,并在全世界巡回展出,人们称这个综合体为"瑞吉欧·艾米利亚教育方法"。

1981年,题为"当眼睛越过围墙时"的展览在瑞典展出,1987年,在美国展出并更名为"儿童的一百种语言",此后,瑞吉欧成为欧洲的变革中心和世界各地教育者朝拜的圣地。当代教育心理学家吉罗姆·布鲁纳在观看展出后评论道:"最打动我的地方是他们如何培养孩子的想象力,同时在这一过程中他们如何强化孩子对'可能性'的认识和知觉……我参观时的第一个感受,那就是'对人的尊重。无论是孩子、教师、家长还是学校的全体员工,都认真地看待每个人在世界中试图创造自身的价值所代表的意义'。这份想象力和尊重使瑞吉欧·埃米利亚的教师和教育工作者的工作与众不同,……这些教育机构是一种正在学习、正在行动和想象的人所组成的团体。人人都致力于探索充满可能性的世界,都在建构充满可能性的世界,都在建构新的经验……我认为瑞吉欧·埃米利亚现在有责任向全世界更广泛地推广过去和现在的经验,必须开拓一种世界性的合作方案,支持这种对儿童、对童年和对教育的反传统思想。"

30多年来,这一展览一直在世界各地举行,不断地向世界传递着一份对儿童的潜能的尊重和认可。随着人们对瑞吉欧幼教体系越来越多的了解,瑞吉欧的幼教体系也越来越得到世界的承认。当地著名的黛安娜幼儿园被美国的《新闻周刊》评为"世界上最富创意、最先进"的学校,其他的学校也获得了美国芝加哥Kohl基金会奖、安徒生奖以及地中海地区国际学校协会的颁奖等各种奖项。美国幼儿教育协会(NAEYC)多次举办瑞吉欧教育学术交流会,而瑞吉欧方案教学的创始人和推行者马拉古兹也于1992年获教育工作贡献奖,甚至还被加德纳称为与福禄贝尔、蒙台梭利、杜威和皮亚杰齐名的伟大的教育家。

那么意大利瑞吉欧的成功经验有哪些?其方案活动是如何开展的?其中反映出了什么样的儿童观、教师观?本模块将从意大利瑞吉欧方案教学的理论和历史背景,该体制运行的基本思路,方案教学的内容和过程,以及从中反映出的儿童观、师生观和师生关系的特点等几个方面展开论述。

任务一 了解瑞吉欧方案教学的形成及其发展

案例导入

杂志上曾经刊登过这样一例事实:留学美国的教育学博士黄全愈的儿子,在国内时3岁学画国画,寄到美国的"竹子图"让美国教授大为惊叹。黄博士的儿子5岁到美国后继续学画,去学校几次后,儿子不愿再去了。儿子说:"老师根本不教绘画,一点儿也不教!"黄博士悄悄去学校观察,发现美国教师的教学几乎是将孩子们"放羊",出一个题目,让孩子自由去画。教师不讲基本的笔法，不讲布局结构，也不在黑板上画示范画让孩子临摹。这样的教学方式黄博士觉得是误人子弟。

案例思考

你怎么看待美国教师的做法？是否同意黄博士的看法？

一、顺应时代的需要

瑞吉欧的幼教体系最初是从"二战"后的废墟中建立起来的家长学校。20 世纪 50 年代初期，随着儿童数量的不断增多和"二战"后城市化进程的加剧所带来的妇女广泛就业问题，儿童接受学前教育成为家长们的普遍要求，瑞吉欧的幼教事业开始有了一定的发展，对家长学校的管理也提出了更高的要求。1967 年，瑞吉欧·埃米利亚市开始实行对所有的家长学校统一管理。

与此同时，随着现代技术在社会中的作用日益明显，伴随着科技的巨大成就，人类社会出现了一系列的难题，整个社会处于急剧变化的过程中，教育也迎来了又一次的机会和挑战。

瑞吉欧人意识到：仅注重传授知识是一种有严重缺陷的教育。面临全新的教育环境，如若要生存，教育的目标就应该是促进变化和学习。唯一受过教育的人是已学会怎样学习的人，是已学会怎样适应变化的人，是已认识到任何知识都不是完全可靠，唯有探索知识的过程才是安全基础的人。为了让幼儿学会适应变化，学会在变化万千的社会中生存，就有必要转移教学目标的重心，从原来的对知识的记忆掌握转移到人的智力、能力和创造性的发展，同时满足社会对新技术力量的需求提出的要求。与在培养目标上的要求相应的，是对教育过程和教育内容的新要求——不能再满足于知识的传递和记忆，而是要充分认识儿童的潜能，给儿童一种积极的文化氛围，让儿童享受与同伴游戏和相互学习的快乐，让儿童学会学习，学会独立地获取知识。

二、得益于优良的传统——社区支持教育

瑞吉欧·埃米利亚的幼教事业的蓬勃发展，和当地的优良传统——社区对教育的支持是分不开的。首先，最初的幼儿学校是由家长从"二战"后的废墟中建立起来的。其次，瑞吉欧·埃米利亚历来就有社区支持家庭教育的传统，他们把对儿童的教育看作政府的集体责任，由此早期教育系统成了社区的一个重要组成部分。有数据显示，在意大利的20 个地区中，瑞吉欧·埃米利亚所在的埃米利亚·罗曼格纳地区是市民责任感最强、对地方政府和官员的信任度最高的地区，还素有社会各阶层通过政党和经济的合作（农业、商业、信贷业、工人、厂家、消费者的联盟和核心）共同解决问题的传统。这种集体主义的传统可以追溯到 12 世纪，这使该地区的人们有很强的认同感和自豪感。如今，民主参与和市民政治的思想早已深入人心，并深深地影响了当地教育者的视角和使命。每年当地政府以 10% 的财政预算来支持其早期教育体制。

另外,瑞吉欧幼教体系在发展过程中也保持着向社区宣传、寻求社区支持、对社区和周围世界不断联系的传统:为了让周围的人知道学校的情况,获得信任和尊重,每周都要把学校带到城市里(把教师、学生和材料放到卡车上),在城市的各种场合向别人展示自己的教学。这种对外宣传的传统深深影响了瑞吉欧·埃米利亚的幼儿教育事业。

三、不平凡的发展历程

1971年,瑞吉欧·埃米利亚市由非宗教人士主办召开了名为"新儿童学校之经验"的全国性大会,大会的研讨过程和内容被编撰成书,此书多年来一直是意大利幼教机构发展所需的基本参考书籍。四年后该市又召开了题为"儿童是家庭与社会中主体和权利的来源"的全国大会,瑞吉欧幼教事业进一步朝着形成新儿童文化的方向迈进。1976年,因被指控为"反宗教",瑞吉欧幼教体系花了整整一年的时间,在各校开展了有家长、教师、学校人员、文化界、政治界人士和宗教人士参加的开放性的文化交流,讨论与教育相关的问题,明确了发展的思想和理念,并扩大了该体系的影响。1980年瑞吉欧·埃米利亚市成立了全国教育托儿所协会,即如今的全国托儿所幼儿园协会,讨论研究学前教育机构范围内的问题以及有关儿童现状的问题,为推进该市幼教的优质化提供了一个坚实的基础。协会会员主要有教师、幼教专家、学者和大学教授。

在这一发展历程中,瑞吉欧的人们不断吸纳先进的幼儿教育思想,逐渐发展形成了以方案教学为中心的一整套的幼教理念、原则、方法和体系。

瑞吉欧方案教学的形成

拓展阅读:《儿童是花朵——花朵论》

任务二 了解瑞吉欧方案教学的思路

案例导入

有一天,刘奕希小朋友急匆匆地跑去告诉我:"老师,老师,我的种子的皮给小朋友弄破了。"听她这么一说,我和其他小朋友赶紧围过来仔细观察,还真的有小绿豆破了皮儿,上面还有小白点。小绿豆出芽了,并不是让人弄破了。但是我没有直接告诉孩子们,想听一听孩子们的说法,了解一下孩子们有没有关于发芽的经验。这时,胡海洋说:"老师,上面还有小白点呢!"程子茜问:"那个小白点是什么呀?是小芽芽吗?"黄嘟嘟说:"不像,妈妈买来的绿豆芽可比它长。""那是什么呀?""我也不知道。呀,你看,我的菜种子有一点绿点了,老师,是不是发芽了?"那边张丽丽在叫:"老师,我的种子烂掉了。"旁边的李阳说:"你给种子喝的水太多了。"为了鼓励孩子们的发现,特别是第一位发现者——刘奕希小朋友,让她把小绿豆的变化画在自己的记录表中,让黄嘟嘟也把菜种子的变化记录在表中,并用他们明白的符号做记录。同时也鼓励张丽丽小朋友，再接再厉，下午放学时特意吩咐其家长重新准备种子。然后，请他们把自己的发现告诉大家，直接肯定他们的行为，鼓励其坚持性观察以激起大家的观察兴趣。我则把他们的话记录下来。从此，每一天幼儿都关注种子的变化过程，每一天都有新的发现，争着做记录，家长们也不甘落后，与孩子一起观察，关注种子的成长。幼儿的兴趣更加浓了。

■ 案例思考

案例中的"我"的做法是否正确？"我"对待孩子们的态度是否有利于孩子的成长？

瑞吉欧的教育者不仅承认知识产生的过程，同时也强调让儿童体验各种不同的甚至是相互冲突的观点，同时他们还强调儿童不是冲突的唯一来源，成人在"指导性的参与"中也为学习提供支持、指导、挑战和刺激。其基本思路如下。

一、 社区参与管理

1971 年社会参与在有关学前教育的意大利国家法律中得到确立。社会参与管理是培养市民变革的积极性、保护教育机构不受过度的官僚统治的危害并促进学校和家长合作的一条途径。社区参与管理有两种形式：公立学校主要是在学校内部成立委员会；而幼儿园托儿所主要采取的是以社区为本的管理方式。

社区为本的管理是儿童、家庭、社会服务和社会之间相互联系的理论和实践的整合。这种管理方式能够适应文化和社会的变迁，能够促进教育者、儿童、家庭和社区的互动和交流。对于个体的成长来说，这四方缺一不可。因为儿童是社会的人，儿童的教育是所有人都关心和重视的。在儿童的教育中，多方的合作才能发挥教育的一致性和一贯性作用。首先，学校的本质就是一个交流和参与的环境，所以家长的参与是学校教育存在的一个前提。其次，家庭在孩子的教育中起着首要的和独特的作用，对孩子负有一定的职责。家长积极参与到学校中，这能够让儿童获得一种安全感，也是他个人成长的动机。

社区管理采取的主要形式是咨询委员会。每两年家长、教育者、市民都要为每一所托儿所和幼儿园选举代表参加咨询委员会。每个咨询委员会都要选出 1～2 名代表，服务于市托儿所和幼儿园教育部门，和市长、市里的教育主管、早期教育主管、教研员一起合作，负责本市幼教事业的管理和发展。家长还可通过家长会、讲座等机会具体参加到有关学校政策、儿童发展、课程设计和评估的讨论中。在瑞吉欧的幼儿教育中，家长不是消极被动的受动者，而是参与者和领导者，掌握着孩子及其学校的未来。

二、 学校人员的组成和时间的安排

瑞吉欧·埃米利亚幼儿园在人员组成上很有特色。学校没有校长，由学校的主要负责人直接对城市的理事会负责，并和各教研员合作。教研员是该市幼儿教育的课程决策者，他们每个人负责 5～6 个学校（或中心），主要任务是确保市区 0～6 岁儿童教育的质量,并整合和协调该幼教体系的行政、技术、教学、社会和政治等影响幼教质量的各种因素。

瑞吉欧的幼儿园比较典型的构成如下。

班级:3个(婴班、托班、学前)

儿童:54人(婴班12个、托班18个、学前24个)

教师:6人(每个班级各2人)

艺术工作室教师:1人(接受的是艺术教育,和教师一起负责课程的发展和记录)

厨师:1人

辅助人员:4人

幼儿园的教师之间没有等级,彼此都很平等。而且,同一位教师和儿童一起相处3年,有利于师生之间、儿童之间形成比较持久和稳定的关系,这为瑞吉欧幼儿教育营造了一种社区的气氛。

在时间的安排上,瑞吉欧幼儿园一般是9月1日开学,次年6月30日放假,而教师上班的时间一般是8月23日到次年7月5日。从星期一到星期五,教师在职时间是早上8点到下午4点,额外服务时间是早上7点30分到8点和下午4点到6点20分。教师的周工作时间是36个小时,其中30个小时和孩子在一起,4.5个小时开会、计划和在职培训,1.5小时进行记录和分析。瑞吉欧的幼儿园也提供假期服务。具体各位教职工的工作时间如下。

第一班教师:8:00—13:48

第二班教师:8:27—16:00

艺术教师:8:30—15:33

厨师:7:45—14:54

第一辅助人员:8:30—16:03

第二辅助人员:9:00—16:03

其他人:12:30—18:54

三、 开放的、新形态的学习环境

首先,开放的环境是幼儿园的第三位老师。幼儿具有拥有环境的权利,教育由复杂的互动关系构成,也只有"环境"中各个因素的参与,才是许多互动关系实现的决定性因素。因此,学校的建筑结构、空间的配置、材料的丰富多样性,以及许多吸引幼儿探索的物品和设备都经过精心的挑选和摆放,以传达沟通的意图,激发人与人之间以及人与物之间的交流和互动。

瑞吉欧的学前教育机构环境美丽宽敞、充满艺术气息,建筑物中心有一个广场,每个活动室的门都面向广场,以增加各班幼儿间的互动机会。每间教室门口写上儿童的权利,挂上教师的照片,公告牌上介绍项目活动的主题,以便家长合作参与。瑞吉欧的幼儿园还十分注意空间的安全和儿童认知、社会性发展的空间,有大片的镜子,供孩子们躺在其间,认识自我,发现自我。

其次，经过细致规划和设计的空间及幼儿园周围的空间都加以利用，瑞吉欧认为环境是产生互动的容器，具有教育性价值。教室及工作坊的环境布置随项目活动的发展而变化，不断地充实和调整。在空间的设置中，瑞吉欧也关注给幼儿自由活动的空间、小组活动及团体活动的空间、作为展示的空间乃至个人秘密的空间。

再次，幼儿园提供记录的空间，充分利用墙面，把墙面作为记录儿童作品的场所，让墙面"说话"。小组每做一个主题都有师生共做的展示板，以充分利用视觉艺术的价值。

最后，空间设计还反映了意大利的文化特点。总的来说是"个性加美丽"，墙壁的色彩、巨大的窗户、绿色的植物、有意义的摆设等，都显示出幼儿园的"园本文化"，环境表达努力做到美观而和谐。

瑞吉欧方案
教学的理念

拓展阅读：《儿童观的三种研究方法》

任务三　浅析方案教学与生成课程

✎ 案例导入

瑞吉欧有一个经典案例《小鸟的乐园》，这个方案最初的构想来自校园里的一池清水。在校园里放置一池清水，原意是给栖息的小鸟解渴，孩子们认为如果小鸟会口渴，也一定会肚子饿，如果它们又饿又渴，也许会疲惫不堪的。

于是，有的孩子建议在树上搭建鸟巢，还有小鸟玩的秋千、老鸟搭乘的电梯；也有的孩子建议安置一个音乐旋转木马；还有的孩子建议给小鸟准备滑水用的小木片，让它们滑水；更有的孩子提议做个喷泉，是又大又真实的，能把水喷得高高的那一种喷泉。于是，一个具有想象力同时也鼓舞人心的主题出现了：为小鸟建造一座真正的乐园。接着就是一个漫长的探索与实验过程，孩子们遇到了各种各样的难题。为了建一个喷泉，孩子们各自谈了自己的构思。

有一个名叫菲利普的孩子说："这是天使喷泉，我认为在这里应该有输送水的管子。水管里的水来自水道，当水流到倾斜处和进入喷泉时，水流的速度开始加快。喷水池底有一些水，也许它每年更换一次。"

一个名叫爱莉莎的女孩子认为："水来自天上，那就是雨，它从山上流下来，流入山的小洞里，最后流入山脚下的湖中，然后又有条往下倾斜的水道将水先带入另一个湖，再带入水道中。地下的通路有很多条，老鼠会喝掉一些水，但喝得很少，其余的水就流入喷泉，从喷泉的石块中往上喷出，而石块就像滑滑梯一样，让水滑下来。"

另有一个名叫西蒙尼的孩子也谈了自己的创意："我真想有一个很大的装满水的储水槽，看到没有？我们做了两个，一边一个，上方有一座天平告诉你水槽中是否有水。比如：如果天平平衡，表明水槽中有水，喷泉可以喷水；如果天平倾斜，就代表水不多了，你就得按开关处的按钮，让水槽装满水。"

经过实验,孩子们为小鸟做成了水车和喷泉,还为小鸟乐园举行了开幕式。

案例思考

1. 这类活动体现了瑞吉欧方案教学的什么特色?

2. 在瑞吉欧方案教学中,教师的角色是什么?

在瑞吉欧的幼教体制中,被人们讨论得最多的是其方案教学活动,方案教学也正是对瑞吉欧幼教课程的最全面的概括。那么到底什么是方案,方案和主题、单元等概念是不是一样的? 方案教学和正规的系统教学有什么区别? 方案教学在瑞吉欧的幼教工作者自己看来是一种"弹性计划"——即所谓的"生成课程",那么这种课程即方案活动的来源是什么,具体是如何展开的,可分几个阶段? 这种课程是否有目标? 如何对其进行评价? 这种课程具体落实到教学上,该如何开展? 下面将先提供一个瑞吉欧方案教学实例——雨中的城市,以及美国马萨诸塞州对这一方案的改编和应用——雪中的城市,从而透视方案及其基本的内涵,并体会方案教学活动的一般特征。

拓展阅读:《意大利瑞吉欧方案教学实例——雨中的城市》

一、什么是方案教学和生成课程

(一)方案教学

方案教学是一种既非预定的教学模式,也非一般的教学计划,而是师生共建的弹性课程与探索性教学。它的基本要素有:①解决真实生活中的问题;②以小组为单位共同进行较长期深入的主题探索;③是成人与幼儿共同建构、共同表达、共同成长的学习过程。主题的选择是非预设的,主要来自幼儿的真实生活经验、兴趣和问题,并在众多的问题中作出选择和判断,教师往往是决策者。

瑞吉欧儿童探索的主题有"看见自己感觉自己""狮子的肖像""雨中城市""一片梧桐叶""孩子与电脑""人群""有关喷泉的讨论""椅子和桥的平衡"等种种自然现象和社会现象。决定主题的原则是:合乎儿童生活经验和儿童感兴趣的;容易取得所需材料和设备,并能够运用学校和社区资源的;儿童能实际操作的;活动是有意义和价值的。探索的过程中花许多精力思考并探索这些事物、主题和环境,思考在活动过程中出现的问题和观察到的现象,克服大量难以预计的偶然性和困难,不断地将主题引向深度和广度,将新发现作为以后数周探讨的问题。下周课程的主题,可能出自本周探索过程的结论、问题及难题,循环下去,幼儿和老师一起不断思考活动的意义,设想涉及的问题及解决方法等。主题探索的结果导致创造性问题的解决。幼儿通过探索和发现,用"百种言语"表达其成果,创造出他们最感兴趣的艺术作品:图形、绘画、卡通、图表、泥塑、模型、生动的连环画等。最终展示作品,供其他孩子、家长和社区成人观赏。

方案教学是一个教和学互动的过程,是教师和儿童共同展开研究性学习的过程。方案教学活动给儿童提供了应用知识技能的机会,强调的是儿童内在的动机,教师重在鼓励儿童成为自己学习的主人,准备和安排必要的材料和环境,对儿童进行观察并与儿童协商决定学习的方向，以使儿童持久地参加到活动中。可以说，方案活动给儿童提供的是一种背景，让儿童在其中主动地学习，自己决定和选择并探索自己感兴趣的东西，不是一系列的预设，而是一个高度灵活的过程，儿童和教师之间存在很大程度的合作。

（二）生成课程

"生成"强调计划是从儿童和成人的日常生活，尤其是儿童的兴趣中产生的，"课程"又意味着还有教师的计划成分。所以"生成"和"课程"两个词放在一起，意味着同时考虑到自发性和计划性。一般来说，生成课程是在一天一天或一周一周的生活中形成的，它没有预先设定课程的目标和内容，发展没有时间的限制，而结果也是无法预测的。在这种课程中，儿童作为学习者是积极主动的而不是消极被动的，他们是自己自发学习的主人，但这并不意味着课程的内容都来自儿童，其中不乏教师的引导和启发。教师在保证自己的计划足够开放的基础上，仔细观察儿童的兴趣和问题，然后根据社会的价值观做出反应并对儿童进行实时的评估，再在评估的基础上提供反应性课程，支持个体和小组的发展。这种课程的评估不是为了在儿童之间进行比较，而是为了了解儿童的方案、情感、兴趣、倾向和能力，以计划出有意义又富有挑战性的课程。这种评估也不是着眼于儿童的缺陷和不足，而是儿童独立的或者在外界帮助下、在不同情境下能够达到的水平，是一个动态而灵活的过程，是在真实情境下的评估。

在瑞吉欧的幼教工作者看来，方案教学是一种"弹性计划"——有计划，但这种计划只是提供一个弹性而又复杂的基本框架，教师可根据活动中幼儿的反应以及活动的进程来确定活动的发展方向；同时它又是弹性的，课程的设计和实施常常是开放性的，它是借助于一定的需要和条件，在具体的情境中逐步发展而成的，可以说是教师和学生共同建构、共同协商的结果。这实际上就是一种生成课程。以下就分别从课程的来源与发展、课程的目标和评估来了解方案教学。

二、课程的来源与发展

（一）课程的来源

方案（生成课程）的来源有很多：①儿童的兴趣。一旦自己的兴趣得到承认和支持，其探索就不需要有任何的外在刺激。②教师的兴趣。教师也拥有一些值得和儿童一起探索的兴趣，开展教师喜欢的工作，不仅让孩子学到了东西，还让儿童感受到了教师的热忱。③发展的阶段任务。儿童在每个发展阶段，总有一些必须掌握的发展任务，如会单脚跳、会数、会说等，以及在社会性发展上的自主、友谊等，因此适合儿童发展的课程就要给儿童提供许多能够发展这些能力的机会。④物理环境中的事物。不管材料和工具是天然的或是人工的，都反映着一定的环境，如反映当地的气候，这些需要儿童亲身经历。⑤社会环境中的人。儿童对各种各样的人——邻居、售货员等都会感兴趣，他们是干什么的，从哪儿来，儿童需要了解这些人并和他们建立联系。⑥课程内容材料。教师手头可能拥有各种课程内容材料，可根据自己的环境、条件、教学风格以及儿童的兴趣酌情采用。⑦意外的事件。教室、社区乃至自然界发生的一切意料之外的事情,教师可以考虑采用。⑧共同生活中的事情,如冲突的解决、保育以及常规。日常生活中发生的事情都是潜在的课程内容,或者说是课程的基本成分。⑨社会文化、社区、学校和家庭的价值观。教育一定要反映并满足一定的社会期望,但价值观的习得不需要直接教学,而需要适合发展的环境。

(二)经验的选择和课程的发展

既然课程的来源有这么多,那么具体应该选择什么样的内容来开展呢?这一过程主要在方案发展的第一阶段——开始阶段进行。方案(课程)的发展一般有三个阶段:开始、发展和结束。这三个阶段不是一个线性发展的过程,而是呈螺旋式上升的趋势,其中的经验是不断重复的,又是不断提升的,能使儿童从熟悉的东西入手并提炼新的理解。

1. 第一阶段——开始

开始阶段的主要任务有:确定主题、制作概念图、提出要探索的问题。在这一阶段,教师一般先进行初步计划,根据儿童的兴趣、课程内容、材料是否可得选择研究的主题,如是否与儿童的日常生活密切相关,这是为了保证至少有部分孩子对这个话题足够熟悉,能够提出一些相关的问题;是否相对比较开放,除了包含一定的读写算等基本技能,还要能够融合科学、社会以及语言等多门学科;内涵是否足够丰富,至少能够让儿童探索一个礼拜;是否适合在学校里而不是在家里开展等。具体来说,选择的标准大致有以下几点:是儿童的现实生活中的;大多数儿童对此都有经验;能够进行直接的调查研究,且没有任何危险;材料很方便;可能包含多种表征方式;有可能吸引家长的参与和支持;适宜社区和社会的文化和环境;大多数孩子会感兴趣;与学校或地区的课程目标和标准相关;有充分的机会让孩子应用基本的技能;具体的——不是太窄也不是太泛。总之,一个好的话题应该增强儿童的本来的倾向,能够吸引孩子的兴趣并投入深入的观察和调查中,并以多种方式表现出自己的认识。主题确定后,教师之间一般要进行"头脑风暴",围绕某一话题制作一份概念图,提出方案发展的种种可能性,也只有这样才能保证教师有足够的开放性,随时接受来自儿童的观点。概念图还有利于活动的继续并对活动的进展进行评估。在这些准备完成之后,教师和孩子一起讨论,从中了解孩子已有的经验和知识,并帮助儿童提出有待探索的问题。

2. 第二阶段——发展

对问题进行直接探索,包括实地去调查某场所、物体或事件;提供各种材料,实物、书籍以及各种研究性材料以帮助儿童展开调查;建议展开探索的方法,每个儿童都把自己的认识表现出来,而教师通过全班或小组的讨论使每一个孩子都互相了解各自的工作。这一阶段是方案活动的核心,儿童展开调查、从观察中获得信息并进行记录,建立模型,进行预测和讨论,并把自己的理解表现出来。如"雨中的城市",孩子在下雨时实地到雨中去观察,观察雨中的人们匆忙躲雨;去倾听,倾听雨落在不同物体表面上的不同声音;去体验,体验雨中的兴奋、忧虑和快乐。孩子们在雨中观察雷鸣、闪电、乌云,观察光和色的变化,观察城市中的人和物的变化。

3. 第三阶段——整理并展示结果

儿童以多种形式准备各种发现以及作品，然后由教师安排一次供孩子交流和分享学习经验的机会，可以讲述活动开展的过程，其中教师可以帮助儿童精心挑选交流的材料，引导孩子回顾和评价整个活动阶段。教师还允许儿童以想象的方式，如艺术、故事或戏剧表演等方式来内化新经验。最后教师还利用儿童的兴趣和想法，在这个完成的方案的基础上衍生出一个新的方案，如在"雨中的城市"中，儿童最后画出了水的循环和下雨前后天空的变化等，最后还延伸出"从一个雨水坑开始"活动，引发儿童探讨污水中光和色的变化，水的透明性以及对倒影、反射的认识。正是在这样的感知、观察和思考中，在这样一种更深更广的活动体会中，孩子的认识越来越接近科学，儿童的探究、想象和表征变得越来越融合。总之，雨、城市和儿童组成了一个巨大而统一的环境，从中可以读取儿童的语言、图像表达和思维发展过程。

瑞吉欧的方案教学是借助于教师对儿童的观察以及就某个话题对儿童的提问开始的，然后教师再根据儿童的回答和反应，引进一些材料，提出一些问题，提供一些机会，以激发儿童继续探索。它是在具体的情境中逐步发展而成的，是教师根据活动中儿童的反应以及活动的进程来确定活动的发展方向的，是和学生协商和共同建构的结果。虽然教师在活动之前进行了不少的预测，但教师的预测只是初步的计划，可用来确定方案发展的阶段，同时因为活动是教师指导下学生的主动探索，这种师生互动的本质决定了方案的发展必然是无法预料的，课程的设计和实施常常是开放性的，没有经过理性的周密的计划，从课程设计类型的角度讲，它属于过程模式，其课程的发展过程是一种"研究的过程，其中贯穿着对整个过程所涉及的变量、要素及相互关系的不断评价和修正。这个过程将研究、编制和评价合而为一，是个连续不断的过程。整个过程是一种尝试，没有确定不变的、必须实施的东西"。

如果从大卫·韦卡特（David Weikart）对学前教育模式的分类来看，方案教学可以归于开放教学模式。开放教学模式是以皮亚杰的认知发展理论为理论基础的，认为儿童是在积极的探索和活动中以及与成人和同伴的交往中发展的，主张教师为儿童提供可供探索的丰富环境，要求教师帮助儿童在主动探索、主动组织自己思维的过程中达到发展思维和社会性的目的。方案教学借鉴了很多皮亚杰的认知发展理论以及维果斯基的社会建构理论，主张儿童有自己的空间，强调儿童的主体性，但同时也强调教师的引导和帮助，强调教师为儿童的主动发展营造一种自由探索的环境。

经典案例——
我的影子朋友

三、课程的目标与评估

（一）课程的目标

方案教学的教育目的是教育者在不同阶段根据不同的教育内容而制定，是发展性的、可变性的。

方案教学要求提前制定一般性的教育目标，事实上第一阶段对方案的最初构想就是一种计划和设计，但它并不预先制订每一个方案或单元的具体目标，他们是根据自己对儿童的了解以及前期的经验对可能出现的种种情况做出假设,形成弹性的目标,随时根据儿童的需要和兴趣做变动。儿童的需要和兴趣可以是儿童在活动过程中表现出来的,也可以是教师推断出来的或教师引发的。教师和儿童都将不断讨论和挑战种种假设,教师的计划包括准备学习的空间、材料、想法、情境,给儿童提供问题解决情境,让儿童在积极的探索中学习。瑞吉欧的目标是增加儿童创造和发现的可能性,试图促进孩子在认知、情感、象征性(表征)等多方面的发展,扩大孩子交流的渠道,掌握交流的各种技巧和手段,同时意识到彼此之间是不同的,有不同的想法,由此也认识到自己有自己的想法和独特的视角,认识到世界是多元化的,由此增强每一个儿童的自我认同感(从成人或者其他同伴的认同中),培养归属感和自信,维持社会学习的过程,帮助儿童学会学习。

(二)课程的评估

方案活动能够让教师看到孩子作为独立的个体和一定群体中的成员在技能上掌握和应用的程度,以及孩子的理解程度,但对于这样一种非目标指向的课程,其评估应该如何进行呢?《进入方案教学的世界》中提出,教师的评价可以根据方案发展的不同阶段来进行,主要采取自我问答的方式。在第一阶段——最初的构想和设计阶段,可以问"它对于孩子的学习提供哪些可能性?""它的复杂性如何? 需要哪些资源?""孩子关于工作的概念有多明确?""这些计划对孩子的能力适合程度如何?"在第二阶段——方案的发展阶段,可以问"工作如何进展?""哪些问题被提出?""孩子在工作中,如何应用基本的理论技巧?"在第三阶段——结束阶段,可以问"最后的成果如何反映出最初的计划?""这些想象力与独创性的想法如何具体表现在作品中?""最后的成果如何反映孩子思考的成长?"可以看出,对方案各个阶段的评估主要靠记录的作用。

记录一般包括:在活动的不同阶段孩子所完成的不同作品,反映活动过程的照片以及誊写的光盘内容,成人的评语,以及儿童在活动中的讨论、评语和解释甚至家长的评语。

通过记录对孩子进行评价,至少有以下几个方面的作用。

1. 传递一种价值感

认真对待孩子的想法和作品,并进行精心设计,能够传递给儿童一种感觉:自己的努力、意图和想法受到了认真对待。展示的首要目的不是装饰和炫耀,而是为了让其他孩子了解他们的经验和发现,同时启发其他儿童从其他角度来探索这个话题。

2. 有利于开展过程评估

方案活动的主要特色是随着活动的发展不断计划、评估和再计划。在活动的过程中,教师每天都关注儿童的工作并和孩子讨论儿童的想法,提出接下去的几天儿童可以开展的方向。计划的制订依据的是对儿童的兴趣点以及认知困惑或冲突的了解,进而形成具有一定挑战性任务的记录。在记录的过程中教师还能够看到儿童个体的参与程度和发展程度。

3. 提高儿童的学习质量

首先,记录能够提高学习的广度和深度,记录以及根据记录是对儿童工作的重视,这能够增强儿童对工作的责任心和投入,使孩子对自己的工作更加感兴趣,更加相信自己的能力。其次,孩子利用教师的记录准备并展示自己经验,实际上是在重复经验,从中还可以产生新的理解,而且理解得更深更扎实。最后,有赖记录进行的展示给儿童之间互相学习提供了一个机会,观察一个小组或一个儿童进行的活动,会激发其他儿童新的探索欲望,并对其中所运用的表征进行借鉴。同伴之间还可以互相询问和建议,这样同伴之间的互动就产生了。

4. 培养教师的研究和过程意识

作记录是教师的一种研究,在教师考察儿童的工作并作记录的过程中,教师能够加深对儿童发展和学习的认识,进一步修正和调整教学策略,发展新的教学策略。正是在这样翔实的资料基础上,教师得以作出判断并决定如何支持每一个儿童的发展和学习。教师乃至家长在考察和记录儿童的工作过程中,认识到儿童独特的知识建构过程,也能够看到小组对儿童学习的意义。这不是通过考试所能够得到的。

5. 提高家长的参与意识

记录还是家长参与的又一种方式,能够让家长了解儿童在幼儿园的生活,从而共同参与到子女的教育中。

四、儿童、教师与研究性学习

儿童中心主义和社会建构理论对瑞吉欧的教育都有很深的影响,那么瑞吉欧的幼教经验反映了什么样的儿童观和教师观? 对于师生关系又是如何认识的? 在这种儿童观和教师观的影响下,其教学又会呈现出什么样的特征? 先看教师行为实例。

参考教案

时间:1988 年,1990 年。

地点:戴安娜幼儿园。

让孩子开始活动

早上 9:23,3 岁儿童班,全班性的集合已经结束,在早上的集合上,主班教师和孩子谈论了近期正在开展的关于"春天"的方案。然后配班教师带着 8 个孩子到学校的"中心"开始黏土工作。主班教师就负责剩下的 12 个孩子。她在教室里走动,鼓励各孩子、各小组都开始自己的工作。她来到一个小桌子前,看到两个孩子坐在那儿,面前放着白纸和几小筐刚刚捡回来的小草、小花和叶子。她就说:"你们看这儿有什么? 这是你们找的一些绿叶、小草和花。你可以把这些东西摆到白纸上,怎么摆都可以。如果一张不够,你可以在旁边再加一张,好吗?"(该教师后来解释说这个活动是为了让孩子感受探索的重要性和乐趣,帮助孩子熟悉拼图。)当教师离开时,这两个孩子开始饶有兴致地聊起来,"你要这个吗?""我也有这个。""你看这个多漂亮。""慢慢来。"教师一会儿过来,表扬了他们,说:"我很喜欢你们这样做。你们还可以再拿纸。如果还需要什么的话,就告诉我。"早上 9:28,教师来到挨着教室的小艺术工作室,两个孩子在桌子边坐着。其中一个在画画,另一个孩子无所事事。教师给第一个孩子添了一点材料,然后对第二个孩子说:"让我们来看看你早已经开始的工作。"她从抽屉里拿出一个文件夹,开始找:"在哪儿呢? 哪儿呢?"这个孩子无精打采,没有任何反应,等最后找到这材料后,教师说:"这画还需要加点什么? 你是不是需要一些黑蜡笔? 或者想再画一幅? 想不想用胶水粘纸? 你想去玩吗? 宝贝,你想干什么?"这个无精打采的儿童对教师的问题一点反应都没有。最后,教师蹲下来,亲了亲她,温柔地和她说话,然后从书架上拿下几本图画书,把孩子的画收起来。这时门口出现了一个孩子,寻求教师的帮助,老师说"亲爱的,我就来"。这个小女孩擦擦眼泪,开始看书。教师起身走时,夸了夸第一个小女孩的画。

指导儿童使用工具

同一个早上9:34,学校的"中心",配班教师正和8个3岁孩子玩黏土。她在指导孩子正确使用各种材料和工具,不断地促进、支持、鼓励儿童。她试着帮助儿童并提出建议,以保证儿童完成自己的艺术和表征目标,而不至于面对材料有一种沮丧感。比如,她知道如果孩子搓出的泥条太细,在煅烧的时候很容易断,儿童就会伤心。

把儿童的争论转化为一个有待检验的假设

1990年5月的一个早上,9:12。

教师和6个5岁的孩子围着一张桌子坐着。他们正在完成一个方案:为明年夏天要入学的小孩准备一本教学手册,他们打算在手册上说明怎么找艺术工作室。在昨天的讨论中,有个女孩建议说,小孩太小不识字,最好把路线画出来。另外一个男孩说,小孩子的语言和大孩子的不一样,所以为了反映3岁儿童的语言,最好画草图。其他孩子都强烈反对,认为画草图没有什么好处。老师就建议这些孩子把两种图都画出来,看谁的效果好。为了验证效果,这6个孩子来到了学校里孩子年龄最小的班级,问:"你喜欢哪一幅? 你能够看懂哪一幅?"最后由这些小孩子来决定。

教师鼓励儿童自己解决争论

1990年春天,午餐前

2个5岁男孩正在准备餐桌。

学校让年龄稍大的儿童负责准备午餐桌,这个班由5岁的儿童轮流来决定各人就餐的位置。教师们觉得这样比由教师来固定就餐位置或让孩子随便就座都要好。在安排位置上引起的争论,教师鼓励孩子自己协商解决。

(一)儿童与教师

在瑞吉欧方案教学中,儿童是学习者、研究者,是发展的主人,积极而有能力,有着独特的个人的、历史的和文化的特征。儿童具有丰富的潜力,很强的可塑性及很强的学习和成长欲望,渴望与别人交流和沟通;同时儿童又是独特的,但儿童的差异,可以在有利的或不利的环境下扩大或缩小。儿童不是孤立的,不是抽象的,每一个儿童都是与其他儿童、家长、教师、社会和文化背景联系着的。

教师在方案教学中的角色是:伙伴、园丁、向导、记录者和研究者。

伙伴:在幼儿的项目活动过程中,教师最为重要的是倾听儿童,倾听儿童最丰富的含义是使孩子进入主动学习的状态。作为伙伴,瑞吉欧有句名言"接过孩子抛来的球"!

园丁:幼儿的世界是一个充满可能性的世界,作为园丁,要知道在共同建构的过程中,何时提供材料? 怎样变换空间? 如何介入讨论? 何时协助解决疑难?

何时将孩子的表达方式总结出来……成为孩子成长的有力支持者。

向导：不断引导幼儿深入某一领域或某一概念，适时、适度地鼓励和支持幼儿对他们自己的问题及兴趣在深度和复杂性方面深入钻研，引导他们观察再观察，思考再思考，呈现再呈现，在各个方面得到发展。

记录者：教师走进幼儿的心灵，知道他们是怎么思维，怎么操作的；如何互动、如何观察、如何想象、如何表达的。幼儿通过记录看着自己完成的工作时，会更加好奇、感兴趣及有自信心，记录还使家长了解幼儿在学校获得经验的过程，分享孩子在校的真实经验，密切亲子关系。最可贵的是，记录是教师研究的一种重要形式，看到师生关系，看到自己的作用，教学技巧的成长，等等。

研究者：如怎样共同建构项目活动？怎样发现既有挑战性又能使孩子得到满足的项目活动？如何保持一定的开放程度？如何在遇到困难时与儿童、教师商量，如何倾听儿童的争论、化解他们的争论？怎样建立一种合作的、支持性的互动的师生、生生关系？等等，这些都使教师成为一个研究者，成为一个终身学习者。

（二）研究性学习

瑞吉欧的教师把自己与儿童的互动称为是在"打乒乓"，教师接过儿童扔过来的球，然后把球扔回给儿童，促使儿童继续玩下去或者开展新的游戏方式。"接过儿童扔过来的球"形象地说明了教师的主要任务就是维持游戏的进行，教师可以回球，也可以在技巧上给予指导，可以在材料上有所调整，进行支持性的干预，以扩展儿童"发球"的技巧和策略，提高注意力和努力，同时又保证儿童充分体验游戏的快乐。这反映成人的作用不仅是满足孩子的要求、回答问题，还要帮助儿童发现自己的答案，更重要的是帮助儿童问自己一些好的问题。这一"打乒乓"的过程是教师和儿童共同学习、共同探索、共同研究的过程。

瑞吉欧的教师尊重儿童的独创性、主体性和差异，关注儿童的活动，并在观察和记录的基础上做决策，它强调的是教师追随并进入儿童积极的学习过程，不断地观察、评估、研究儿童以及方案的发展，教师的工作是全面的和循环的，而不是割裂的和线性的。教师的行动不是按照固定的程序，而是不断地重复和循环。这种师生关系决定了教学是一个非常复杂的并且很难预料结果的过程，需要教师与儿童、儿童之间能够很好地协商，共同对某个问题进行研究，即所谓的研究性学习。

但开展研究性学习是否意味着教师可以袖手旁观学生的发展？在瑞吉欧，以其活动开展的第一阶段为例，教师在此阶段要做计划，要设计主题网，要探索每一种材料或想法蕴含的可能性，以决定取舍：是否值得开展？有无可能产生发展适宜性的活动？如何提供材料或问题以丰富这一活动？儿童的兴趣能够持续多久？同时这个主题网是临时性的，不能确切说明将会发生什么，或者将会以什么样的顺序开展。可见，研究性学习并不是忽视教师的作用，相反还对教师的指导提出了更高的要求：在研究性学习活动中，教师不再是一个教授者，而是一个活动的组织者、参与者和指导者，教师在教学活动中要有利于每个学生的发展，爱护和培养学生的探索精神、创新精神，促进学生自主学习，独立思考，为学生潜能的自由和充分发挥创造宽松的环境，为学生终身学习能力的发展奠定基础。

瑞吉欧的课程是教师和儿童协商而来的,是教师和儿童(包括个体和小组)通过研究式的教学而生成的,其中反映出的儿童观与维果斯基通过其"最近发展区"所反映出的儿童形象是一致的。在他们看来,"儿童中心"不是极端的权威领导,也不是简单的放任。儿童必须有自己的空间,然后在成人的引导下发展自我。儿童很有潜力,同时也存在差异,儿童的学习不是一个孤立的过程,也不是自动源于成人的教,在很大程度上,儿童的学习和成就要归功于孩子自己的活动以及教师为之提供的材料。这里的课程不是以儿童为中心,也不是以教师为中心,它来源于儿童,却是在教师的设计的框架下。儿童讨论自己感兴趣的事情,而教师使之成为稍微一般化的体现一定专业的概念。教师的中心任务是以非间接的形式让孩子积极地参与到活动中,不失时机地捕捉孩子快要往前迈一步的时刻,促进儿童认知、情感、社会性和身体的发展。他们强调儿童的自主性和主动性,同时也强调教师的引导和帮助,应该说,这是一个教师和学生并重的方案。教师和儿童是平等的,他们共同参与到活动中,共同投入学习中。

拓展阅读:《以人的方式理解儿童》

任务四 领会瑞吉欧方案教学的主要特色及启示

案例导入

薛薛的妈妈冲进园长办公室,气冲冲地质问园长:"我邻居家的孩子所在的幼儿园每天布置家庭作业,要孩子们背 3 首古诗,做 30 道计算题,还要拼读抄写 20 个汉字,咱们幼儿园为什么不做?"

形形的妈妈听说什么好,就叫 3 岁的形形去学什么,形形每天都要学习钢琴、珠心算、围棋、英语、画画,时间被各种任务安排得满满的。

案例思考

1. 如果你是园长,你如何回应薛薛妈妈的质问?
2. 如果你是形形的老师,你应该对形形的妈妈说什么?

瑞吉欧幼教体系的特色体现在很多方面:教育哲学强调儿童的有意义的合作、主动建构、发现学习并不断反思;环境设计上重视提供一个有多种选择的、能够促进互动的、充满美感和变化的环境;教学上聚焦于建立在儿童的兴趣之上,不规定时间,有助于儿童深入理解,综合了艺术、科学、数字和语言等多种学科的方案活动;在教师的角色定位上着重教师系统地研究儿童的学习和知识建构、认真地观察和记录孩子、成为儿童学习的合作者和研究者,乃至维持和家长及社区的高水平的双向交流的桥梁,而不仅仅是知识的传递者。所有这些无不反映出一个与众不同的成功的幼教体系的方方面面的特征,体现了一个理想的幼教方案的发展方向。但瑞吉欧的幼教方案中,最值得称道的还数它对儿童以各种方式,包括语言和非语言的形式——尤其是艺术表征的方式来创造性地表达自己的思维、情感、态度的鼓励。

一、主要特色

（一）儿童的百种语言

儿童结合并跨越各种感官功能，穿越在各种媒介之间，充分展示自己的创造和想象的能力。他们能够用文字来表示视觉，也能够用图像来表达声音。他们对各种媒介的运用，构成了儿童的一百种语言。

瑞吉欧把文字、动作、图像、绘画、建筑构造、雕塑、皮影戏、戏剧、音乐等都作为儿童语言，归纳为：表达语言、沟通语言、符号语言（标记、文字）、认知语言、道德语言、象征语言、逻辑语言、想象语言、关系语言等。他们鼓励儿童通过表达性（动作、表情、语言、体态等）、沟通性及认知性语言来探索环境和表达自我，认为儿童的自我表达和相互交流特别重要，是儿童探索、研究、解决问题过程中的基本活动。瑞吉欧经验显示："学龄前幼儿能够广泛运用各种不同的图像和媒介来表达，以及与他人沟通彼此的认知。"

（二）走进儿童心灵的世界观

在《儿童的一百种语言》一书中，马拉古兹的一首诗《其实有一百》充分表达了这一思想。他说："孩子，是由一百组成的，/孩子有，一百种语言，一百只手，一百个念头，一百种思考方式、游戏方式及说话方式；/还有一百种……/孩子有一百种语言（一百一百再一百），但被偷去九十九种……"在这首诗中，我们可以体会到他视儿童为一个自己能认识、思考、发现、发明、幻想和表达世界的栩栩如生的孩子；一个自我成长中主角的孩子；一个富有巨大潜能的孩子。面对这样的孩子，成人应如何应对？首先，最重要的是要承认"其实有一百"；其次，要以孩子的思维、儿童的立场来看待一切；最后，千万不要限制孩子，应让孩子充分表现其潜能。为此，瑞吉欧采用弹性课程，以儿童为中心，从儿童的兴趣和需要出发，不让孩子生活在成人的包围中。在幼儿园，教师必须尽可能减少介入，更不可过度介入，"与其牵着儿童的手，倒不如让他们自己的双脚站立着"。

（三）"我就是我们"

"我就是我们，代表一种通过人与人之间的互惠交流，达到超越个人成就的可能性。"以另一个方式来理解，幼儿与成人共存于社会文化和社会现实中，并通过每日的文化参与发展自我。将幼儿的成长与发展处于整个社会背景之下，使个人与社会过程两者各自的作用以及两者之间的本质有更深切的理解；同时，这一理念还代表在共同分享中，每个人均可提出最好的想法，提升和加强团队间的意见交流，并刺激新奇或出乎意料的事情发生，而这些是无法靠个人力量独自完成的。

（四）强调"互动关系"和"合作参与"

"互动合作"是瑞吉欧教育取向的一个重要理念，也是贯彻在整个教育活动过程中的一项原则。"互动合作"包括教师和学习者的互相沟通，关怀和控制的不断循环，以及教育活动相互引导的过程。

　　瑞吉欧教育主张,儿童的学习不是独立建构的,而是在诸多条件下,主要是在与家长和教师、同伴的相互作用过程中建构的;是在特定的文化背景中建构知识、情感和人格。在互动过程中,儿童既是受益者,又是贡献者。互动存在于以下几个方面:①存在于发展和学习之间;②存在于环境和儿童之间;③发生在不同符号语言之间;④发生在思想和行为之间;⑤发生在个人与个人之间(最重要)。这一种对家长、教师和儿童互动、合作关系的看法,不仅使儿童处于主动学习地位,同时还加强了儿童对家庭、团体的认同感,让每个幼儿在参与活动时,能感受到归属感和自信心。

　　"互动合作"的理念也表现在幼儿机构的管理方面,认为教育是整个市镇的活动和文化分享。"社区应参与学校"的观念已形成具体的管理特色,表现在托儿所和幼儿园以社区为基础的管理方式上,同时,幼儿园都有"咨询委员会"传达家长与教育者的需要。市镇的托儿所、幼儿园董事会,由幼托机构中的咨询委员代表、当地的幼教行政主管、教学协调人员及选出的教育官员等人组成。

　　家庭和学校的互动合作,可帮助教育新方法的发展,并将其视为不同智慧汇集的要素,儿童教育责任由学校和家庭共同承担。他们深信,只有当教师与家长共同参与时,才可能带给儿童最好的经验。

方案教学的
主要特色

二、对我们的启示

　　瑞吉欧幼教体制中的以社区为本的管理方法、开放而充满教育机会的环境、合作性的学习和研究方式、师生同为课程和学习的主体、对记录的重视,以及对孩子的多种学习和表达方式尤其是艺术形式的强调,为它赢得了很高的声誉,有无数的国家和地区正在从中汲取有益的成分,如瑞典斯德哥尔摩的实验托幼学校、阿尔巴尼亚的提拉那幼儿园、美国密苏里州圣路易城、俄亥俄州和加利福尼亚州的一些幼儿园以及泰国曼谷的一些私立学校等。可以说,方案教学提供了一种新思路,让我们重新看待儿童作为一个学习者的本质,重新审视课程的设计、教师的作用、教学活动的开展、学校的组织和管理、环境的设计和使用,以及家长、教师和儿童的合作等方方面面的因素。在近年来美国的早期教育界一直热衷于讨论的"三件事"——发展适宜性教学、建构主义理论对早期教育的启示以及瑞吉欧的方案教学中,瑞吉欧是贯穿始终的。事实上,瑞吉欧教育已经成为发展适宜性教学原则的最有力的支持者,对丰富建构主义理论的内涵也有不小的贡献。

　　瑞吉欧的成功经验为我们探索儿童,儿童与教师,儿童、教师与家长的关系提供了线索。人们一直在提倡要以儿童为中心,重视儿童的主体作用,但却似乎从来没有做到这一点。人们也一直在探讨师生之间如何形成良好的互动关系,但似乎也没有找到一条切实可行的道路。家长参与也是近年来一直颇受重视的领域,但真正地参与似乎缺少一种机制或者说媒介。瑞吉欧启示我们以下几点。

1. 重视在儿童的活动中自然而然地生成课程

　　在瑞吉欧的学校,儿童参与深度的、长期性的调查,这体现了进步主义教育的主要特点。他们没有固定的课程计划,有的只是灵活的、深入而富有成效的方案活动。他们允许儿童自己做决定和选择,采取合作的问题解决的学习方法(一般是与同伴合作或向教师咨询),并创造一种鼓励儿童追求自己兴趣、开展长期的调查活动的环境。这种课程是在具体的情境中逐步生成的,是教师根据活动中幼儿的反应以及活动的进程来确定活动的发展方向的,可以说是教师和学生共同建构与协商的结果。在这种生成的课程中,儿童兴致盎然,内在的动机使他能够有足够的兴趣、坚持力和成就意识,在众多的可能性中做出选择,并坚持到自己的成功。

2. 让教师成为幼儿的合作研究者

瑞吉欧的教师与儿童是平等的,他们共同参与到活动中。教师认识到儿童是发展的主人,具有丰富的潜力、很强的可塑性和很强的学习和成长欲望,同时儿童之间存在着差异,这种差异可以在有利的或不利的环境下扩大或缩小。于是瑞吉欧的教师就成为一个观察者和记录者,重视去倾听儿童、发现和认识儿童,允许儿童自主、自由地探索,同时亲自参与到活动中,给儿童以反馈、建议和支持,引导孩子拓展自己的想法。在这种有系统地观察、记录、说明和评价的过程中,教师成为儿童合作研究者,"尊重儿童"和"发挥儿童的主体性"不再是抽象而空洞的概念,而成为促进幼儿发展的重要动力。

3. 促进学校、社会和家庭的合作

家校联合似乎已经成为世界的一个共识,美国2000年六大教育目标之一就是促进家庭卷入到学校中,以形成教育的合力。瑞吉欧的管理是一种民主而开放的方式,社区参与管理的机制的建立,能够适应文化和社会的变迁,也能够促进教育者、儿童、家庭和社区的互动和交流。事实上,在个体的成长中,家庭、社会和学校是同样重要的。因为儿童是社会的人。儿童的教育需要多方合作,这样才足以产生教育的一致性和一贯性效应。而学校的本质就是一个交流和参与的环境(杜威早就提出"学校即社会"),所以家长和社会的参与也是学校教育存在的一个前提。而家庭作为孩子成长的第一个也是很重要的环境,对孩子的发展有着重要而独特的功能,家长积极参与到学校中,能够让儿童获得一种安全感,更是他个人成长的动力。最重要的是,家庭和社会的参与意味着教育环境的扩大和教育资源的丰富,意味着儿童处处受教育,时时在学习,反映出终身学习的时代特色。

方案教学还是一种个别化教育,它提供了因材施教的新思路;它更是一种跨学科的教育方式,告诉我们课程综合的一种途径;它还是一种深入而有意义的学习,有助于儿童主体性的发挥。它为我们思考"在幼儿园里应该教什么,怎么教"这一基本问题提供了又一思路。

第一,我们不仅要关注幼儿自身成长的潜能,还必须注意社会文化背景,师生互动,生生互动,学校、家庭和社区互动等各方面因素的影响及幼儿在其中的主体地位。从教育观念到教育行为,都应真正做到以儿童为核心,以儿童发展为本。

第二,在幼儿园课程建设方面,我们应着重思考如何使幼儿成为教育活动过程中的主角;怎样选择幼儿自发生成的主题并引导其进行有一定深度和广度的长期探索;在教师预设的课程中,又如何根据幼儿的兴趣、需要和发展的水平,不断地调整、补充和发展原有的设想,使幼儿在预设的课程中,在认知、身体、情感和社会性方面都得到良好的发展;如何把儿童生成的、教师预设的课程有机结合起来;等等问题。瑞吉欧的教育经验中,客观地掌握教育目标，以小组为单位解决儿童生活中现实问题的主题内容的选择和确定，在动态的互动关系中互相支持、表达，进行深入的、循环的探索，以及各种教学技巧(教师的等待、介入、倾听以及师生关系的丰富内涵，父母的参与，大量的记录等)和评价方式都给予我们的思考和改革以很多有益的启示。

　　第三，实践、反思加学习是幼儿教师提高教学水平的重要途径，我们的职前、职后教师培训应走理论与实践相结合、反省性教学的道路。

方案教学的
主要启示

拓展阅读：《意大利瑞吉欧儿童中心》

同步实训　方案教学与生成课程实践

1. 实训目的

加深学生对方案教学与生成课程的认识。

2. 实训安排

(1) 学生选择方案教学与生成课程中的一种，分组进行讨论，并尝试运用。

(2) 分析并体会这些方案与课程的适用性与特点。

3. 教师注意事项

(1) 由幼教机构中的具体事例导入对方案教学与生成课程的认识。

(2) 提供一些方案教学与生成课程的简单案例，供学生讨论。

(3) 参观幼教机构或提供其他相应学习资源。

4. 资源(时间)

1 课时、参考书籍、案例、网页。

5. 评价标准

表 现 要 求	是否适用	已达要求	未达要求
小组活动中，外在表现(参与度、讨论发言积极程度)			
小组活动中，对概念的认识与把握的准确程度			
小组活动中，角色扮演的精准度			
小组活动中，文案制作的完整与适用程度			

教学做一体化训练

一、重点名词

方案教学　《儿童的百种语言》　研究性学习

二、课后讨论

1. 瑞吉欧方案教学可以给我国的幼教改革特别是早期教育改革提供哪些启示？

2. 根据瑞吉欧的幼教经验，试提出在早期教育中生成课程的基本思路。

3. 试分析比较瑞吉欧方案和蒙台梭利教育法的异同点。

三、课后自测

1. 分析瑞吉欧方案教学中的师幼关系。

2. 瑞吉欧方案教学的发展过程是怎样形成的？

3. 生成课程的内涵是什么？

课后推荐

一、图书

1. 黄人颂.学前教育学[M].北京：人民教育出版社,1989.

2. 卢乐山.学前教育学原理[M].北京：北京师范大学出版社,1991.

3. 杨汉麟,周采.外国幼儿教育史[M].南宁：广西教育出版社,1998.

4. 唐淑,钟昭华.中国学前教育史[M].北京：人民教育出版社,1993.

5. 陈帼眉.学前教育新论[M].北京：北京师范大学出版社,1996.

6. 唐淑.学前教育思想史[M].北京：人民教育出版社,2010.

二、期刊

1. 侯莉敏.百年中国幼教事业的变化及发展[J].幼儿教育,2004(2).

2. 侯莉敏.不同学科视野中的儿童研究及其对早期教育的启示[J].教育导刊,2006(4).

3. 侯莉敏.理论的引入与我国学前教育的变革与发展[J].幼儿教育,2010(7).

4. 王春燕.学前教育价值取向的百年追思与启示[J].学前教育研究,2011(9).

5. 张利洪,李静.学前教育学的研究对象[J].学前教育研究,2011(9).

6. 单中惠.西方现代儿童观发展初探[J].清华大学教育研究,2003(4).

7. 贾云.论儿童观的范式转型[J].南京师范大学学报(社会科学版),2009(2).

三、网站

1. 中国学前教育网：http://web.preschool.net.cn/。

2. 中国学前教育研究会：http://www.cnsece.com/。

模块七
班克街教育方案

学习目标

- 识记：发展—互动理念。
- 领会：教育目标；实施工具。
- 理解：分析杜威对班克街教育方案的影响；教师的角色；
  班克街课程实施步骤。
- 应用：
  1. 班克街教育方案可以给我国的幼教改革特别是早期教育改革提供哪些启示？
  2. 模拟实施班克街的儿童课程。
  3. 试分析比较班克街教学方案和我国目前幼教的异同。

模块描述

　　本模块主要了解班克街教育方案产生、发展的时代背景，理解班克街教育方案的理论基础和主要特色，掌握班克街早期教育方案的核心目标、内容、方法和评价，明确教师和家庭在其中的角色，评价这一教育方案的优缺点。

思维导图

19世纪末，美国教育界兴起了一场影响全世界的教育革新运动——进步主义教育运动。"进步主义教育运动"反对美国长期以来沿袭的欧洲传统教育，对传统教育形式主义的课程设置、因循守旧的教材教法、戒律森严的学校制度进行了批判。在进步主义思潮影响下创立的教育机构中，1916年由米切尔创办的"教育实验局"崭露头角，后来在它的基础上成立了班克街教育学院。这所教育机构，以实验幼儿园为开端，从创办伊始就以全力促进幼儿成长为目标，致力于发展幼儿教育事业。经过近一个世纪的发展，除形成了特色幼儿教育课程体系之外，也使学前教育课程与学校教育课程有效地进行了衔接，形成了独具特色的"班克街早期教育方案"。20世纪30年代后，这一早期教育方案强调儿童个别潜能的重要性和学校对儿童情绪、人格发展的影响力，教育目的在于促进"完整儿童"的发展。班克街早期教育方案参与了美国"开端计划""随后计划"等项目，并做出了很多有价值的工作，班克街教育方案已远不只局限于一个教育机构，它通过由理论到实践的长期实验过程，对美国乃至全世界的儿童教育产生了重大影响，现已成为儿童教育领域世界公认的领导者。

任务一　了解班克街早期教育方案的理论基础

案例导入

在许多早教机构中都为2～3岁的幼儿创设了区角体验区，幼儿可扮演不同的角色，如医生、营业员、家长、顾客等，从"做饭""卖东西""看病吃药"开始的。他们喜欢做洗菜、切菜、倒茶、做蛋糕等；或者假装给你看病，让你躺着、喂你吃药；或者用"砖头"搭建商店（很多时候他们搭建的都是礼物店，或者停车场），然后进行买卖……不断重复，乐此不疲。

案例思考

1. 是什么让幼儿们这么喜爱区角活动？
2. 幼儿在区角扮演的角色，经验来自哪里？
3. 这种区角活动对幼儿有什么积极意义？

一、理念来源

班克街早期教育方案最令人关注的是高举进步主义的大旗，以学生为主体，关注学生的需求与进步。通过儿童学校的实践学习培养教师理解儿童的学习方法，支持学生和教师更好、更快地成长。班克街的教育理论可归结为三大来源：弗洛伊德的心理动力学理论、皮亚杰的认知发展学说、杜威及其进步主义教育思想。

（一）弗洛伊德的心理动力学理论

弗洛伊德的心理动力学理论认为，人的行为是从继承来的本能和生物驱力中产生的，而且试图解决个人需要和社会要求之间的冲突。剥夺状态、生理唤起以及冲突都为行为提供了力量，就像煤给蒸汽机车提供燃料一样。弗洛伊德认为儿童早期是人格形成的阶段,童年的经验对成年人的性格有深远的影响。受此影响,班克街早期教育方案强调儿童社会性的发展,社会学习也就成了该方案的核心任务。

(二) 皮亚杰的认知发展学说

以皮亚杰为代表的儿童认知发展的心理学理论也对班克街教育学院的发展奠定了重要的理论基础。皮亚杰强调"游戏"在智力发展上的重要性,并且将儿童自身和客体之间的活动作为早期儿童课程的基础。皮亚杰强调游戏是提高抽象思维能力的一种恰当手段,儿童通过游戏能够逐步理解社会准则和社会秩序,而且能同时促进其道德发展。班克街儿童课程也强调游戏的重要性,鼓励儿童参与社会活动并与同伴们一起游戏,为儿童提供丰富的并供他们自由选择的材料:如积木游戏、角色扮演、沙土游戏以及写字、阅读和绘画等,甚至为他们提供诸如泥土、沙、水等探索材料。使儿童在游戏的过程中体会到学习的快乐,并引导他们对学习过程进行思考和判断。

(三) 杜威及其进步主义教育思想

杜威作为进步主义教育运动的精神领袖,其进步主义教育思想论证审慎周密,他的理论在很大程度上影响了进步主义教育思潮,对现代教育思想作出了巨大贡献。杜威认为教育即生长、教育即生活,教育为当下生活服务,教育的本质是经验的重组和改造;他还以经验论哲学作为基础,提出了"在做中学"和"在经验中学"的观点;另外,他还提出学校即社会,他反对在教育过程中对儿童进行空洞的课堂说教,主张为儿童提供健康成长的社会环境。他认为教育和社会性是相通的,因此,加强教育的根本举措在于给学生提供社会性的条件。

正是受杜威著作和儿童发展研究运动的影响,米切尔和普拉特在纽约市开办了一所游戏学校。他们接纳了杜威把"当地环境和学校作为家的延伸"的观点,同时把有目的的游戏纳入早教机构和幼儿园的教育活动中,以语言和讲故事的方式开展活动,以孩子们的自身经历为想象的出发点。为了丰富儿童的语言、培养儿童的想象力,由米切尔所编排、班克街教育学院印制的《此时此地》故事书诞生。学校里的教师通过观察儿童在学校生活之外产生的自发游戏和兴趣而设计课程。通过每天记录他们对儿童的认识和观察,以此形成指导儿童去表现和学习的教师心得。20世纪20年代米切尔与约翰逊合作在纽约的教育实验局下创建了一个保育学校以继续游戏学校的研究,这也就是随后的班克街教育学院的前身,一个至今在该领域很有影响力的学术机构。班克街教育学院的儿童教育思想强调儿童社会性的发展,把学校生活看作隐性社会学习的一部分。班克街不同文化、不同背景和家庭的儿童给学校带来了丰富的、可交流的经验和知识,这些自发的经验和知识作为潜在的课程的一部分。让幼儿逐步参与到周围的社会文化环境中,从家庭、学校到国家,从幼儿园小教室到社会大教室。

二、核心理念

班克街早期教育方案强调在教学过程中以儿童为中心、学校教育与社会教育相结合的"发展互动"理念。

发展：儿童对世界的认识、理解及做出反应的方式能不断变化、成长。

互动：个体与包括其他儿童、成人以及社会环境之间的相互作用，也包括儿童自身认知和情绪等心理方面、各层面的相互联系和相互作用。

"发展—互动"理念强调以儿童周围生活环境为基础的社会课程的学习，把社会学习课程建立在儿童经验以及他们对周围世界理解的基础之上。这一理念渗透在教学过程的各个环节，是班克街儿童教育和教师职前教育的基础。

"发展—互动"理念强调儿童发展是随着时间推移而转变和变化的。针对不同儿童的不同发展时期，体现出发展的不平衡性。例如，儿童在不同的年龄阶段学习阅读；同一年龄阶段的儿童，一部分儿童眼手协调能力就比其他儿童好；也有一部分儿童比较善于与他人交往。班克街方案强调根据儿童具体情况满足儿童的需要，所以要求教师必须具备广博的关于儿童身心发展规律的知识，并且掌握娴熟地观察儿童日常生活的技能，在观察的基础之上开发能促进儿童更好发展的课程。

最后，"发展—互动"理念指出认知和情感总与教学情境是相联系的。教师所提供的有意义的学习内容与师生之间积极的合作为学习提供基础。伴随着市场经济竞争日益激烈化，人们所面临的知识学习压力越来越大，单纯强调知识灌输的教学模式开始侵蚀到学前教育领域，班克街教育学院对"互动发展"的教学理念的坚持，并将之贯彻落实的做法值得我们思考和借鉴。

班克街教育方案
的理论基础

拓展阅读："开端计划"

任务二　知晓班克街早期教育方案的目标、内容、方法和评价

案例导入

游乐场里，胖胖和冬冬打了起来。一开始，凭借着身体优势，胖胖占了上风，不甘示弱的冬冬使出了"狠招"，一口咬住了胖胖的胳膊！"哇呀"一声大叫，胖胖跑出了游乐场。没过多久，胖胖的妈妈领着胖胖找到冬冬要"还回来"，两个孩子又扭打在一起，不一会儿，冬冬的爸爸也加入了"战斗"，试图直接出手……游乐场里，因为两个三四岁的孩子，乱成了一锅粥，幸亏工作人员和其他孩子家长帮忙拉架，才让双方停止。

案例思考

1. 看似荒谬的一起事件实际上却在我们周围经常上演。如果你遇到孩子之间有矛盾纠纷时，会怎么处理？

2. 儿童正处在社会性发展的阶段，试问：应该从哪些方面培养他们的社会性。

一、目标

班克街方案的基本理念是儿童认知发展和个性发展是与其社会化的过程不可分离的,托幼机构是社会的一部分,它与家庭和社会其他机构分担对儿童教育的职责,它不应被看作"学课"的地方。因此,教育的目标应依据发展的过程,而不是特定的学业成就。

(一)广泛性目标

(1)提升儿童有效地作用于环境的能力,包括各方面的能力以及运用这些能力的动机。

(2)促进儿童自主性和个性的发展,包括自我认同、自主行动、自行抉择、承担责任和接受帮助的能力。

(3)培养儿童的社会性,包括关心他人、成为集体的一员、友爱同伴等。

(4)鼓励儿童的创造性。

以上的教育目标比较泛化,应根据儿童发展的阶段和文化背景的适合性而加以思考和具体化。

(二)具体目标

拜巴等人将以上宽泛的教育目标细化为8条具体的目标,运用于对儿童实施的早期教育方案。

(1)通过与环境的直接接触和操作,让儿童去满足自身的需要。

(2)通过认知策略,促进儿童获得经验的能力。

(3)增进儿童有关其周围环境的知识。

(4)支持能提供各种经验的游戏。

(5)帮助儿童内化对冲动的自我控制。

(6)帮助儿童应付在其发展过程中所产生的冲突。

(7)帮助儿童发展有个性和能力的自我形象。

(8)帮助儿童在互动过程中建立起相互支持的行为模式。

二、内容

(一)以社会学习为核心

班克街早期教育方案以社会学习为核心,采取整合式的课程。

社会学习是对人类世界的整合研究,包括过去、现在及未来,使孩子学习了解一些互相关联的概念,也就是社会学习的意义在于看到自我和家庭、社区、社会、世界的关联。

学习的主题可以从对家庭的研究到对河流的研究,其主要取决于儿童的年龄和兴趣,也取决于儿童的生活经验和社会要求儿童掌握的知识和技能。例如,对3岁的儿童,课程强调的是儿童对自身和家庭的学习;而对于 5 岁的儿童,课程则强调对社区服务和工作的学习。

班克街的课程内容分为六部分:人类与环境的互动;人类为生存而产生的从家庭到国家的各级社会单位及其与人的关系;人类世代相传;通过科学和艺术,了解生命的意义;个体和群体行为;变化的世界。班克街方案认为对于儿童而言,最有意义的经验是那些相互联系的,而不是相互割裂的经验,而最有效的方法是允许他们以自己的方式作用于这些经验。

（二）具体课程

1. 文学启蒙

文学启蒙贯穿于课程的所有领域。教室各区角都有绘本读物,以此激发并保持儿童的兴趣和探究欲望。而读物特意选择能反映课堂、学校和城市中存在的不同文化的类型。儿童每周都要在图书馆度过一定时间,由图书管理员帮助他们挑选读物、辅助阅读。

2. 数学

用具体生动的早期数学经验为儿童以后学习抽象的数学概念打下坚实的基础,激发儿童对数学的兴趣。

3. 科学

鼓励儿童发展探索与尊重周边环境的态度。把科学带进每日课堂,让他们根据旅途中或课堂中观察到的现象进行调查、操作、讨论、记录和预测。

4. 西班牙语

教师与儿童合作,分组教学,采用歌曲或故事等形式让儿童学习语言。分单元教学,并在诸如家庭、市场、面包店等地方实地教学。

5. 艺术

油画、图画、黏土、拼贴画、建筑、积木、砖块和木头是每个教室不可或缺的材料。关注艺术产生的过程,激发儿童个人或者团体的艺术创作动机。

6. 音乐

建立在儿童对音乐的自发直觉上,内容包括歌唱、跳舞和乐器演奏,每周有一次家长参与的音乐会。春天时,会组织家庭春游,一同感受自然中的音乐。

7. 图书

和教师一起有组织地或自由访问图书馆,建立聆听、讨论和选择图书的相关技能。学习搜寻资料、图书馆礼仪、资料分享、信息安全。

8. 运动与健康

儿童通过感官的体验认识自己的身体以及周围的环境。利用公园等场所来探索并拓展他们的运动能力。运动课上开展各种精心安排的团体协作游戏,还有体操、翻滚等提升身体素质的各种活动。

这些课程不是孤立的,而是充分整合的。整合后的内容围绕社会研究主题的音乐、阅读、书写、数学、戏剧和美术等不同的课程经验,从身体、社会、情绪情感和认知等儿童发展的各个方面,利用儿童在家庭和在托幼机构的第一手经验,再创新的经验。

班克街教育方
案目标与内容

三、方法

(一) 环境的规划

空间的安排兼顾个人活动与团体活动的需求,整个环境是一个快乐的、学习的、生产性的社会环境。典型的班克街课程模式的教室是界限清楚、功能分明的区角式规划。每天作息的安排有一定的顺序。

(二) 教材

强调能为儿童提供自发探索、实验和表征用途的素材。材料放置在开放式的架子上,让儿童自由取用。

(三) 常用工具:主题网和课程轮

在班克街早期教育方案中,主题网和课程轮是课程设计和实施中常运用的工具。课程轮的中央是主题,轮辐间的空间可由教师设计各个活动区或活动种类的内容,允许教师根据需要加以更改、增加或删除,如图 7-1 所示。

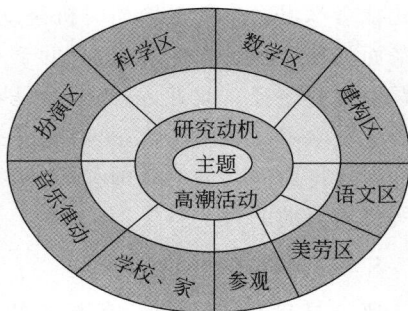

图 7-1

(四) 实施步骤

实施的七个步骤包括:选择主题、确定目标、教室学习与主题有关的内容,并收集资料、开展活动、家庭参与、高潮活动、观察和评价。

1. 选择主题、确定目标

教师从儿童的发展阶段、能力、兴趣、主题的挑战性、对儿童的意义等方面选择主题,所选主题要有助于儿童思考、讨论及合作解决问题。主题目标应该是预定目标和生成目标相结合的,教师要对儿童的学习目标有初步的把握。然后,教师将和儿童进行交流和讨论,采纳他们提出的问题和想法,在此基础上根据儿童原有的经验,以及八个科目的学习要求对主题内容进行分类,制定出具体目标,形成一个较完整的主题。主题形成后不是一成不变的,它可以根据儿童的兴趣和需要、开展的实际情况不断更改具体目标和学习内容,一个儿童、一个小组的某个想法可以使活动朝向一个新的方向。当然,这个方向必须要确保儿童的知识能够积累增多且能得到不断的校验和重构。

2. 收集资料、开展活动、家庭参与

主题执行之前，教师需充分了解主题内容，收集相关资料，寻求社会支持。例如，联系相关参观地点，制作需要的材料道具，寻求其他教师和家长的配合等。教师要预先以孩子的视角去体验学习主题内容。主题具体执行分室内和户外两方面，这两方面是紧密结合的。教师根据主题内容对教室进行布置，形成有准备的环境。这种环境应具有吸引力和挑战性，配备足够的材料和设备，能为幼儿提供丰富的相关经验。户外教学以参观为主，包括参观了解与主题相关的人、建筑、博物馆、机构设施等，幼儿可以用教师提供的参观记录单记录自己了解到的知识或问题，回教室后再进一步学习和探讨。主题执行过程注重利用周边社会资源，让幼儿在学习中不断了解融入社会，形成社会责任感。此外，带入家庭参与，如何利用家庭资源使家长能够参与到主题中也是主题执行中需考虑的重要方面。

3. 高潮活动

社会学习主题探究一般以高潮活动作为结束，在教师协助下由参与主题的幼儿共同完成。例如，以车子为主题的社会学习，高潮活动可能是幼儿自制汽车展；以河流为主题的社会学习活动，高潮活动可能是幼儿自制的河流地域模型。班克街课程模式认为，促进幼儿社会学习发生的最恰当时机是幼儿共同解决问题时，学会共同解决问题不仅是个体将来面临社会的重要任务，也有助于幼儿分享和整合经验，而高潮活动则是幼儿共同解决问题的重要途径。此外，高潮活动是对幼儿社会学习所学知识与收获的整体展现，同时也是对主题学习的效果评价，是将幼儿兴趣与能力结合得非常好的评价方式。高潮活动的成果展现将面向其他的教师和同学、家长和社会，它不仅是对幼儿努力的肯定，也是对教师所付出劳动的肯定。

4. 观察和评价

评价是班克街早期教育方案的有机组成部分，它为教师了解儿童如何学习和成长提供了手段，也为教师提供了课程计划和决策的原则。与追随高水准学业成就的评价不同，班克街长期主张更宽泛的评价方法，这种评价是立足于理解儿童如何了解属于自己的世界，并为儿童提供一系列的机会让他们表达自己的理解。基本技能和学科知识固然是基础，但是，在与环境互动时，儿童的态度和个性特征同样重要，例如，儿童的独立精神和合作活动的能力、发动活动的能力，以及成为有社会责任感的社区公民，等等。

运用班克街早期教育方案的教师必须遵从和完成教育主管部门颁布的教育测试和评估。此外，评价需要严格的和系统的依据对儿童活动行为的观察和记录，包括教师对儿童表现的观察（如阅读、数学、操作材料、与他人的互动等）；儿童活动的文件袋（如艺术、书写、计算、建构等）；教师为年龄较大的儿童设计的技能检测表所反映的儿童学习质量（如阅读和书写、航海日志、实验报告、编列目录、单元学习的总结等）。分析和总结这些资料，能使教师了解每个儿童的特点和需要，能给教师与家长的沟通以及确定下一步计划打下基础。

班克街教育方案的
方法与评价

任务三　理解教师和家庭的作用

案例导入

十字路口，红灯亮起，多数行人都站在人行道上等待。然而，一对年轻的父母看着路上没有车辆驶来，因此就抱着他们一岁多的女儿，大踏步地闯过红灯，走到马路对面。

地铁站台，乘客们都自觉地按照地上的标识排队等候。突然，一位妈妈带着自己的儿子直接走到地铁门正中的位置，因为没有人站在那里，她认为地铁进站停下后他们就可以比他人先上车，从而抢到座位。可是，那个位置有着很明显的箭头方向朝外的标识，是乘客下车的位置。

案例思考

1. 案例中的父母的做法是否正确？
2. 这些家长的行为会对儿童产生什么影响？

一、教师的作用

在班克街早期教育方案中，与教育、教学原则有关的社会情感方面的目标与认知方面的目标存在着很大的区别，因此，在说明教师在教育、教学中所扮演的角色时，将两者分别加以阐述。

（一）在儿童社会情感发展方面教师扮演的角色

班克街早期教育方案深受心理动力理论的影响，在儿童社会情感发展方面，教师的作用主要体现在以下两个方面。

（1）教师和学校是儿童的家庭世界与儿童的同伴世界及其更大的外部世界之间的协调者，教师应能给予儿童安全感，使儿童能克服焦虑和解决离开父母而面临的心理冲突，从而较好地适应社会。

（2）教师和学校的作用是培养儿童自我的发展和心理健康，教师应具备称职的母亲和心理治疗师应有的许多特点，还应具有令儿童信任的权威性。

此外，拜巴等人认为教师的作用还反映在应刺激儿童与周围世界发生拓展性的交互作用等方面。

（二）在儿童认知发展方面教师扮演的角色

在儿童认知发展方面，教师的作用主要体现在以下四个方面。

（1）评价儿童的思维，使其将想法变为行动，或将其想法进行概括和转换；引导儿童达到掌握概念的新水平，或在控制下拓展内容的范围。

（2）对儿童的评议、疑惑和行动给予口头的回应、澄清、重述和纠正。

（3）培养儿童直觉的和联结性的思维。

（4）提出能促进儿童归纳性思维的问题。

二、与家庭的共同工作

在班克街早期教育方案中，方案的设计者从儿童的立场定义家庭，家庭是指"成人和儿童的各种组合体"，是"与儿童接近的，并受到儿童信赖的人们，他们是儿童世界的基础。家庭可以是父母中的一个人、两个母亲或两个父亲、继父母、养父母、叔叔和婶婶、兄弟姊妹、堂（表）兄弟姊妹，或是曾做过家庭日托的邻居"。

与家庭的共同工作旨在"能使早期教育机构的教师与儿童生活历程中对儿童有意义的其他成人之间建立起双向的关系。通过这种关系，教师能够在儿童花在教室内和家庭中的时间之间创造联系"。

与家庭的共同工作，包括教师深入家庭和家长参与教育机构工作等，可以有许多种不同的形式。班克街家庭中心就是其中之一。

（一）定义

家庭中心是一所包括儿童养护中心和以家庭与社区为基础的非营利性的特殊教育项目。该中心为 6 个月到 5 岁儿童的家庭提供以发展为导向的儿童养护和家庭支持。在家庭中心的教学里，儿童通常被分为组，两个由 6 个月到 3 岁儿童的混合小组，两个学前班级。家庭中心同时也为学前特殊儿童教育提供服务，针对有特殊需要的儿童可以完全参与到任意一个班级，有专门特殊教育的教师和理疗师根据儿童的需要提供个体的活动和理疗方案。

（二）活动设置

家庭中心通过开展以儿童为中心的活动为儿童的学习提供开放性的学习材料，使儿童在活动中学习。在教学过程中，人与人的关系、对每个儿童的关心以及儿童的情感反应实践都是儿童学习的中心。家庭中心课程的特点可以概括为五个方面：旨在培养儿童的学习与探索能力、开设以儿童为中心的活动、以儿童的发展为导向，进行文化敏感度的儿童养护、一般教育和特殊教育相整合的课程设置模式，出游也是家庭中心课程中最基本的一部分内容。家庭中心的课程设置在很大程度上是以日常生活为基础的，通常会涉及环境、人、日常的活动以及特殊的活动。课程主要包括：艺术活动、积木搭建、角色扮演、战争游戏、感官体验、音乐与体育以及户外活动。

家庭中心的课程以儿童日常活动和情境为基础，如见面问好、出游、交朋友、自我介绍等。值得一提的是，儿童的知识通过许多邻近的出游而建构（建构即通过旅行纸、表、图、儿童写的故事和绘画及壁画等记录）。出游与讨论是家庭中心中任一年龄段儿童形成动态社会学习课程所必须学习的，因为儿童只有与社会接触才能"了解真实世界的本来面目"，出游计划的实施把世界引入儿童的教室，在此过程中儿童也将学会面对社会问题的冲突。

家庭中心除对正常儿童的照看和教育外,还开设了针对处境不利儿童的特殊教育课程,为反应迟缓或残疾的儿童提供必要的帮助,满足其身体、情感、认知和价值等方面的需求。特殊教育课程由教师、医生、心理专家、家长等跨学科的工作人员合作实施,确保课程学习满足儿童独特的需求。家庭中心考虑到儿童的成长与家庭和社区的重大关联,还推出了"以家庭和社区为基础的培养计划",强调家长和社区在儿童成长过程中的作用,并鼓励家长或社区积极参与学校教学。在这种家庭和学校、社区共同合作的模式下,确保了家园合作的互补性和互惠性。班克街教育方案积极鼓励家庭和社区的参与,注重儿童在学校正式教育环境以外的学习和发展。

教师与家庭的作用

任务四　浅析对班克街教育方案的客观评价

案例导入

《幼儿园教育指导纲要(试行)》颁布试行以后,我国幼教界展开了声势浩大的破除旧观念、树立新观念的运动,符合现代教育要求的儿童教育观念逐渐深入人心。如在儿童观方面,确立儿童的主体地位,重视个别差异,注意满足儿童情感和社会性的需求,从儿童的生活经验出发进行教育;在教育观方面,认识到儿童教育不等同于幼儿园教育,还应该重视家庭、社区、社会环境中的教育。这一观念正与班克街教育方案一致。

案例思考

我们应该如何借鉴班克街教育方案,使之适用于中国的国情?目前已经有了哪些实践的基础?

一、进步意义

班克街早期教育方案的根源可追溯到进步主义教育运动,它起源于米切尔在20世纪二三十年代指导的教育实验局。班克街早期教育方案强调让儿童进行有意义的学习,使他们感受到自己的能力;强调帮助儿童理解对他们成长而言是最为重要的事物,而不是与学业成绩有关的东西。这一方案以儿童为中心,关注儿童兴趣和需要的满足,鼓励儿童主动地活动。

二、批判之处

有些学者从不同的立场出发,对班克街早期教育方案提出了批评。德弗里斯认为,班克街早期教育方案提出了将社会情感发展和认知发展整合一体的"整个儿童"的教育理论,但是,在如何选择理论,并将这些理论综合成内在统一的整体时,经常是相互矛盾的。"发展—互动理论似乎更多的像是从各种理论而来的、没有经过统合的观点的集合体,而不像一种完整的理论。"德弗里斯还批评班克街早期教育方案在理论与实践之间存在着沟壑，如对许多教育实践的理论解释，要么是缺乏的，要么是不正确的。

虽然班克街早期教育方案可追溯到进步主义教育运动，但是，该方案主要依据的是儿童发展理论，从儿童发展的一般规律去思考和发展课程，而较少顾及儿童生活所处的文化背景。这种教育方案所指向的教育改革为的是让儿童在早期实现社会化，以克服来自家庭和社会经验的不良因素。这样做，儿童不得不放弃自己的语言和文化，去获得所谓主流文化的东西。有人批评这种思维方式是试图建立一种白人中产阶级的能力标准，以此衡量和评价来自不同文化、不同经济水平的儿童。

近年来，班克街教育学院的一些学者通过对班克街早期教育方案的发展互动理论和实践的回顾和展望，对该方案作了评价："运用心理学的策略，我们回顾了发展互动理论的主要原则，指出了近年来对该方案进行陈述中受到质疑的一些关键方面的问题。我们提出了应该通过使关注个体的发展与背景的发展达到平衡的方式来加强发展—互动理论的心理学基础，这一点在以前的陈述中虽有涉及，却没有强调。对发展的有差异性的理解和因不同文化而产生的不同凡响将为教育实践提供较为坚实的基础。我们对发展—互动理论基本概念的检讨能为振兴这一早期教育方案指出新的道路。"

班克街教育
方案的客观评价

拓展阅读：《班克（Bank）街学院早期教育方案目睹记》

同步实训　班克街教育方案

1. 实训目的

加深学生对班克街教育方案的认识。

2. 实训安排

（1）学生选择班克街课程中的一种，分组进行讨论，并尝试模拟。

（2）分析并体会这些课程的适用性与特点。

3. 教师注意事项

（1）由早教机构中的具体事例导入对班克街课程的认识。

（2）提供一些简单案例，供学生讨论。

（3）浏览班克街学院的网站或提供其他相应学习资源。

4. 资源（时间）

2 课时、参考书籍、案例、网页。

5.评价标准

表 现 要 求	是否适用	已达要求	未达要求
小组活动中,外在表现(参与度、讨论发言积极程度)			
小组活动中,对概念的认识与把握的准确程度			
小组活动中,角色扮演的精准度			
小组活动中,文案制作的完整与适用程度			

教学做一体化训练

一、重点名词

班克街教育方案 互动发展 课程轮

二、课后讨论

1.班克街教育方案对美国的幼教改革特别是早期教育改革提供哪些启示?

2.杜克对班克街教育方案产生了什么影响?

三、课后自测

1.概括班克街早期教育方案的内容。

2.家庭中心在班克街早期教育方案中的作用是什么?

3.结合我国学前教育的现状,我们应该借鉴班克街教育方案的哪些方面? 实施时要注意哪些问题?

课 后 推 荐

一、图书

1.简楚英.幼教课程模式:理论取向与实务经验[M].北京:中国人民大学出版社,2014.

2.王小溪,翁治清,等.学前教育学[M].南京:东南大学出版社,2016.

3.孙建荣,冯建华,等.憧憬与迷惑的事业——美国文化与美国教育[M].北京:中国社会科学社,2000.

二、期刊

1. 刘蕊,陈友娟,李亚娟.美国银行街课程方案简介[J].早期教育,2005(8).

2. 衡若愚.班克街课程模式下的幼儿社会学习探析[J].长沙师范专科学校学报,2008(4).

3. 郑小贝,洪明.美国"银行街教育学院"儿童课程的特点与启示[J].基础教育,2012(3).

三、网站

班克街官方网站。

模块八
冯德全"零岁方案"

学习目标

- 识记：冯德全"零岁方案"教育理论的主要内容。
- 领会：冯德全"零岁方案"教育理论的形成和理论基础。
- 理解：冯德全"零岁方案"教育理论的教育原则、具体的教育内容以及相应的实施途径。
- 应用：
  1. "零岁方案"可以给我国的幼教改革特别是早期教育改革提供哪些启示？
  2. 思考"零岁方案"在当前早期教育实践中如何运用。
  3. 试分析比较"零岁方案"与前文国外早期教育思想的异同点。

模块描述

本模块主要了解冯德全"零岁方案"教育理论的形成，理解"零岁方案"教育理论的理论基础和教育原则，熟悉"零岁方案"教育理论的具体教育内容和实施途径，并思考如何在当前早期教育实践中对"零岁方案"教育理论加以运用。

思维导图

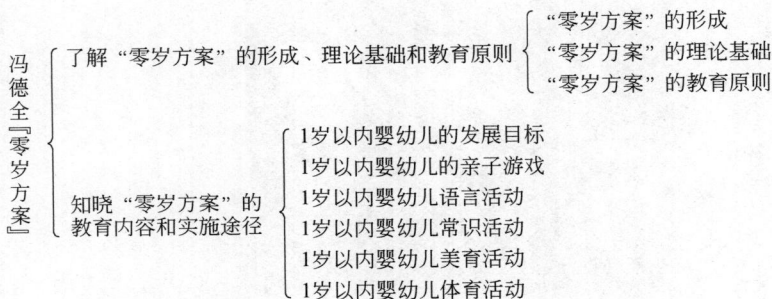

　　"零岁方案"由我国早期教育专家冯德全和其所在的专家小组经实验研究而形成的。"零岁方案"全称为"0～6岁优教工程及实施方案"，之所以称为"优教工程"，是因为它是早期素质教育的系统工程，明确提出人类要重新认识胎儿、婴幼儿所拥有的巨大潜能，并系统地介绍了开发这种潜能的一整套基本理论和方法。

任务一　了解"零岁方案"的形成、理论基础和教育原则

✎ 案例导入

　　有人说："如果从孩子出生的第三天开始教育，那就已经晚了两天。"

▦ 案例思考

　　你怎么看待婴幼儿的早期教育？你是否同意上面的这句话？为什么？

一、"零岁方案"的形成

　　20世纪七八十年代，随着经济的发展和世界各国人民生活水平的提高，社会各界对婴幼儿早期教育的重要作用开始知晓并对婴幼儿的早期教育日益重视起来。在社会风潮的引领下，各国的学者们纷纷开始婴幼儿早期教育的相关研究。我国以冯德全为首的专家组，也着手进行0～6岁优教理论和方法的研究和设计，其研究成果开始时以文稿、函授教材的形式在家长和早教工作者间流传，后来由北京科学技术出版社结集成三册出版——《人才摇篮篇》《腾飞的一翼篇》和《雏鹰早飞篇》（图8-1）。2007年，黑龙江文化电子音像出版社将"零岁方案"重新整理，出版了相关音像教程。

图　8-1

二、"零岁方案"的理论基础

1. 人类学基础

相关研究已经表明,我们人类存在着巨大的潜能,而且对于任何一个人来讲,甚至是对于智商超高的爱因斯坦来讲,可开发的潜能都是一个庞大的空间。可以说,人类之间的能力大小、智商高低的根本原因都在于个体潜能开发的程度。而潜能开发是具有一个关键时期或者说最佳时期的。研究表明,婴幼儿时期就是人类潜能开发的重要时期。

2. 生理学、脑科学基础

婴幼儿在出生前已有数十亿神经元形成,也就是说我们人类的大脑在出生前即处于一定程度上的成熟阶段。当婴幼儿出生之后,他们的大脑开始接受周围世界的刺激,信息的传导通过神经元之间的连接来完成,婴幼儿的脑体积随着神经元之间的连接而不断增大。因而,在婴幼儿出生后的三年如果给予恰当、足够的刺激,有利于其大脑的发育。

3. 心理学基础

婴幼儿虽然在感官的感知能力方面尚未发育完善,但其适应能力、模仿能力、探索能力等都十分强大。婴幼儿在不知不觉中就会模仿成人的一些动作、语言,甚至是神态。与其让婴幼儿模仿毫无准备的成人,习得一些不好的习惯,成人还不如做好充分的准备,有意识地对婴幼儿进行早期教育,以引导其向良好的方向发展。

4. 教育学基础

儿童的发展不是自然而然就可以获得的,我们不能消极地等待着儿童的自我成熟,而应该在了解儿童学习与发展特点的基础之上,为儿童提供良好的环境,组织发展适宜性的活动,让儿童在与周围环境的相互作用中积累起有益的经验,而不仅仅是机械地记忆某些知识,从而为今后的发展奠定坚实的基础。

三、"零岁方案"的教育原则

1. 生活中教,游戏中学

陈鹤琴老先生曾说过:"大自然、大社会都是活教材。"因而,婴幼儿早期教育应贯彻"在生活中教"的原则。婴幼儿日常生活中的点点滴滴,如吃饭、散步、与家人交谈等都是教育的契机。同时,游戏是儿童的基本活动,也是儿童最为基本的权利。因此,婴幼儿早期教育应贯彻"在游戏中学"的原则。婴幼儿的年龄特点决定了其具体形象的思维,他们还不能理解抽象的知识。婴幼儿早期教育应以丰富的游戏活动为载体,让婴幼儿在游戏的过程中得到发展。

2. 教在有心,学在无意

婴幼儿早期教育对儿童的一生发展都有着十分重大的意义。因而,我们作为成人和家长要对婴幼儿的早期教育足够的重视,在全面学习婴幼儿早期教育相关理论的基础上,结合自家婴幼儿的特点,选择适宜的内容对婴幼儿进行教育。而在婴幼儿学习的过程中,我们不应该给他们增加过多的压力，并不是说每个活动、每个游戏一定指向某个知识的获得，也可能是情感的满足、习惯的养成，要让婴幼儿在自由的氛围中潜移默化地习得，真正成为学习的主人。

3. 环境濡染，榜样诱导

教育不仅仅只限于正式的教育活动，家长在生活中点点滴滴的言传身教，以及家庭和社会的良好氛围都是婴幼儿早期教育的途径。因而，家长和社会各界人士应该在家庭中、整个社会中都努力地形成良好的氛围，家长在日常生活中尤其要注意自身的一言一行，为婴幼儿树立良好的榜样，起到带头作用。

4. 积极暗示，注重鼓励

婴幼儿的心理、情感与生理一样都尚处于发展阶段，特别需要积极的鼓励。因而，成人在对婴幼儿进行早期教育的过程中，应该多用积极暗示和鼓励。当婴幼儿哪怕是进步了一点点或者取得极微小的成就时，成人不要吝啬自己的鼓励，一方面，可以激励婴幼儿朝着前进的方向迈步；另一方面，有助于婴幼儿积极情感体验的获得，对其自我效能感和自信心的形成都极为有利。

5. 培养习惯，形成定势

婴幼儿早期教育的目标除了让其积累各种各样的有益经验外，特别重要的一点就是婴幼儿良好的生活卫生习惯和学习习惯的养成。婴幼儿年龄较小，他们对这个时期所学到的知识还不能够真正理解，很快便遗忘了，但是在婴幼儿时期养成的良好习惯却可以陪伴他们一生，对他们的学习和生活产生深远的影响。因而，成人应注重对婴幼儿习惯的培养，引导他们从小养成良好的生活习惯和学习习惯。

拓展阅读：《何谓"零岁方案"》

任务二　知晓"零岁方案"的教育内容和实施途径

📖 案例导入

某IT公司的秦先生在孩子的教育问题上遇到了麻烦事，从孩子出生以来，秦先生就不知道怎么对待孩子才好。有的人说孩子的教育顺其自然就好，到了固定的年龄，孩子自然会掌握该有的知识；有的人说孩子的教育要尽早开始，避免"输在起跑线上"；有的人说一定要送孩子去早教机构，可以在里面学到很多东西……众说纷纭，秦先生一筹莫展，看着同龄的孩子逐渐掌握了多种技能，同时又面对现在市场上良莠不齐的早教机构，秦先生内心十分矛盾：到底应不应该对孩子进行早期教育呢？怎样进行早期教育呢？又如何选择早教机构呢？

▓ 案例思考

如果你是案例中的秦先生你会怎么做？为什么呢？

　　冯德全的"零岁方案"在选择教育内容时,尽可能地选择在孩子生理、心理承受范围内的,同时能够极大地丰富孩子精神生活的内容。在遵循这个原则的基础之上,该方案针对不同年龄段的幼儿设计出了 15 个方面的教育区和 109 项参考活动,接下来本书将详细列举"零岁方案"的教育目标、内容及对应的参考活动,由于篇幅的限制在此只呈现"1 岁以内"年龄段的部分。

一、1 岁以内婴幼儿的发展目标

　　(1) 从能抬头、视物、倾听,发展到坐、爬、翻身,再发展到站立,进而从扶着走发展到独自行走。

　　(2) 从握手、握拳到能用手敲、拍、摔物体;能试着拿勺子吃饭,双手拇指和食指可协调地拿起细小的物品;双手能灵活地摆弄玩具、搭积木,能拿笔在纸上乱画。

　　(3) 从爱听轻快、优美的乐曲和家长亲切的话语,发展到喜欢听大人讲故事、念儿歌。

　　(4) 从能理解日常用语,并用动作予以回应,如挥手表示"再见",发展到会说单字句,如"爸""妈""拿""要"等。

　　(5) 能分辨家人及生人,有需要旁人注意自己的愿望;能表达喜乐或不愉快的心情,喜欢与他人特别是同龄人交往。

　　(6) 注视时间随月龄而延长,能对着镜子看自己,并能机灵地观察人们的活动,喜欢看画、文字(大字)。

　　(7) 有较明显的独立意识,能识别家人的表情和态度,受到夸奖时会表现出高兴的样子。

二、1 岁以内婴幼儿的亲子游戏

　　这一年龄段的婴幼儿身体柔软,活动能力差。可根据婴幼儿的月龄大小,尝试不同的亲子游戏。

　　(1) 放松四肢,做手臂、腿部屈伸练习。

　　(2) 发展手的触摸、拍打、够取等功能。

　　(3) 在轻柔的音乐声中,做翻身、爬行、起坐运动。

　　(4) 不失时机地扩大婴儿的视野,教认万事万物。

　　(5) 随着音乐节奏手舞足蹈,以发展运动机能。

　　(6) 搭积木,滚皮球,用棍子取物。

　　(7) 用笔随意涂鸦,培养认色、绘画的兴趣。

　　(8) 培养看图画、听儿歌、听故事的兴趣。

　　(9) 教婴儿竖起一个手指表示"1",用点头表示"好"等。

　　(10) 教婴儿按大人的指令拿 7～8 种物品。

　　(11) 玩遮住视线,移开遮挡的游戏,玩将物品藏起来找出来的游戏。

　　(12) 培养婴儿自我服务能力,如拿小勺、洗手、洗脸、大小便等。

（13）创设识字环境，教婴儿字物对应，教婴儿认字。

（14）婴儿学翻身、爬行、站立、行走时，大人要做好保护。

三、1岁以内婴幼儿语言活动

（一）1岁以内婴幼儿语言活动目标

（1）能听懂爸爸妈妈逗引的语言，并做出相应的动作及表情。

（2）有意识地喊"爸爸""妈妈""爷爷""奶奶"等家庭成员，在家人喊自己的名字时能做出反应。

（3）会用拍手表示"欢迎"，用挥手表示"再见"，会说两三个字。

（4）有初步的语言理解和表达能力，掌握一定的词汇。

（5）会听名称指认3种动物图片、拿3种玩具。

（6）能根据家长的语意，做简单的模仿动作，如点豆豆、抓挠挠等。

（7）识字：婴儿、妈妈、娃娃、春天、夏天、秋天、冬天、手绢、玩具、小汽车、小鸭、小鸡、小羊、小花猫、小黄狗、新年。

（二）1岁以内婴幼儿的语言能力

婴幼儿在1个月时仅会哭；2个月时逐渐发出个别语音或喊声；4个月时开始咿呀学语；6个月时发出个别音节，如"妈""爸"等，以唇音为主；8个月时能发出"爸爸""妈妈"等复音；10个月时能模仿大人的声音；12个月时能用简单的词语表达自己的意思。

（三）1岁以内婴幼儿语言游戏

1. 喊出来

（1）目的：培养婴儿的语言能力，使其能准确地喊出"爸爸""妈妈""爷爷""奶奶"等家人。

（2）准备：预先教婴儿念儿歌；字卡"妈妈""爸爸""爷爷""奶奶"等。

（3）玩法：妈妈抱着婴儿指认家庭成员，也可玩"听声音找妈妈、爸爸"的游戏；还可请家庭成员送婴儿一件礼物，同时告诉婴儿，"这是××送给婴儿的"；妈妈或其他家庭成员胸前佩戴字卡"妈妈"或其他成员的名称，让婴儿指认。

（4）建议：反复念儿歌，帮助婴儿准确发音。

（5）儿歌：爷爷奶奶，还有婴儿，都是一家人。

2. 妈妈和娃娃

（1）目的：帮助婴儿发音。

（2）准备：预先教婴儿念儿歌；字卡"娃娃""妈妈"。

（3）玩法：妈妈扶着婴儿的腋下，把婴儿向上举两次，然后和婴儿头顶头地转圈，逗婴儿开心；妈妈念儿歌，婴儿欣赏；教婴儿识字"娃娃""妈妈"。可采取以下方法：①把字卡"娃娃""妈妈"分别戴在婴儿和妈妈身上，让婴儿指认；②把字卡"娃娃""妈妈"摆在桌上，让婴儿指认；③让婴儿选出字卡"娃娃"，贴在自己身上。

（4）建议：也可由爸爸或其他家人和婴儿做游戏，把"妈妈"字卡换成相应的家人字卡。

（5）儿歌：大头娃，小头娃，头顶头，笑哈哈。

3. 蝴蝶飞飞

（1）目的：培养婴儿的手眼协调能力；激发婴儿愉悦的情绪，建立亲子感情。

（2）准备：指偶（套在手指上的人或动物形象）蝴蝶或用彩纸剪的蝴蝶。

（3）玩法：妈妈抱着婴儿坐在怀里，拿出指偶蝴蝶或纸蝴蝶给婴儿看。然后双手分别抓住婴儿的两个食指，互相碰撞又分开，并念儿歌："蝴蝶蝴蝶飞飞。"说到"蝴蝶"时，两手食指碰撞在一起；说到"飞"时，两手食指分开。反复做这个游戏，动作与语言相互配合。

（4）建议：家长可分别用 5 个手指反复做这个游戏，为婴儿学做"我 1 岁了"的动作做准备。

4. 春天

（1）目的：让婴儿体会春天的景物特征，认识花、树、燕子。

（2）准备：音乐《春天在哪里》，春天的景色图片，字卡"春天"。

（3）玩法：①妈妈抱着婴儿，在院子里、花园里观察春天的景色。②妈妈拿出春天的图片，让婴儿指认花、树、燕子。③妈妈念儿歌，婴儿静静地欣赏。④妈妈边念儿歌边做"笑"的动作，以帮助婴儿理解儿歌。

（4）建议：①婴儿看图时，妈妈可出示字卡"春天"，让婴儿识字。②播放音乐《春天在哪里》，让婴儿找到字卡"春天"，并交给妈妈。

（5）儿歌：春天到，桃花笑，小草绿，燕子来。

5. 红气球

（1）目的：认识红色，培养婴儿对色彩的兴趣。

（2）准备：红色气球若干，字卡"红气球"。

（3）玩法：①妈妈拿来一只红气球对婴儿说："婴儿，妈妈送你一只红气球。"②妈妈指导婴儿观察气球，告诉婴儿气球是圆形的，下面有一根绳子拴着，这个气球是红色的。③妈妈拿着红气球边逗婴儿边念儿歌，让婴儿欣赏。

（4）建议：①妈妈拿来许多红气球，并在上面贴上字卡"红气球"。婴儿指认对了上面的字，气球就可以送给婴儿。②让婴儿拿着气球进行户外活动，如头顶球、手托球等。

（5）儿歌：红气球，气球红，像太阳，圆又圆。

四、1 岁以内婴幼儿常识活动

（一）1 岁以内婴幼儿常识活动的目标

（1）能认识家庭主要成员（爸爸、妈妈、爷爷、奶奶、姑姑、叔叔等），11 个月后会有意识地叫"爸爸""妈妈"；家人喊婴儿乳名时，婴儿知道做出反应。

（2）能认识 4 种以上家庭日常用品，如灯、电视、碗、小勺等。

（3）能识别两种常见水果，如苹果、香蕉等。

（4）能认识五官及两个以上身体部位，如胳膊、腿等。

（5）能认识两种以上常见的动物，如小狗、小猫、小鸡等。

（6）识字：眼睛、鼻子、嘴巴、耳朵、手、脚、头发、脸蛋、胳膊、腿、苹果、饼干、牛奶、花、树、月亮、星星、杯子、喝、鱼、碗、勺、吃饭、电话、1、数、套、盖、翻、苦、甜、回家。

（二）1岁以内婴幼儿的认识能力

1岁以内婴幼儿的认识能力有：1个月时突发的声音能使婴儿一怔；2个月时喧闹声能使睡眠中的婴儿睁开眼睛；3个月时音响可使婴儿转身寻找；4个月时对熟悉的声音能转身寻找；5个月时能转头朝向耳边的闹钟；6个月时眼睛会盯着跟他说话、唱歌的人；7个月时会发出声音"回答"；8个月时会模仿教给他的声音；9个月时能按简单的指令行动，如听到"再见"就挥手；10个月时大人小声叫婴儿的名字，婴儿会转头寻找声源；11个月时能和着音乐的节拍摆动身体；12个月时学会若干词。

（三）1岁以内婴幼儿的常识活动

1．认五官

（1）目的：训练婴儿认识五官。

（2）准备：大镜子，布娃娃，字卡"眼睛""鼻子""嘴巴""耳朵"。

（3）玩法：①妈妈让婴儿抱着布娃娃，告诉婴儿："亲亲娃娃，抱抱娃娃。"妈妈点着布娃娃的眼睛、鼻子、嘴巴、耳朵，让婴儿认识布娃娃的五官。②妈妈抱着婴儿站在大镜子前，告诉婴儿："镜子里也有一个娃娃。"并指点婴儿的五官。③妈妈与婴儿面对面坐着，指着自己的鼻子说："婴儿，这是鼻子。"让婴儿也指出自己的鼻子。以此类推，认识五官。④妈妈说儿歌："摸摸眼睛圆圆，捏捏鼻子笑笑，拽拽耳朵软软，指指嘴巴笑得真甜。"⑤识字"眼睛""鼻子""嘴巴""耳朵"。

2．小手小脚

（1）目的：让婴儿认识四肢，发展自我意识。

（2）准备：5个手指脸谱和笑娃。

（3）玩法：①妈妈和婴儿面对面坐着，捏捏婴儿的手说："婴儿的小手，手，手。"再捏捏婴儿的脚说："婴儿的小脚，脚，脚。"引导婴儿注意自己的手脚。②打开婴儿的手掌，唱手指谣："小不点儿睡着了，小胖子睡着了，大个子睡着了，妈妈睡着了，爸爸睡着了。"同时，分别按下小指、无名指、中指、食指、大拇指。

3．认识苹果

（1）目的：①让婴儿认识苹果。②听到"苹果"时，能转着看苹果（目视苹果），或用手抱苹果。③丰富婴儿的味觉，鼓励婴儿多吃水果。

（2）准备：红苹果，红口袋，小手绢，字卡"苹果"。

（3）玩法：①妈妈将一个红红圆圆的大苹果举在婴儿面前说："苹果红，苹果圆，甜甜的苹果真好吃。"②妈妈将苹果放在一个红口袋里，在婴儿眼前不停地晃动，引起婴儿的兴趣。再用袋子轻碰婴儿的小手，逗婴儿抓取（试碰一两次之后，让婴儿抓住袋子）。③让婴儿试着拿出苹果（家长适当帮助），妈妈露出惊奇的表情对婴儿说："苹果，苹果，苹果。"

④妈妈在婴儿玩兴正浓时,突然用手绢蒙住苹果,问:"苹果呢?苹果去哪儿了?"妈妈边说边把双手食指放在头两侧,引导婴儿寻找。让婴儿学会目视苹果,或主动抱苹果。⑤当婴儿怀着惊奇的表情找到苹果时,妈妈可教婴儿学儿歌:"苹果红,苹果圆,甜甜的苹果真好吃。"⑥妈妈、婴儿一起吃苹果。⑦识字"苹果"。

4. 盖盖子

(1)目的:发展婴儿的观察力和思维能力。

(2)准备:大小不同的带盖子的塑料杯、搪瓷杯、玻璃杯各一只,字卡"盖"。

(3)玩法:①让婴儿独自坐在地毯上。妈妈把3个不同的杯子放在婴儿面前,做揭盖子的动作给婴儿看,并做喝奶状,之后再盖上盖子,以引起婴儿的兴趣。然后再揭、再盖,并依次盖好其他杯子。②妈妈指着杯子告诉婴儿"婴儿盖盖子"。让婴儿试着去模仿动作。经过多次摆弄以及妈妈的不断鼓励,婴儿就会盖盖子了。③识字"盖"。

(4)建议:婴儿往往需要经过多次摆弄,才能发现盖子与杯子之间的关系,所以家长要耐心指导。

五、1岁以内婴幼儿美育活动

(一)1岁以内婴幼儿美育活动的目标

(1)能够区分黑白与彩色的图案,快速追视移动的物体。

(2)能够近距离观察细微事物。

(3)能够抓握物体,手眼协调开始熟练。

(4)能够听定位声源,与声音互动。

(5)能够把声音和内容建立联系,对不同语气有反应。

(6)能够跟随音乐节奏摇摆身体跳舞。

(7)识字:红、黄、蓝、响、听、看、气球、瓶子、玩具。

(二)1岁以内婴幼儿的视觉听觉能力

1岁以内婴幼儿逐渐形成光觉、色觉、形觉、深度知觉等视觉能力,1岁以内婴幼儿的视觉能力有:0~3个月新生儿只能看到20~40厘米的物体,平面视觉,模糊光晕,对黑白两种颜色和人脸较为灵敏;4~6个月幼儿双眼运动聚焦,可以追视移动的物体,手眼逐渐协调,可以抓握物体;6~12个月幼儿追视能力逐渐成熟,可关注细小事物,空间判断能力增强。

1岁以内婴幼儿的听觉能力有:0~3个月新生儿在熟悉的声音环境能保持安静,对特大噪声会出现惊跳反应;3~4个月幼儿喜欢聆听音乐或玩具发出的声音;4~7个月幼儿眼睛和头可以转向发出声音的方向;7~9个月幼儿能够准确定位声音来源,对自己名字的声音有反应;9~12个月幼儿对愉快、生气的语气做出不同的反应,能够仔细聆听音乐和歌谣。

（三）1岁以内婴幼儿的美育活动

1. 感官瓶

（1）目的：丰富婴儿的视觉体验，刺激视力发育，提升婴儿对细微事物的观察能力，促进专注力、认知力和感统能力的发展。

（2）准备：透明的空瓶，装入不同颜色的五谷杂粮（不要装满），盖紧瓶盖。

（3）玩法：家长可以在婴儿视力可及范围内晃动感官瓶，训练婴儿追视能力。还可以让婴儿趴卧抬头观察动态瓶中的事物，培养婴儿近距离细微事物观察的能力。月龄段较大能自主抓握的婴儿，可以让婴儿自己抓着感官瓶晃动，同时培养婴儿的视觉和听觉能力。

（4）建议：摇的力度不可太大，声音也不能太大，以免对婴儿的听觉造成消极的刺激。

2. 抓小球

（1）目的：视觉追踪类游戏，促进婴儿视觉发育及手眼协调能力。

（2）准备：一个适合婴儿抓握的小球。

（3）玩法：家长让小球在婴儿面前从慢到快滚动起来，观察婴儿的眼睛是否能跟得上移动中的小球。鼓励婴儿抓住滚动的小球。

六、1岁以内婴幼儿体育活动

（一）1岁以内婴幼儿体育活动的目标

（1）能够独立坐稳。

（2）能够抓着家长的双手站立10秒以上。

（3）能够自己用手足爬行。

（4）能够扶着家长的双手迈步走路。

（5）能够独自站立，拉着家长的一只手能行走。

（6）识字：剥、倒、汤圆、爬、狗熊、滚、摇、坐、皮球、高山、打开、弯腰、站、积木、追。

（二）1岁以内婴幼儿的身体动作能力

1岁以内婴幼儿的身体动作能力有：1个月时全身动作无规律，俯卧勉强抬头，吸吮有力；2个月时由俯卧位托起，头与躯干保持在一条直线上；4个月时会抬头、挺胸，头竖直，手能握紧玩具；6个月时稍稍会坐，扶着能站直，喜欢扶立跳跃；8个月时坐稳，会爬，扶着能站稳；10个月时扶物站稳；12个月时能自己站立，扶着家长的一只手可以行走。

（三）1岁以内婴幼儿的体育游戏

1. 蹬蹬小腿

（1）目的：锻炼婴儿腿部的灵活性。

（2）准备：带响的玩具。

（3）玩法：①婴儿平躺在床上，妈妈为婴儿做游戏前的被动按摩操（如伸臂，交替蹬

腿、抬腿等),引起其兴趣。②出示带响的玩具逗引婴儿,这时婴儿会因兴奋而舞动手脚。③把玩具放在婴儿的小腿上方,让婴儿能踢打到玩具。

2. 抓干果

(1)目的:发展婴儿的手眼协调能力,让婴儿尝试用小手抓各种物品。

(2)准备:板栗、开心果、核桃、花生各若干。

(3)玩法:妈妈把装有板栗、开心果、核桃、花生的小篓放在婴儿面前,让婴儿随意抓拿,并不断予以鼓励,如:"宝宝真棒,多抓点儿。"并在一旁观察婴儿的反应。

(4)建议:家长应提供各种材料,如珠子、小石子、糖丸等,培养婴儿抓取的兴趣。但是,在活动过程中须有家长陪同,以防婴儿误吞材料,导致危险。

3. 放进去,倒出来

(1)目的:促进婴儿手指的发育,以及精细动作和注意力的发展。

(2)准备:大小不同的透明圆筒、瓜子盒、水壶等,字卡"倒"。

(3)玩法:①让婴儿独坐,妈妈把装有乒乓球、塑料子弹、积木的圆筒摆在婴儿面前,边示范边指导,如:"宝宝,把积木倒出来,再放进水壶。"②引导婴儿把圆筒内的物品倒出来,再放进去,如此反复数次。对婴儿的模仿动作不断给予鼓励,满足其自己摆弄的欲望。③识字"倒"。

(4)建议:家里可提供很多东西供婴儿做"放进去,倒出来"的游戏,如把塑料盖子放进瓶里,把玩具放进篓子里,把小勺放进袋子里,倒出来,再放进去。反复进行,以训练婴儿手的动作,培养其注意力。

拓展阅读:《"中国早教之父"冯德全谈家庭教育》

同步实训 "零岁方案"教育理论

1. 实训目的

加深学生对"零岁方案"的认识。

2. 实训安排

(1)学生选择冯德全"零岁方案"教育体系中的其中一个方面,结合对应的参考活动,分组讨论重新设计活动。

(2)尝试运用所设计的活动方案,于早教机构进行模拟教学。

3. 教师注意事项

(1)以早教机构中的具体事例加深学生对教学的认识。

(2)提供一些优秀的教学案例,供学生观摩。

(3)参观早教机构或提供其他相应学习资源。

4. 资源(时间)

1课时、参考书籍、案例、视频。

5. 评价标准

表 现 要 求	是否适用	已达要求	未达要求
小组活动中,外在表现(参与度、讨论发言积极程度)			
小组活动中,活动设计的适宜程度			
模拟教学中,活动组织的流畅度			

教学做一体化训练

一、重点名词

"零岁方案"　生活中教,游戏中学　教在游戏,学在无意　环境濡染,榜样诱导

二、课后讨论

1. "零岁方案"教育理论可以给我国的幼教改革特别是早期教育改革提供哪些启示?

2. 思考"零岁方案"在当前早期教育实践中如何运用。

3. 试分析比较"零岁方案"与前文国外早期教育思想的异同点。

三、课后自测

1. "零岁方案"教育理论的理论基础是什么?

2. "零岁方案"教育理论的教育原则是什么?

3. 举例说明"零岁方案"教育理论具体的教育内容和实施途径。

课 后 推 荐

一、图书

1. 艾利森·戈波尼克.摇篮里的科学家[M].袁爱玲,译.上海:华东师范大学出版社,2004.

2. 鲍秀兰.0～3岁儿童最佳的人生开端——中国宝宝早期教育与潜能开发指南[M].北京:中国发展出版社,2005.

3. 伯顿·L.怀特.从出生到3岁——婴幼儿能力发展与早期教育权威指南[M].宋苗,译.北京:京华出版社,2007.

二、期刊

1. 冯德全.论视觉语言与听觉语言同步相似发展("零岁方案"创始人)[J].识字教育科学化论文集粹,2006(4).

2. 唐桥.冯德全和他的"零岁方案"[J].决策与信息,2000(6).

3. 金高.早期教育是人类自身进步的大事"零岁方案"系列丛书简介[J].教育仪器设备,1994(9).

4. 兰岚.早期教育与人的发展研究[D].延安：延安大学,2015.

5. 张敏.美国发展 0～3 岁早期教育的经验及启示[J].宁波大学学报(教育科学版),2012(7).

三、视频

1. 冯德全讲座,"把握孩子教育的关键期"。

2. 冯德全讲座,"好的习惯才能成就好的未来"。

模块九
感觉统合对婴幼儿早期发展的影响

学习目标

- 识记：感觉统合。
- 领会：感觉统合的发展；大脑与感觉统合的关系；感觉统合如何影响婴幼儿发展。
- 理解：感官七大系统：视觉、听觉、味觉、嗅觉、触觉、前庭觉、本体觉最重要的三个感官系统。
- 应用：
  1. 感官系统和大脑发展是如何促进幼儿发展的？
  2. 以身边儿童的例子应用教材内容进行分析，并制定训练方法。

模块描述

本模块主要了解感觉统合理论的产生与发展，理解感觉统合对婴幼儿早期发展的重要影响，掌握各个感官发展的定义和主要发展内容，掌握帮助婴幼儿进行早期感觉统合训练的方法。

思维导图

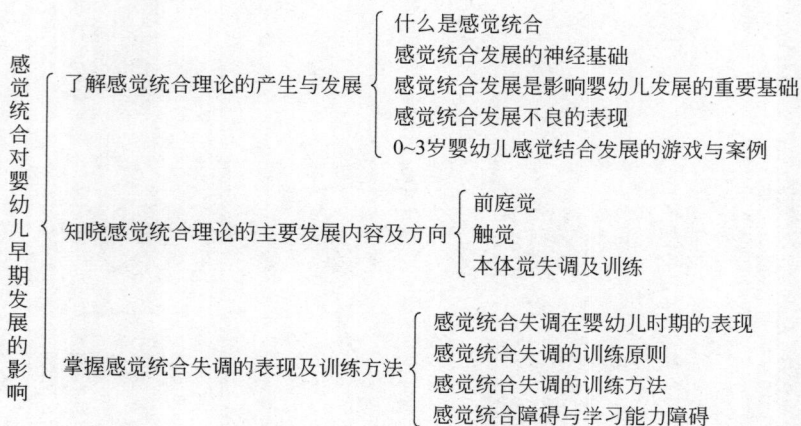

任务一 了解感觉统合理论的产生与发展

案例导入

神经科学专家通过动物实验证实,动物和环境互动的结果能够影响大脑的结构和功能的发展。美国加州伯克利分校的研究者将两组老鼠放在不同的环境中,比较环境差异对脑部的影响:一组老鼠住在有梯子、跑步器等玩具的环境中并且经常被人抚摸;另一组老鼠则在空置的环境中生活并且没有人抚触。研究结果显示:住在设备富足环境中的老鼠大脑皮质较重,神经连接和神经传导化学递质也较多;而住在空置环境中的老鼠,大脑皮质相对较轻,缺少神经连接及神经传导化学递质。

案例思考

1. 环境对婴幼儿成长的影响是否重要?
2. "玩"对婴幼儿发展意味着什么?

感觉统合理论由美国南加州大学临床心理学博士爱尔丝于 1969 年首先系统地提出。1970 年欧美、日本等发达国家的问题儿童日趋严重,经数百位专家共同研究,终于在 1972 年由美国南加州大学爱尔丝博士根据脑功能研究,提出感觉统合理论。

一、什么是感觉统合

感觉统合是指大脑的各个阶层的神经系统,将来自身体内部以及外部感觉器官接收到的刺激进行分析处理,由大脑对信息进行解释和理解,并据此使身体做出合适的反应的过程。

爱尔丝博士将感觉分为七种,分别是视觉、听觉、嗅觉、味觉、触觉、前庭觉以及本体觉。视觉、听觉、嗅觉、味觉比较容易理解,触觉是指分布于全身皮肤上的神经细胞接收来自外界的温度、湿度、疼痛、压力及振动的感觉;前庭觉就是内耳前庭系统(内耳的三对半规管及耳石)在人身体移动时检测身体位置是否保持平衡的感觉;本体觉则是来自我们身体内部的肌肉、关节的感觉,它是了解肢体的位置与运动的感觉。感觉统合的过程就是将人体器官各部分感觉信息输入组合起来,经大脑统合作用,完成对身体内外知觉做出正确反应的过程。感觉统合术语广泛地应用于行为和脑神经科学的研究中,也就是说感觉统合的理论是由脑神经神经生理学基础发展而来的。

简单地讲,感觉统合是一种大脑和身体相互协调的学习过程,没有感觉统合,大脑和身体都不能发展。我国的有关研究表明,在儿童中存在不同程度的感觉统合失常者占 10%~30%。感觉统合失常的罪魁祸首,是都市化生活和小家庭制度。感觉统合不足造成的行为失常包括:好动不安、注意力不集中、笨手笨脚、严重害羞等,这些问题一直困扰着教师和家长。爱尔丝博士提出的感觉统合治疗方法为这些儿童提供了矫治的机会,也解决了家长和教师为高智商低成绩儿童现象而产生的烦恼。最新研究调查显示:中国大中城市儿童感统失调率达到 80％，其中 30％为重度感统失调。

二、感觉统合发展的神经基础

感觉神经接收器将外在感觉信息传入中枢神经，经脑干网状系统传入小脑边缘系统及大脑皮质，完成感觉统合的历程。

（一）主要的感觉神经系统

（1）触觉神经系统：辨别温度、质地、压痛觉及触觉分辨能力，如形状。
（2）前庭觉神经系统：辨别方向、速度、姿势及身体位置。
（3）本体觉神经系统：辨别身体及肢体位置及用力大小。

（二）中枢神经系统

1. 中枢神经系统构成

中枢神经由位于颅腔和椎管内的脑和脊髓所组成，在人体各器官系统中占有十分重要的地位。神经系统借助感受器接收体内和体外的刺激，引起各种反应，借以调节和控制全身器官系统的活动，使人体成为一个完整的对立统一的整体。神经系统主要由神经组织构成。神经组织包括神经元和神经胶质。神经元是一种高度分化的细胞，具有感受刺激和传导冲动的功能，是神经系统的主要成分，神经胶质则是神经系统的辅助成分，主要起到支持、营养和保护作用。

神经元是一种高度特化的细胞，是神经系统的基本结构和功能单位之一，它具有感受刺激和传导兴奋的功能。神经系统中含有大量的神经元，据估计，人类中枢神经系统中约含 1000 亿个神经元，仅大脑皮层中就约有 140 亿个。神经元的基本结构可分为胞体和突起两部分。胞体包括细胞膜、细胞质和细胞核；突起由胞体发出，分为树突和轴突两种。树突较多，粗而短，反复分支，逐渐变细；轴突一般只有一条，细长而均匀，中途分支较少，末端则形成许多分支，每个分支末梢部分膨大呈球状，称为突触小体。在轴突发起的部位，胞体常有一锥形隆起，称为轴丘。轴突自轴丘发出后，开始的一段没有髓鞘包裹，称为始段。由于始段细胞膜的电压门控钠通道密度最大，产生动作电位的阈值最低，即兴奋性最高，故动作电位常常由此首先产生。轴突离开细胞体一段距离后才获得髓鞘，成为神经纤维。前一个神经元的轴突末梢和下一个神经元的树突进行信号传导，信息传送的多少，快慢和轴突末梢的分叉数目还有树突的数目成正比。一个人的智商、思维方式、大脑整合信息的能力就是以这种方式体现的。树突和轴突末梢的分叉多少主要是在 13 岁以前就形成了基本固定的结构和数目，后天的努力只能改善很小的一部分。神经系统中还有数量众多（几十倍于神经元）的神经胶质细胞，如中枢神经系统中的星形胶质细胞、少突胶质细胞、小胶质细胞以及周围神经系统中的施万细胞等。由于缺少钠通道，各种神经胶质细胞均不能产生动作电位。

2. 中枢神经系统功能

脑干（图 9-1）是掌管感觉统合的区域，包括网状系统、延髓、中脑、脑桥。

（1）网状系统：中枢神经的过滤器，过滤及淡化不重要的刺激，加强重要的刺激强度；调节生理时钟。

（2）延髓：上传本体觉进入小脑，下传肌肉动作控制信息到脊髓神经；接收感觉信息（本体觉、触觉、振动觉）；连接眼肌神经及前庭神经和听觉神经，维持姿势平衡。

（3）中脑：上传感觉信息至小脑，以协调身体动作和眼睛动作；整合眼睛和躯干动作，对突发的视觉刺激进行反应；影响幼儿眼睛动作聚焦、追视、搜寻的灵巧度。

（4）脑桥：与小脑连接紧密，影响反射动作和姿势控制，是听觉神经路径。

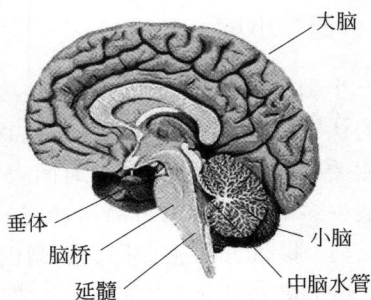

图 9-1

（三）边缘系统

边缘系统包含杏仁核、海马回、乳头体，杏仁核是调节情绪的第一站，海马回掌管记忆，乳头体是杏仁核和海马回的信息传递中心，主要存储非长期记忆和固化长期记忆。

边缘系统是控制情绪的中枢，也是情感建立的基地，主要功能包括：①调整动机；②情绪事件记忆；③调控情绪；④建立各式情感，维持社交关系。

（四）大脑皮质

大脑皮质（图 9-2）包含顶叶、额叶、枕叶和颞叶。

（1）顶叶：侦测触觉、本体觉、压觉、温度觉、痛觉；整合视觉、触觉、听觉的接收。

（2）额叶：具有前瞻能力和判断决策能力，是高级的认知管理中心，掌管专注力，控制冲动，进行预测、策划、判断、组织、理解，建立同理心。

（3）枕叶：主要功能是理解视觉刺激和情境。

（4）颞叶：听力和听觉理解，阅读能力，掌握节奏，解读肢体语言和面部表情。

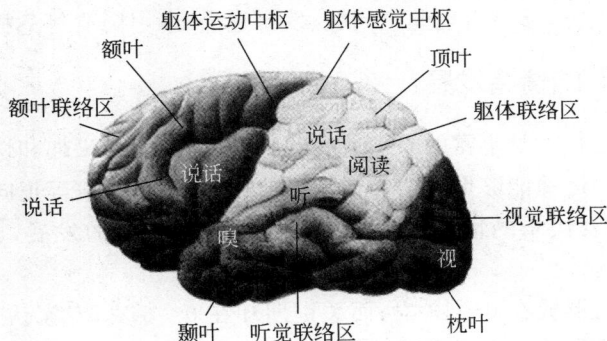

图 9-2

（五）小脑

小脑拥有 50% 的脑神经元，功能与感觉统合密切相关，主掌信息处理的速度和时间感的认知，同时与情绪调整速度、认知整合速度有关。小脑的另一项重要功能是执行额叶的相关功能，比如实行计划时间表，目前还发现小脑与精细动作的协调有关。已发现注意力缺失多动症以及学习障碍，90% 与小脑相关。小脑具有以下功能。

（1）提供方向感、时间感，帮助辨别空间感。

（2）培养时间顺序感，培养节奏感。

（3）感觉、动作整合。

（4）肌肉张力及重心处理。

（5）情绪调节。

（6）提供开始—停止的正确反应时间。

三、感觉统合发展是影响婴幼儿发展的重要基础

感觉统合发展是每个幼儿发展的必要历程之一，幼儿对感觉信息的接收、调节、组合、运用的过程，体现在动作发展、情绪调节和日常行为表现上。感觉统合的发展也同时影响大脑的发展及幼儿的行为发展。

（一）影响幼儿的日常行为

感觉统合能力对幼儿在身体运动、认知学习、沟通表达以及情绪调节上都起到至关重要的作用，当幼儿出现不恰当的行为，如注意力不集中、坐不住、易哭闹、易冲动、偏食挑食时，要考虑感觉统合能力发展不良的因素。

（二）影响幼儿的身心健康

如果出现感觉统合失调的情况，如手脚笨拙、惧怕过大声音、对环境敏感（如色彩过度或者环境嘈杂）、不喜他人接触、对衣服质地挑剔，不易入睡等，幼儿可能会因为这些状况影响自身的生长和发育，导致出现健康问题、发育迟滞、学习障碍等危机。

（三）影响幼儿的情绪发展

幼儿可以通过进行大量丰富的游戏或者各种运动，感受到兴趣和快乐，这样有益于幼儿健康的情绪发展。运动能够促进边缘系统释放血清素、多巴胺等正向情绪的神经递质，激发幼儿的兴趣，引发快乐的情绪体验。所以感觉统合良好的发展，也能够使幼儿快乐成长。

感觉统合能力的形成在 0～13 岁，而关键期却在 0～6 岁，专家认为 3 岁前的一年相当于成人的 10 年，3 岁相当于 30 岁的发展能量。王东华在《发现母亲》里指出："人生的头三年是在组装大脑"，"组装师"就是母亲。日本的早期教育家井深大曾将人脑头 3 年同电脑的组装做比较，认为头 3 年是大脑的组装配线阶段。刚出生时，脑细胞纯粹是自然状

态,随着年龄的增长,逐渐出现连接着细胞与细胞之间的桥梁一样的突触,只有上亿个细胞互相拉起手来,才能处理外界的信息,才能表现出头脑特有的作用。

这些脑细胞的连接,就像电脑的晶体管和晶体管之间的配线迅速形成的时期,而且配线 70%~80% 的工程都在 3 岁前完成。如果 3 岁前形成的主机部分质量差,那么 3 岁以后任凭怎么训练"使用方法"也无济于事,正如一台淘汰的计算机,配以版本很低的软件,其操作方法再好,也不会得到好的效果。思考、意志、创造、情操等高层次的东西是在 3 岁以后完成的,也就是从 3 岁以后,大脑其他部分的"配线"也开始发育,4 岁以后开始"配线"的是大脑前侧的额叶,以 3 岁为例,用计算机来比喻,3 岁前相当于机械的主体部分发育,3 岁后则是软件部分,即操纵主机的部分发育。但是,这 3 年还不仅是配线,是组装主机,而且与功能开发软件配置紧密相连,也就是说大脑的组装是与功能开发同时进行的。在孩子的日常生活中通过各种感觉系统的输入,例如,听、说、读、身体的各种刺激都发展了大脑的各种功能,大脑皮层与各分区得到成熟与发展,幼儿的智能明显得到快速发展(图 9-3)。可见,感觉统合与早期教育的联系是何等密切。

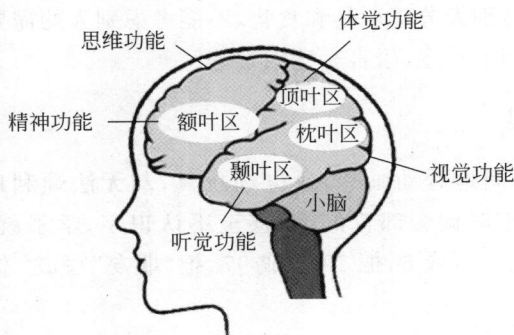

图 9-3

也是孩子成长的内在基因,他们会寻着自然的成长法则,不断地使自己成长为"更有能力"的个体,这是父母首先要具有的观念。

(1)细心观察敏感期的出现

每个孩子敏感期的出现并不同,因此,成人必须以客观的态度细心观察孩子的内在需求和个别特征。

(2)布置丰富的学习环境

当成人观察的孩子某项敏感期出现时,应尽力为孩子准备一个满足他成长需求的环境。

(3)鼓励孩子自由探索

当孩子获得了尊重与信赖后,就会在环境中自由探索、尝试。

(4)适时协助而不干预

当孩子热衷于有兴趣的事物时,大人"应放手让孩子自己做"避免干预,但并非要丢下孩子完全不管,而是适时予以协助指导。

蒙台梭利形容"经历敏感期的孩子,其无助身体正受到一种神圣命令的指挥。其小小心灵也受到鼓舞"。敏感期不仅是幼儿学习的关键期同时也影响其心灵、人格的发展,因此,成人应尊重自然赋予儿童的行为与动作并提供必要的协助,以避免错失一生仅有的一次特别生命力。正常儿童是这样,剖腹产儿更要细心照料与养育,避免缺失的环节给婴儿带来成长中的障碍与隐患。

四、感觉统合发展不良的表现

如果孩子出现以下其中的一种表现,需要父母和老师加以留意,提高警觉。经大量科学研究发现,几乎100%的儿童都存在不同程度的感觉统合失调,其中剖腹产儿童尤其严重。

(一)前庭平衡功能失常

表现为多动不安,走路易摔倒,原地打圈晕眩,上课不专心、爱做小动作,调皮任性,兴奋好动,黏人,自控能力差,情绪不稳定,容易违反课堂纪律,容易与人冲突,爱挑剔,很难与其他人同乐,也很难与别人分享玩具和食物,不能考虑别人的需要。有些孩子还可能出现语言发展迟缓,说话词不达意,语言表达困难等。

(二)视觉感不良

表现为尽管能长时间地看动画片,玩电动玩具,却无法顺利地阅读,经常出现跳读或漏读或多字少字;写字时偏旁部首颠倒,甚至不认识字,学了就忘,不会做计算,常把数或字写颠倒,例如,把9写成6,把79写成97,把"朋友"写成"友朋",常抄错题或抄漏题等。

(三)听觉感不良

表现为对别人的话听而不见,丢三落四,经常忘记老师说的话和留的作业等。

(四)触觉过分敏感或过分迟钝

表现为害怕陌生的环境、吃手、咬指甲、爱哭、爱玩弄生殖器等,过分依赖父母、容易产生分离焦虑,或过分紧张、过分碰触各种东西;有强迫性的行为(一再地重复某个动作),个人表现缺乏自信、消极退缩,语言和行为表现笨嘴笨舌、笨手笨脚、惹是生非、爱招惹别人、偏食或暴饮暴食、脾气暴躁。

(五)痛觉过分敏感或过分迟钝

表现为有冒险行为、自伤自残,不懂总结经验教训;或者少动,孤僻,不合群,做事缩手缩脚,缺乏好奇心,缺少探索性行为。

(六)本体觉失调

表现为方向感失调,容易迷路,容易走失,不能玩捉迷藏,闭上眼睛容易摔倒,站无站姿、坐无坐相,容易驼背、近视,过分怕黑。

（七）动作协调不良

表现为动作协调能力差，走路容易摔倒，不能像其他儿童那样会翻滚、骑车、跳绳和拍球等。

（八）精细动作不良

表现为不会系鞋带、扣纽扣、用筷子等。

五、0～3 岁婴幼儿感觉统合发展的游戏与案例

（一）4～12 月婴儿感觉统合发展的游戏案例

1. 视觉和视觉空间游戏

案例名称：魔镜里的彩球；适用年龄：3 个月以上；教学时间：15～20 分钟；教学地点：室内；使用教具：镜子、彩球（最好是带颗粒的按摩球）。

主要目标：从视觉的变化，对自己身体动作与教具间关系有更多经验的认识。

教学步骤：让幼儿呈支坐状态，并在幼儿面前摆放一面镜子。观察幼儿的表情、声音及其他反应。

引导者拿一个红彩球给幼儿，观察幼儿的反应及球的摆放位。

2. 协调性和平衡感发展

案例名称：九十度大回转；适用年龄：3～7 个月；教学时间：15 分钟；教学地点：室内，铺上垫子；使用教具：铃鼓或其他发声玩具、垫子。

主要目标：协助幼儿身体各部位及姿态的协调，并帮助其平衡感发展。

教学步骤：①让幼儿仰躺在垫子上，引导者从幼儿的右侧，以铃鼓发出声音，吸引幼儿的注意和接近。②再将铃鼓转向右侧下方，观察幼儿为接近铃鼓时身体如何改变姿态，移动至那个方向。③引导者又一次的把铃鼓往右移动，并发出声音，观察幼儿是否跟随铃鼓的移动而改变身体姿势和位置。④观察幼儿从①～③的动作后，身体是否已回转成 90 度的位置。

注意事项：幼儿的坐垫需柔软不伤肌肤，避免转动时伤到皮肤。

游戏失败的处理：有的幼儿因活动不灵活而不易转身，引导者可为其脱去多余的衣物，便于运转。

3. 味觉练习

教案名称：酸酸甜甜；适用年龄：4 个月以上；教学时间：5～10 分钟；教学地点：育婴室；使用教具：滴管、稀释柠檬汁、盐水、糖水。

主要目标：让幼儿感觉不同的味道，刺激味觉的发展。并丰富大脑记忆区的接收层次。

教学步骤：①引导者用手沾盐水，伸入幼儿嘴中，碰触舌头。观察幼儿脸部表情的变化。②用滴管吸取稀释后的柠檬汁，滴于幼儿的舌头上，观察幼儿脸部表情与沾盐水的表

情是否一样。③用滴管吸取糖水,滴在幼儿的舌头上,比较幼儿的脸部表情变化,和前两次有何不同。

注意事项:①盐水、柠檬汁的分量皆不可过多。②准备温水或果汁,协助调和幼儿口内的强烈刺激。

游戏失败的处理:若幼儿不愿尝这些东西的味道,引导者不需勉强。让幼儿多看别人尝试,激发探索的意愿。

4. 听觉练习

案例名称:声音引导;适用年龄:5个月以上;教学时间:5～10分钟;教学地点:室内;使用教具:玩具、会发出声音的各种有声教具(铃鼓等)。

主要目标:聆听不同的声音,提高听觉灵敏度。

教学步骤:①选择安静舒适的环境,请幼儿平躺或侧卧。②引导者手持教具,在幼儿耳侧轻轻摇动,发出柔和的声音,吸引幼儿注意力。③当幼儿被声音吸引后,引导者慢慢移动沙锤,引导幼儿转头追踪声源。

注意事项:可以尝试变化摇动教具的节奏和速度,观察幼儿的反应;训练时间不宜过长,避免幼儿疲劳。

5. 视觉和视觉空间游戏

案例名称:倒退;适用年龄:5个月以上;教学时间:15分钟;使用教具:玩具。

主要目标:协助幼儿的四肢成熟掌握及手肘支撑力,增强视觉空间的成熟。间接目标:强化平衡感及运动企划,培养幼儿积极探索意愿及基础数概能力。

教学步骤:①让幼儿作趴在垫子上,两肘展开支撑住上半身,并放一个玩具于幼儿面前,让幼儿注视。②引导者拉起幼儿使手肘撑高,身体往前拉,再将双脚往后拉,使身体平趴,反复练习。③引导者协助幼儿以手肘的收缩支撑身体的倒退动作,并让幼儿注意距离的变化。

注意事项:倒退的动作较为复杂和困难,引导者在进行时需注意勿伤及幼儿的手肘关节及骨骼,并不宜作太多强迫。

6. 前庭觉游戏

案例名称:荡秋千;适用年龄:5个月以上;教学时间:5～10分钟;使用教具:毛毯。

主要目标:让宝宝感受空间变化,促进前庭觉发育,增强平衡感。

教学步骤:①准备一张毛毯平铺在地面或床面,请幼儿躺在毛毯上。②两位引导者分别抓住毛毯的四角,垂直上拉直至毛毯离地。③引导者左右摇摆,移动毛毯,让幼儿感受空间的移动变化。

注意事项:毛毯面积够大,能够将宝宝包裹住;摇摆要轻柔,幅度不能过大,保证幼儿安全。

7. 本体感练习

案例名称:掀起你的头巾来;适用年龄:8个月以上;教学时间:15分钟;使用教具:触摸球、布、桌子。

主要目标:加强幼儿身体功能的分化及大小肌肉的成熟。间接目标:培养幼儿更积极探索的兴趣。

教学步骤：①幼儿 8 个月大时，先让幼儿呈坐姿状态，且双手各拿一个小触摸球。引导者将白布盖在幼儿头上，观察幼儿的反应。②幼儿 9～11 个月大时，重复前述的过程，观察幼儿的反应是否和先前相同，有无明显变化。

注意事项：9 个月前通常会放弃手中触摸球，白布掉下来后，也不会找触摸球，9 个月后，放弃后会再重新找回球。

游戏失败的处理：幼儿这部分的成长，必须累积多次经验，所以不宜进行太快。多次以后便会递进式发展。

8. 视觉练习

教案名称：谁在镜子里？适用年龄：8 个月以上；教学时间：20 分钟；教学地点：室内；使用教具：大镜子、球或其他玩具。

主要目标：培养幼儿可逆性的思考，了解镜子中影像和实际世界的关系。间接目标：以视觉空间的新经验，增加幼儿积极探索能力。

教学步骤：①让幼儿坐在大镜子前，观察幼儿是否会从镜子中观察自己，且练习从其他角度探索自己和镜子及环境的关系。②引导者把镜子移至旁边，让幼儿从视觉变化中，发现镜子的意义。并观察幼儿的反应。试着让幼儿靠近自己的脸部（对着镜子），这时引导可拿一个球给幼儿，观察幼儿的反应。

注意事项：镜子必须先清洁干净，以免幼儿弄脏身体。

游戏失败的处理：幼儿兴趣不高时，引导者可以在镜子前做鬼脸，戴面具或较有趣的动作，来引发幼儿注意。

9. 触觉练习

教案名称：摸摸看；适用年龄：10 个月以上；使用教具：百洁布、棉布、绒布、毛线布、丝巾、麻布。

主要目标：强化触觉辨认能力，促进大脑记忆区接受信息层次的丰富化和细腻化。

教学步骤：①引导者与幼儿围成圆圈圈坐好，将百洁布、棉布、麻布、绒布、线巾、毛线布放在中间，每次拿一块放在幼儿手中，让幼儿摸摸看，让幼儿用右手将布拿起来，在左手上轻轻按摩，感受布的触感。②每一种布都轮完了后，引导者每次拿两种布，让每位幼儿双手各握住一块布，利用手掌来感受布的粗糙或光滑。

注意事项：粗的布表面不可太利，以免刮伤皮肤。

游戏失败的处理：幼儿有的太小，无法立刻回应，只要维持热闹气氛，使幼儿乐于参与即可。

（二）12～24 个月婴儿感觉统合发展的游戏介绍与案例

1. 游戏介绍

1）大动作能力发展

幼儿可以不用扶自己坐一会儿，走得很好，偶尔跌倒，能从坐着的地（床）上站起来，独自跑动，蹲着玩，扔球或踢球（不一定准确），扶着上楼梯（有成人跟随），不用手扶。原地双脚跳 2 次以上、一手扶栏杆自己上下楼梯（5～8 级），不扶物向 2～3 个方向踢球（180 度以内），连续跑 3～4 米，较稳，会骑四轮车。

2）精细动作能力发展

幼儿会用食指准确地触摸小的东西，有目的地拿画笔，但不很准确，会模仿把小豆子（或小扣子）丢进瓶子里，会打开盒盖，用三块小木块搭一座"塔"，会剥开糖纸，能一页一页地翻书，能穿三个直径约为 24 厘米的珠子，会模仿画封口的圆，能将玩具摆放整齐。

3）语言能力发展

幼儿能够模仿周围的声音，能够模仿两个简单的词，能主动讲出两个字的简单的词，能讲五个词汇，能够讲出听到的个别的词；能够指出身体的某个部位，能够指出什么是鞋、衣服或玩具，会翻看画册，能够在画册上指出三种不同东西，说清三人以上大人姓名，会唱一首歌，会用"你""我"，能回答生活中一般简单问题，能说明一件简单的事情。

4）认知能力发展

幼儿能够敲打、碰击两个以上小木块，试图模仿涂划，会将不同形状的木块放入模板中适当的位置，自己用笔涂涂画画，能够说出玩具娃娃的四个以上的部位，有开始使用家庭用品的迹象（如会拿勺或碗），按照要求指出两个人，使用两个小棍子模仿击鼓动作，能够认识身边或画书上的七件东西，能够把三个大小不同的碗或杯子套叠起来，能指出玩具娃娃的五个部分（眼睛、鼻子、手、腿、头发），有"多"的概念（想要更多的东西），会认两种颜色，口头可数 1～5，口手一致能数 1～3，能完成简单任务，能说出图画中人物的职业和名称。

5）情绪与社会能力发展

幼儿能抬起双手来配合穿衣服，当其他儿童在场玩时，有注视，对自己在镜子里的像很感兴趣，能脱短裤子，但不会脱鞋子，能独自用水杯喝水，能遵从两三种简单要求，能独立使用勺子吃东西（可有一些漏洒），懂得亲吻玩具娃娃或玩具熊，能帮助收拾玩具，对捉迷藏有兴趣，在熟悉的人那里可待一会儿，能脱衣服（不一定能解扣子），对别的儿童很感兴趣并注视他们，开始平行游戏（同伴在旁，各玩各的），见不同的人会打招呼，在陌生人面前羞怯。

6）感觉统合游戏方法

根据 2 岁婴儿感觉统合发展目标，父母要多带婴儿玩秋千、滑梯、推车、皮球等。给婴儿提供积木、画笔、布娃娃、动物玩具、小汽车、小火车、小飞机等，发展婴儿的想象力。刺激婴儿建立梦想世界。带孩子玩沙子、玩水、攀爬等。鼓励孩子完成适合的简单任务，使婴儿获得快乐的心理体验。多与孩子交谈，沟通感情，训练孩子的语言表达能力。与婴儿交流不要用"小儿语"，用标准的说法指导孩子的行为，用正确的语言与孩子说话。注意观察、了解、保护孩子的好奇心。教育中应该有性别之分，帮助孩子理解自己的性别。只有孩子做危险的动作时才可以干涉。不要吓唬孩子，否则将会有较长时间的影响。对孩子的无理哭闹采取"冷"处理办法，让他消耗完精力。

练习学会双脚原地向上纵跳的动作。与婴儿交流说简单的话语，指导婴儿看简单的画面，练习涂鸦。培养图画的兴趣；练习区分物品的多与少，大与小；摸索空间方位，认识前后；认识生活中常见的几种自然现象。每天有两小时以上的户外活动时间。使孩子有良好的情绪。

2. 游戏案例

1）认知能力游戏

名称：分水果；适用年龄：1岁1个月～1岁2个月；组织形式：集体教学。

活动目标：① 初步学习将熟悉的物品分类。②继续学习认识大小。

活动材料：苹果、橘子若干，大、小两个果盘。

活动过程：①家长带孩子围成半圆坐在地毯上，在教师一侧有堆混在一起的苹果、橘子，另一侧有一大一小两个果盘。②激发兴趣，乐于参与活动。③老师说："宝宝，老师这里有苹果、橘子，它们混在一起了，请你们来分分开，把苹果放到这个大盘子里，把橘子放到这个小盘子里。"教师边说边演示。④孩子玩游戏。"来，宝宝，把苹果放到大盘子里。"家长不动，让孩子自己来做。教师、家长观察每个孩子，随时帮助做错的孩子，"宝宝，你把苹果放大盘里。""对了，苹果放在了大盘子里。"接着让孩子把橘子放到小盘子里，"宝宝，我们把橘子放到小盘子里去。"教师、家长共同观察每一个孩子，随时帮助做错的孩子纠正过来，"宝宝，橘子放在哪里呀？""对，橘子放在小盘子里。"

注意事项：根据孩子的兴趣来决定反复练习的次数，也可换其他孩子熟悉的物品分类。

2）认知能力

名称：对号入座；组织形式：集体教学。

活动目标：学习了解日常用品（杯子、笔、手绢、勺子等）的用途。

活动材料：①已会认常见物品。②杯子、勺子、笔、手绢、每人各一件。

活动过程：①教师与孩子一同复习已认识过的物品。②教师掀开遮布对孩子说："宝宝，瞧，老师这里有什么？"老师举起每件物品，与孩子同时说出物品名称，"这是杯子""这是笔"……③了解日常用品的用途。④接着老师问孩子，"哪个宝宝知道，我们用什么喝水？"让孩子指认，或说出"杯子"，用"什么吃东西？""勺子"，"用什么擦鼻涕、擦汗呢？""手绢"，"用什么写字、画画？""笔"，也可以让婴儿说出物品用途。教师举茶杯，问孩子，"宝宝，茶杯可干什么？""茶杯可喝水"，"笔可以做什么？""笔可以写字、画画？"，"勺子可以干什么？""勺子可以舀东西吃"，"手绢可以干什么？""手绢可以擦鼻涕、擦汗"。⑤家长说物品的用途，让孩子把物品拿起来。

注意事项：①所认之物和所要完成的任务，可根据孩子的水平作适当调整。②应该每个孩子都有机会指认或回答。③视孩子兴趣，也可说些其他孩子熟悉的物品用途，让孩子说说是什么。

3）本体感游戏

案例名称：碰一碰；组织形式：集体游戏、亲子活动。

活动目标：①能听指令用自己身体的各个部位去碰成人的相同部位。②能积极愉快参与游戏活动。

活动过程：①教师对家长和孩子说："我们来做'碰一碰'的游戏，请家长和孩子面对面坐好。我说碰哪儿，你们就碰哪儿。"接着，家长带着孩子跟随着教师的指令做动作，教师可依次引导做如下动作：大手碰小手、大脚碰小脚，鼻子碰鼻子，头碰头等。②教师问家长和孩子："你们还想碰碰什么地方？"让母子随意碰碰。③ 教师说："小朋友们，你们还想不想去和别的小朋友碰碰小手?"家长可带自己的孩子与别的孩子碰一碰。

注意事项:①家长和孩子相碰时动作应轻巧一些。②1.5岁以后可以站着玩。

4) 触觉与智能游戏

案例名称:我想玩(选择玩具);组织形式:集体游戏。

活动目标:①能根据自己的爱好自由选择玩具,锻炼自主精神。②玩喜欢的玩具时能坚持一会儿,不乱扔玩具。

活动材料:材料五种不同类型的玩具。如:汽车、积木、布娃娃、小兔、小熊等。

活动过程:①教师出示五种类型玩具。一一给孩子介绍玩具的名称和玩法,引起孩子玩玩具的兴趣,然后教师请孩子说或指出自己喜欢玩哪一种玩具,再提出玩玩具的要求:"小朋友,你喜欢哪一种玩具,自己来选吧,要好好玩,不乱扔,看谁玩得好。"②当孩子选择到一种喜欢的玩具后,家长应尊重并启发孩子玩出各种花样或搭出各种东西:"宝宝,我们一起玩积木吧。"教师和家长也可示范几种玩的方法,如:将积木一块块垒高、一块块接长、将红色玩具挑选出来等。提高孩子玩的兴趣,丰富玩的内容。③孩子要进行更换,家长应要求孩子将玩过的玩具收好再选择其他玩具。如果孩子玩得好,教师应该在集体面前表扬他。游戏中教师要指导家长不让孩子乱扔玩具,养成良好的玩玩具习惯。

注意事项:如果在选择玩具时有很多孩子选择同一种玩具,那么教师和家长应采取协商或转移注意等方法,引导孩子改变选择的对象,等人少时再去玩。

5) 触觉与智能游戏(一)

案例名称:奇妙的口袋——日常用品类,适用年龄:1岁5个月~1岁6个月;组织形式:集体教学、亲子活动。

活动目标:巩固对日常生活用品认识。

活动材料:每位家长手里有一个大口袋,口袋里装有小茶杯,小勺、小碗、梳子、镜子等物品。

活动过程:①教师交代本次活动的内容。教师手拿大口袋对孩子说:"宝宝,看,老师手里拿了一个大口袋,它可不是一般的口袋,它很神奇,你的手伸进去就能拿出一个你需要用的东西。""看,老师拿了一个什么出来?""镜子。"教师手拿镜子,对着小朋友照,说:"瞧,镜子里有一个小朋友。"②家长与孩子一块游戏。"爸爸、妈妈手上也有一个大口袋,请宝宝在口袋里拿一个茶杯出来。"教师巡回看看,哪个婴儿拿的对,对于拿对的孩子,给予鼓励。"宝宝真乖,你拿的是什么?""茶杯。"对于拿错的孩子,给以提示,"宝宝,你拿的是什么? 听清楚,老师说的是喝水的茶杯。"依次类推,小碗、小勺、梳子、镜子等的玩法同上。

注意事项:这些物品是孩子熟悉的。

6) 触觉与智能游戏(二)

案例名称:奇妙的口袋——水果类;组织形式:集体教学、集体游戏。

活动目标:巩固对苹果、香蕉、橘子、梨子的再认识。

活动材料:每位家长手里有一个口袋,里面装有苹果、香蕉、橘子、梨子等水果,可用实物,也可用装饰性水果。

活动过程:教师示范。教师手拿一个大口袋,对孩子说:"宝宝,看,老师手里拿的是什么?""布口袋。""这可是一个神奇的口袋,老师手伸进去,就能摸出一个甜甜香香的东西,看看是什么?""苹果。"老师手拿苹果,走到每一个孩子面前,让孩子学说:"苹果"。孩子玩游戏。教师说:"宝宝,爸爸、妈妈手里也有一个口袋,来,把你的小手伸进去,摸一个弯弯长长的水果是什么?"教师指着拿对的孩子问:"你拿出来的是什么?""香蕉。"对拿的不对的孩子,教师提示:"宝宝,香蕉是什么样的,你再到口袋里去摸一摸。"其他水果类推。

注意事项:口袋里装的水果应是孩子熟悉的。

7)触觉与智能游戏(三)

案例名称:认识青菜;组织形式:集体教学。

活动目标:①初步感受常见的蔬菜——青菜。②能从两种蔬菜里找出青菜。

活动材料:①图片,小白兔吃青菜的挂图。②实物青菜、芹菜每人一棵。

活动过程:①激发兴趣。老师揭开盖布露出挂图,问孩子:"宝宝,这里有许多菜,看哪个宝宝的眼睛好,小手能干,找出青菜给妈妈。"教师、家长观察孩子是否拿对了,如不对,可揭示"上面叶绿的、大大的,下面是白白的",婴儿再去找一找。在日常生活中,家长可有意识地给孩子观察买的蔬菜,并告知,各种蔬菜都有营养,婴儿吃了才能长得好。

注意事项:青菜、芹菜应事先洗干净晾干。

8)视觉练习

案例名称:他们是谁?

活动目标:能仔细观察图片上人物的外形特征,能根据特征正确称呼他们。

活动材料:图片(大一套,小每人一套):爷爷、奶奶、叔叔、阿姨、哥哥、姐姐。

活动过程:①教师先介绍教室内的家长:"这是叔叔,这是阿姨,这是爷爷,这是奶奶……"②教师分别出示爷爷、奶奶、叔叔、阿姨、哥哥、姐姐的图片,引导孩子仔细观察,并说出正确的称呼。③家长将六张图片整齐地排列在地板上,然后家长说出称呼,让孩子根据指令,从图片中找出要找的人交给家长,家长应尽量让孩子自己找,如果实在不会,再给予帮助。

注意事项:①每次来训练中心参加活动碰面时,就可以让孩子学习称呼。②也可以先看图,再引导孩子指认身边的人。

9)智能训练

案例名称:危险的东西不能玩,适用年龄:1岁11个月~1岁12个月。

组织形式:集体教学、亲子活动。

活动目标:①通过看图,知道有些东西是危险的,不能随便乱摸。②能从几张图片中找出危险物品的图片。③培养孩子初步的自我保护意识。

活动材料:①开水瓶、剪刀、电风扇、刀子各一;②黑板;③每人一套10厘米×10厘米的小卡片:开水瓶、剪刀、电风扇、刀子、球和书。

活动过程:①教师一一出示危险物品实物,并进行提问:"这是什么?"家长可以先回答,然后让孩子模仿,可能孩子发不全音,但应尽量让孩子发出一个词中的某一两个音。②教师介绍这些物品的危险之处,讲解时语调尽量夸张些,让孩子从声音上体验危险的感觉,让孩子初步懂得危险的东西不能拿。"这是开水瓶,里面装的是很烫很烫的开水,如果打翻了,水烫到小朋友的身上,皮会烫烂掉,可痛了。"③孩子和家长坐在一起,家长将六张图片排列整齐,然后由家长说出图片中物品的名称,让孩子指认。"宝宝,哪个是剪刀?对,这个是剪刀。"接着让孩子从六张图片中找出四张危险物品的图片,一一拿给家长:"宝宝,把危险品的图片拿给妈妈。"如果孩子拿错了,家长应多启发孩子,直到孩子全部拿对为止。教师要巡回检查,了解孩子对游戏的掌握情况,再进行具体的指导和帮助。

注意事项:认识危险的物品可随着孩子年龄的增长,接触面的扩大逐步增多。另外有些东西可从日常生活中进行认识教育。

(三) 24~36个月婴幼儿感觉统合发展游戏介绍与案例

1. 游戏介绍

1) 大动作能力发展

孩子站立不用扶,用脚踢球,攀登家具和越过障碍物,扶着东西上下楼梯(单足踏台阶),原地双脚跳跃,模仿别人的样子,用足尖行走,不用扶单足站立片刻,会骑三轮车,跳过10~15厘米高的障碍物,钻过高度为自己一半身高的洞穴,举手过肩投球有方向,接住1~2米远抛来的球,在10~15厘米平衡木上做简单动作,登上三层的攀登架。

2) 精细动作能力发展

画圆、正方形、三角形,孩子会写2个以上的数字和汉字,会画人的2~4个部位,用手指捏面塑或橡皮泥,按缝纫机在纸上轧的图形撕纸,拿剪刀将纸剪开或剪成纸条,将方形纸折成长方形及三角形。会用筷子夹枣或花生米,按要求的颜色、形状间隔穿珠子,用铅笔屑、彩纸、不干胶碎片粘贴在画好的纸上成为简单的粘贴画,用六块木块垒一座"塔"。

3) 语言能力发展

孩子能看图讲1~2句话,并能讲对物名、五个字以上有形容词,讲一件衣服,可讲出物名、用途、颜色、特点,背诵几首儿歌、唐诗、广告词及简单故事,能猜简单谜语、学习自编谜语,玩"过家家"时说互相嘱咐的句子,有表情地朗诵儿歌、诗句或故事片段。能说出两种职业的名称(如妈妈是老师),能回答"你叫什么?",说出自己的名字,知道"大""小",能够重复说出两个数字,能够说出四十个以上的用品,能使用"我"或"我们"、"我的",能够听故事达五分钟。

4) 认知能力发展

将物品按用途分类,孩子能认识不同职业,懂得反义词8~10个,拼上切开4~8块的拼图,从图中找出缺漏的部分,认知4~6种几何图形,从地图中找出居住的城市,从本市地图中找出家庭所在位置,背数到20,点数到8,听数字会取5个以内玩具,能复述4~5位数,倒数3~1或5~1,将烙饼1分为2给两个人,认识若干汉字、6~10个数字;会将相同的汉字或数字配对,认识两种季节所穿的衣服及特有的食物,会玩包剪锤游戏,懂输赢。

5) 情绪、社会能力发展

孩子能够摆桌子、擦桌子、放板凳、分碗筷等,能找出常用的东西,开始接受建议,自己洗脚,独立上厕所(用手纸还需帮助),穿鞋分左右,穿鞋会拉后跟,穿上有扣的上衣和裤子,剥摘蔬菜,倾向于和成人建立社会性关系,在适当场合懂得调节自己的行为以得到表扬或避免批评。

这个年龄段的孩子具有惟妙惟肖的模仿能力,家长的榜样作用十分重要,要从各方面做好榜样,使孩子能模仿家长的良好行为;常言道:有什么样的母亲就有什么样的孩子。家庭环境也很重要,起到熏陶的作用,家庭环境很舒适、清洁、东西摆放有序,婴儿做事也很有秩序感,否则,会养成随处乱扔的坏习惯。家长和谐一致的教育态度会对孩子有加倍的作用,态度不统一会抵消教育的效果。尊重孩子,善于鼓励,以积极的态度教育孩子。和婴儿商量后提出的要求,婴儿乐于接受。适当回避,家庭生活中不适宜婴儿参与的活动,不随便许诺、不哄骗婴儿。

意大利儿童教育家蒙台梭利指出:"儿童出生后头 3 年的发展,在其程度和重要性上,超过儿童整个一生中的任何阶段——如果从生命的变化,生命的适应性和对外界的征服,以及所取得的成就看,人的功能在 0~3 岁这一阶段实际上比 3 岁以后,直到死亡的各个阶段的总和还要多,从这一点上来讲,我们可以把这 3 年看作是人的一生。"著名法国儿童教育家洛朗·佩尔努说:"孩子 3 岁以后直到青春期,在他的生活中,再也不会有像第一次微笑,说第一句话、迈第一步这样值得注意的事件发生了,再也不会有像智力显露和自我发现这样重要的情况出现了。他的主要品质已经形成,基础已经打好,只要对它们进行精雕细刻(如平衡)和加以发展(如智力)就成了。"目前,国内外的早期教育专家们对儿童 3 岁之前教育的重要性都有高度一致的认同感,实践与研究也证明了儿童早期教育的必要性和重要性。因此,要确保孩子健康、快乐、协调发展,就要促进孩子左右脑协调,身心协调、肢体协调发展。感觉统合理论与训练就是确保孩子协调发展的重要途径。

2. 游戏案例

1)接球游戏

目的:社交能力、手臂的运动能力。要求:家长与孩子对面而坐,家长把球递给儿童,鼓励儿童把球同样递给家长。

难度:开始时家长可把球直接放入孩子手中;家长把球伸向孩子,鼓励孩子伸手接球;当孩子主动把球给家长时,家长应该说"谢谢"。游戏中如果孩子没有接球、给球的主动性,请另外一位成人给予身体指导,直到孩子开始有主动接球、给球的意识,逐渐地撤销给予的帮助。

2)抓滚球

目的:手臂的运动能力与手眼协调能力。

要求:家长与孩子面对面坐在桌子两端,家长把球推给孩子,鼓励他伸手把球接住并推回给家长。

难度:开始时需要在一手臂的距离内进行推球、接球,鼓励孩子双手接球。推球则用右手从右往左推,逐渐地把距离拉大,并鼓励孩子用双手往外推球,用单手接球。如果开始时需要另外一位成人的身体协助,注意培养孩子在每一难度的独立操作技能,然后逐渐撤离帮助的程度。

3)2 步 1 级上楼梯

目的:训练平衡力、协调及独立行走能力。

要求:孩子能踏出右脚上一级楼梯,然后把左脚踏在同一梯级。

难度:扶着扶手或家长的手踏楼梯;独自踏楼梯;开始时,家长可站在上一级楼梯上,

伸出双手协助孩子并同时给予口头指令"上！"；如果孩子不合作，可把干果放在楼梯上，等孩子踏上后给予奖励。开始前可在每一梯级放干果，逐渐地，只在几级楼梯或最后一级楼梯上才放。不论孩子如何哭闹，要坚持让孩子配合才能给予奖励物。

4）用手触摸脚指头

目的：增进婴儿身体的柔软度及体能。

要求：在孩子的脚趾头上分别贴一张纸，让婴儿弯腰揭下。

难度：开始时先让孩子把脚放在矮凳或最后一级楼梯上尝试并且只揭 1～2 张贴纸便可；孩子掌握技巧后可要求一次性揭掉 5 或 10 张贴纸。每次可以玩 5～10 次。家长需要在孩子旁边或身后协助，用双手轻压孩子的双膝，如孩子无法同时弯腰及伸直膝盖，可让他扶着桌子的边缘进行尝试。

5）走斜坡

目的：加强重心、平衡、膝盖及小腿肌肉的控制能力。

要求：斜坡上、下倾斜约 15 度。

设置：走上斜坡；双手拿物走上斜坡；在搀扶下下斜坡；独自下斜坡。上斜坡：开始时家长先站在斜坡与孩子跟前，拉着孩子的双手协助孩子上去；孩子熟悉后可站在其身后，只在他有需要的时候推或扶持孩子前进。下斜坡：开始时家长站在孩子身后，双手从孩子双肩上往下放在孩子胸前，鼓励他扶着你的手下斜坡；孩子熟悉后尝试着在他双手放置两件小玩具，让他在不用搀扶的情况下下斜坡。

6）倒走

目的：空间概念，加强身体协调能力。

要求：能沿着一条直线倒退着走 3～5 步。难度：开始时只要求孩子随意在地板上倒走；熟悉动作要领后扶着孩子沿直线倒着走；要求孩子独立地沿直线倒着走。如果孩子开始时不领会，需要给予身体指导，如：一人在前面扶着他的双手，另外一人在他身后轮流抬起他的左右脚往后移。偶尔地给予身体协助。

7）擦背游戏

目的：加强肌肤的接触刺激。要求：给孩子洗澡时，用海绵或毛巾、粗布轻擦孩子的背部，从上到下、从左到右，按顺序擦，也可打圈式地擦。

难度：通过不同材质物品的皮肤刺激，丰富婴儿触觉。如果婴儿有抵触，就先从容易接受的物品开始，逐步增加，一定要耐心。

8）抓痒痒

目的：加强肌肤的接触刺激。

要求：家长用手挠孩子的头颈、胳肢窝、脚底等皮肤触觉敏感处。手的力度轻、重交替。

如果孩子害怕或抗拒，先对其全身肌肤轻轻地抚摩，等孩子习惯以后再逐渐地把时间延长。

9）刷子脱敏

目的：加强肌肤的接触刺激，减少触觉防御。

要求：家长用刷子先刷孩子的手背、手指等触觉防御性较少的部位，然后渐渐过渡到刷孩子的手心。再刷脚的部位，先刷脚趾、脚跟、然后渐渐过渡到刷脚地中心部位。如果孩子抗拒,可每次只擦一下,反复地尝试,直至孩子习惯这种触觉刺激。

10)阳光隧道

目的:调节前庭感觉系统,加强肌肤的接触刺激。

要求:让孩子俯卧着身体,在隧道中爬行通过。

难度:先让婴儿在隧道四周玩耍、触摸和摇晃隧道,并观察其他孩子如何做,引发孩子兴趣,消除恐惧感;可以把孩子喜欢吃的零食或水果放在隧道里,鼓励孩子爬进去拿取;让孩子边爬边推一个中型球。家长应全程指导。如果孩子出现紧张或抗拒的情况,要鼓励、引导,不要强迫,以免造成孩子肌肉过度紧张,效果适得其反。

2~3岁:婴儿精细动作的学习,下面的练习项目可以按月进行,每月进行3~4项,也可以根据自己婴儿的实际发育情况,由简单到复杂、由浅入深地、循序渐进地进行操练,妈妈要调整好心态,把握婴儿的生理心理特点,不能按着成人的角度去看孩子,练习过程中也是很好的亲子活动,动作要温柔,要不厌其烦,一点一点来,每天哪怕有一点点进步就好了,这是两年的训练项目,不要几个月就囫囵吞枣地完成,做这些练习不是完成任务,通过反复练习的过程,促进婴儿手指肌肉的生长与手指动作的灵活性,从而,刺激左右脑的健康发展。感觉统合练习或游戏一方面是在托育中心,另一方面是在家里,通过平时的日常生活,渗透感觉统合练习的意识,无处无时无刻都有练习的项目、场地,游戏的指导者就是家长或其他照护者。

任务二　知晓感觉统合理论的主要发展内容及方向

案例导入

明明是教师和家长都觉得很聪明的婴儿,阅读能力也很强,刚2岁就可以自己安静地坐下来有模有样地读绘本,但是到了运动环节,就发生了问题,他不喜欢做这些活动,也不遵守指令,不和小朋友一起玩,总是自己乱跑,而且一旦做不好就没耐心了,经常会因此发脾气,家长和教师都不能理解,为什么明明有时候安静?有时候又很闹?

案例思考

1. 在明明的案例中哪些行为和感觉统合相关?

2. 明明的哪些感觉发展是需要练习的?

单一的感觉不能反映事物的全貌和特性。只有各种感觉进行有效的联系和整合,才能形成对事物整体的认识。所以感觉整合实际上是从许多部分感觉形成整体的认知。只有经过感觉的整合,人类才能完成高级而复杂的认识活动,包括注意力、记忆力、语言能力、组织能力、自我控制、概括和推理能力等。

一、前庭觉

家长在对孩子早期教育时更喜欢训练孩子认字、算数、背儿歌、背唐诗等,但是,如果孩子注意力不集中，他就不能够把你教的知识记住，也不可能坐下来好好听讲。所以，家长应该注意提升孩子集中注意力的能力。心理学家研究表明，注意力与前庭平衡能力有关。

（一）平衡感是人类行动的基础

前庭器官是人类大脑中的重要器官，其主要作用是控制人的重力感和平衡感，影响着人对重力的感受、对身体平衡的控制，对身体与环境关系的判断，以及翻、爬、坐、站、跑等行动。人类平衡能力的发展可以追溯到母体中胎位的变化，离开母体之后婴儿逐渐学会平躺、翻身、坐、爬、站立、走、跑等，既是平衡能力的体现，也是在不断增强平衡能力。

平衡感对人类非常重要，对人类的学习、生活等各方面都会产生重大的影响。已有研究表明：平衡感发育不良会影响儿童的日常行为，例如容易跌倒、左右不分、注意力无法集中、眼睛不能盯住目标等；会影响儿童的情绪和性格，使儿童变得心浮气躁、好动不安、缺乏自信、具有攻击性；甚至会影响儿童的语言能力发展，出现语言发展迟缓、语言表达困难等现象……严重影响儿童的学习和生活，不利于儿童的健康长远发展。

（二）前庭觉是大脑功能的门槛

前庭觉是以前庭神经核组成的神经网络，前庭神经核就是脑后下方脑干的前面的一个微小的雷达式感应器官，可以说前庭觉是大脑门槛。人类身体的触觉、关节活动信息必须在此过滤，以选择重要的信息做回应，所以前庭觉必须和平衡感取得完全协调，人类才能正确分辨和认识身体的空间搁置，这称为前庭平衡。

（三）前庭平衡功能失调

前庭系统功能正常时，人类对重力感会有持续性的相类似的信息输入，这些感觉信息会与其他感觉信息一起以不断重叠的方式输入大脑，然后成为眼睛及其他身体感觉在判断信息时的重要参考资料。前庭器官随时在告诉我们头和身体的方向：头部转动或弯曲时，前庭感觉接收器的碳酸钙晶体，会离开原来位置，改变前庭神经系统的传达淤积，这种现象在跳跃、跑步、摇晃时更为突出，其他像走路、乘车船或头部有轻微振动时，前庭感觉也会立刻有反应。

前庭系统功能失调的孩子，视觉很难跟着移动的目标，眼球的移动不平衡使他们常常会以跳动方式抓住新目标，造成阅读的困难；无法将信息由脊髓锥体神经体系传达到身体各部分，也无法将身体各部分肌肉和关节的信息传到前庭神经核及小脑，从而影响感觉的统合，会经常跌倒或撞墙，甚至害怕行动；会缺乏重力感，影响其空间透视感，无法正确判断距离和方向，常常因太靠近人或碰撞他人，造成人际关系障碍……最后，由于上述能力的缺乏，孩子会经常遭遇挫折，久而久之就丧失自信心，导致恐惧、伤心、生气、过度兴奋等情绪问题。

（四）前庭平衡能力训练

前庭平衡能力的训练，从孩子在母亲腹中时就可以开始，孕妇在整个怀孕期间可以适当地做一些，比如简单的家务和散步活动；孩子出生后，可以在家长的引导下每天做几秒的俯卧抬头、头竖直训练,家长也要注意适当地摇抱孩子;出生3个月时,可以开始训练孩子翻身,6个月时可以开始训练孩子坐,七八个月时可以开始训练孩子爬行,12个月时可以开始训练孩子走,然后逐步训练孩子跑、跳、单(双)腿蹦、上下台阶、走平衡木、坐滑梯、跳绳、拍球等活动能力。

对于前庭平衡不良的孩子,可以通过给予前庭器官的各种不同程度的刺激,使调节姿势反应的前庭功能正常化,在接受触觉刺激的同时,也有助于其他感觉的统合。被动式前庭刺激治疗中,治疗师会让儿童躺或坐在吊网床中,然后有节奏地摇摆或旋转儿童的身体,从而达到刺激前庭感觉的效果。如果儿童对前庭刺激过分敏感,可以让儿童自己通过拉绳子等控制身体的摇摆和旋转。前庭平衡的人在旋转时会有眩晕感,但前庭平衡不良的孩子很少产生这样的眩晕感,这时治疗师把吊网上端扭紧后放开,造成旋转,以逐渐产生眼球震颤和眩晕感打通相关的神经通道。

此外,儿童平衡能力的发展也可以通过一些运动训练达成,包括旋转运动,如旋转圆桶、旋转木马;摇晃运动,如采取腹卧位、仰卧位、侧卧位、头脚颠倒位进行秋千、吊床游戏;平衡运动,如走平衡木;跳跃性运动,如蹦床……

二、触觉

研究表明:孩子早期触觉学习不足容易造成孩子敏感、胆小、紧张等一系列问题。

(一)触觉是神经体系的营养

触觉是指分布于全身皮肤上的神经细胞。从人类胚胎发育的过程来看,人类胚胎的外层发育成皮肤和神经细胞,可见触觉和神经体系是相同的,触觉是神经组织最重要的营养。婴幼儿一出生便拥有十分敏感的皮肤触觉,并且在成长过程中不断进行着触觉的学习,比如母亲的爱抚、同伴的玩闹等,但剖腹产、人工喂养、早期限制活动过多等因素,会造成孩子触觉学习不足,出现触觉敏感问题。

(二)触觉与情绪稳定

触觉发展在孩子众多方面的发展中,最容易被成人忽视。然而,触觉的发展对大脑发育、心理发展具有不可替代的重要作用,与儿童情绪、性格的形成与发展也有很大关系。触觉发展不良的孩子总体来说情绪不太稳定,容易紧张;比较孤僻,不会交朋友,害怕人多的地方;爱惹人、黏人、固执,缺乏耐心和恒心。

(三)触觉训练

对于触觉敏感问题的儿童,可以采用触觉刺激进行干预和训练。具体而言,选用干毛巾、丝绸、软毛刷、天鹅绒衣服或治疗师的手等,依次轻擦儿童的手部、腕部、背部、颜面部、脚部、腹部等部位的皮肤,并在轻擦的过程中时刻注意观察儿童的反应。此外,还有一些皮肤刺激游戏,例如水中游戏、沙池游戏等。一般而言,触觉刺激对神经系统产生影响的时间约在刺激30秒以后,时间越长,效果越好。儿童会对触觉刺激的类型、时间长短及频率做出不同反应，治疗师要根据儿童不同类型的灵敏程度灵活地调整策略。

三、本体觉失调及训练

（一）本体觉失调与顺应性反应

本体觉是指身体各个部位的肌肉、肌腱、关节、韧带等来自自己身体的一种感觉，是人类动作、行为的另一个基本的感觉，人体依靠这种感觉调节动作和行为，进行肌肉的收缩和放松。肌肉的收缩特别是对反抗阻力的收缩，是促进本体觉受信息输入中枢神经系统的重要方法。本体觉失调的儿童不能很好地解纽扣、取物，也不能根据对象物的性质掌握用力的轻重，常常会将东西弄碎、弄坏。

（二）本体觉和学习能力

本体觉包括人体对大、小肌肉的控制，手眼协调，手耳协调，身脑协调等。本体觉失调的儿童，其学习能力也会受到影响，具体表现为：手脚较为笨拙，动作缓慢拖拉，学习缺乏上进心；大脑对舌头、嘴唇、声带的控制不灵活，容易造成语言发育迟缓、大舌头、口吃等语言障碍。

（三）本体觉的训练

关于儿童"本体觉"的训练，心理学家设计出一种体形较小的滑行板，其原理是通过较强的肌肉收缩为脑干部统合提供感觉输入，持续的肌肉收缩能够增进肌梭机能，肌梭产生的感觉输入往往导入小脑，可能对脑干部的统合功能起到促进作用。有时也会在脚踝或手腕加上铅锤，以产生牵拉的作用，增加肌肉收缩的阻力，促进本体觉受信息对中枢神经系统的输入。

（四）本体觉失调儿童家长要注意的问题

本体觉不是孩子生来就有的，是需要后天的训练来养成的。因而，家长在养育孩子的过程中，不要过度地保护孩子，怕孩子磕着碰着就限制孩子的各种活动，而应该通过生活中的日常训练，帮助孩子形成本体觉，例如翻身、滚翻、爬行，拍球、滑梯、平衡训练等。家长还应注意训练儿童的生活自理能力，让儿童从小学习做一些力所能及的事情，例如学习使用筷子，自己洗脸洗手，自己穿衣服、系鞋带等，这些都有利于儿童本体觉的形成和发展。

任务三　掌握感觉统合失调的表现及训练方法

✎ 案例导入

磊磊是个安静的孩子，活动力弱，胆子较小，不敢爬高的地方，也不敢从高的地方跳下来，还晕车。平时妈妈带他去游乐场，他从来不坐那些旋转的玩具，连秋千、跷跷板这样的小朋友们都喜欢的玩具他也不爱玩。磊磊非常固执,只有自己觉得安全了他才会去做事情,如果他觉得自己做不到就会拒绝,并且表现得极不合作,这些问题已经影响到了他的日常生活以及学习和交往等方面的发展。

◆ 案例思考

1. 判断磊磊的情况是什么感觉发展出现了障碍?
2. 可以用什么样的活动帮助磊磊?

一、感觉统合失调在婴幼儿时期的表现

感觉统合障碍在儿童发展过程中容易被日常行为掩盖,父母和教师不容易发现幼儿的问题,导致了治疗和纠正延误。对于感觉统合发展障碍来讲,越早治疗越有效果。父母和教师需要了解感觉统合发展障碍,尽早察觉幼儿的问题。

(一)婴儿期(0～1岁)

(1)非常不好带养,常出现爱哭、不安、难安抚的情况。

(2)睡不好,晚上睡1～2小时就醒一次,或是入睡困难,要摇、哄很久才能入睡,有点声音就容易惊醒。

(3)肌肉松软,全身软趴趴的,比别的婴儿挺直头部的能力发展得慢。

(4)喂奶要很久才喂完,奶量少,换固体食物很困难。

(5)不喜欢被抱,被抱时扭动不安。

(6)洗脸、洗头、刷牙、剪指甲、换尿布等日常生活自理常有哭闹、排斥、抗拒等行为反应。

(二)幼儿期(1～3岁)

除了上述婴儿期的状况可能持续外,也可能出现以下情况。

(1)注意力不易持久。

(2)动作表现笨拙。

(3)口齿不清。

(4)一点小碰撞就十分生气。

(5)非常害怕荡秋千、溜滑梯、走斜坡或爬楼梯。

(6)因食物质地而挑食。

(7)语言发展迟缓。

(三)前儿童期(3～6岁)

(1)大肢体运动不协调。

(2)精细动作不良,手部动作笨拙。

(3)多动并且易冲动。

（4）总是摔倒。

（5）社交能力差,和其他儿童总是发生冲突。

（6）爱哭闹,情绪不稳定,抗挫折能力差。

（7）睡眠问题明显。

（8）注意力不集中。

二、感觉统合失调的训练原则

（一）需要进行相关心理测试和分析

感觉统合训练是建立在现实原则的基础上的,不是由家长或教师主观臆测的。首先,参加感觉统合训练的孩子在训练前都要进行智力、记忆力、逻辑思维能力、感觉统合能力等方面的测试,然后根据测试结果,由教师综合而准确地分析孩子的问题。

往往同一个问题是由不同的原因引起的,只有充分了解问题产生的原因才有可能解决问题。例如厌学问题,有的孩子是因为智商偏低,学习特别吃力而产生厌学情绪;也有的孩子是因为父母要求过高,总是指责挑剔,使他们产生太多不愉快经历而产生厌学;更多的是学习能力障碍使孩子不愿意做自己不擅长做的事情等。许多因素往往又不是孤立存在的,只有充分了解了各方面的原因,才能提出有效的解决方案。绝大部分的孩子虽然学习能力上有问题,但是智商却没有问题,是感觉统合能力训练不足造成的学习问题,那么孩子就需要进行相关的训练,这不是和孩子谈话就能解决的。

（二）以儿童为中心

基于人本主义的观点,在心理训练时,应充分考虑孩子的客观心理需要与他们心理发展的特点。例如,被重视的需要,有些时候儿童不是行为控制能力的问题,而是因为没有感觉到足够的被重视,他们生气发脾气或者恶作剧是为了引起别人的重视。又例如,儿童有被别人接纳的需要,当缺乏足够社会经验的儿童面临陌生环境时,他们也许会哭,会黏人或发脾气,那时他们要表达的意思是自己感到不安全,希望被接纳,只有在被周围人接纳时人才会有安全感,而安全感是人类生存的本能需要。而此时,孩子的表达能力还没有发展到可以将上述感受准确表达出来的程度。

当我们站在儿童的视角观察周围的环境,就不难理解孩子产生怪异行为的原因了。比如,我们带孩子去逛街,抱着他（她）是很累的,自然会鼓励孩子自己走。可是孩子又哭又闹不愿意走,是因为他（她）懒吗？是因为他（她）不听话或者脾气不好吗？都不是。只要我们蹲下来,从孩子的高度观察周围,就会发现,孩子根本看不到琳琅满目的商品,只看到一片黑压压的腿的"森林"。

家长和教师很有必要了解儿童心理学的知识,知道孩子心理发育的规律,哪些行为是正常的,哪些行为是落后的、不正常的,不要轻易责怪孩子,而是要及时帮助孩子解决发展中的问题。

（三）遵循幼儿自身的发展规律

感觉统合训练的目标是在孩子原有能力的基础上能有进步，这种进步的过程就是发展。发展在一定程度上遵循自身的规律，如儿童动作发展的顺序是由上到下（即从头到脚），从中心到外围，从大肌肉到小肌肉。婴儿最早协调的是头部的动作，如吸吮反射、眼及头追随物体转动，接下来是手的抓取，躯干的动作，如翻身、独坐、爬行，最后是腿和脚的动作，即站立和行走。

在遵循儿童发展基本规律的前提下，由简到繁，由粗到细，反复练习，感觉统合训练正是建立在发展原则之上的。不管儿童目前的状况如何，他都是在不断发展变化中的，按照其发展的规律，用适当的方法来干预，就能帮助他更理想地发展。

（四）快乐游戏，建立自信

研究结果发现，良好的情绪是思维的润滑剂，当人们情绪良好时，大脑具有最佳的思维效率和表现。这就是为什么人们对感兴趣的事物学起来非常快，而对不感兴趣的事物学起来却很费劲的原因。每一个孩子都有不同于他人的人格特征，他们所表现出来的能力和兴趣也都是不一样的。良好的成功的教育是要能够注意到孩子的潜能和兴趣点，并且顺应他自身的爱好和能力选择发展方向。"孩子天生是好动的，是以游戏为生命的。"应该让孩子在游戏中快乐成长。

由于感觉统合失调的孩子可能因为触觉过分防御而导致胆小、敏感、爱哭、不合群，他们对于外界信息、刺激过度敏感，实际上是夸大这种刺激，使他们在行动时畏首畏尾、逃避退缩。虽然适度退缩有利于自我保护，使孩子免受外界环境的伤害，但是过分的退缩，将不利于形成坚强的心理素质和自信的品质。通过游戏建立一种和谐、宽松、愉快的环境，孩子感到安全、满足和温暖，这本身就起到了一定的治疗作用。

儿童从婴儿期开始，要完成许多学习，他们必须依赖成年人的照顾和帮助才能正常成长。父母以及家庭其他成员还有其余密切接触儿童者对他们的鼓励就显得尤为重要。孩子的能力一点点地提高，屡次尝试也使他们在失败中积累了经验，动作越来越熟练，自信心也越来越强。所以，自信心除了依靠外界评价，更重要的是自身能力的提高。

三、感觉统合失调的训练方法

（一）重要的触觉训练项目

触觉体系的感觉统合运动重点在于加强肌肤的各项接触刺激，以修正前庭核有关触觉的抑制和运动能力，使大脑的处理能力和身体的触觉神经建立起协调良好的关系。

触觉过分敏感的主要表现：偏食、挑食，不爱吃菜；吃手或咬手指；情绪不稳定，爱发脾气；怕陌生环境、怕黑、黏人，或紧张、退缩，不敢表现；对小伤小痛特别敏感；不合群或不会和别人玩，爱惹事等。

1. 大笼球

通过大笼球在孩子身体上滚动产生压力，挤压身体的各个不同部位，可以强化各部位

触觉和大脑的协调能力，在大笼球的不断转动或挤压时，压力和与身体的接触部位的不断变化，可强化大脑处理来自身体不同部位的刺激，激活大脑神经网状系统，促进感觉统合。

2. 羊角球

羊角球适合 3～6 岁儿童的游戏器材，主要针对那些坐不住、情绪不稳定、爱发脾气、爱惹人、黏人、怕黑等问题的孩子。

3. 袋鼠跳

此项目适合任何年龄段的儿童，而且作用与羊角球类似。

4. 阳光隧道

阳光隧道主要适用于本体觉不佳、触觉敏感或迟钝的儿童，帮助儿童对自己身体的形象做出较正确的判断，进入隧道时，头、手、脚的协调对儿童前庭感觉的调节也很有帮助。

（二）前庭固有感觉的增强

对多动症、身体协调不良、触觉敏感或不足，甚至有自闭症或自闭倾向的儿童，前庭固有感觉的加强，有助于其平衡感与重力感的发展，许多寓教于乐的游戏设计正符合需要。

1. 小滑板游戏

小滑板游戏主要适用于多动症、自闭症、触觉敏感、身体协调不良的儿童。

2. 大滑梯游戏

大滑梯游戏主要适用于身体协调不良的儿童。滑行时的前庭—固有感觉配合身体操作，对本体觉和身体形象的塑造帮助很大。

3. 平衡台

平衡台训练适用于比较多动或身体协调不良、自控力比较差的儿童。

4. 旋转浴盘游戏

旋转浴盘游戏主要适用于多动症、身体协调不良的儿童。

5. 网缆游戏

网缆游戏主要适用于多动症、身体协调不良、触觉敏感的儿童，可强化前庭刺激及全身肌肉的伸展和活动性。

6. 蹦床游戏

蹦床游戏主要适用于多动症、自闭症、触觉敏感、身体协调不良的儿童，可强化前庭刺激，抑制过敏的信息，矫治重力不安和运动企划不足的毛病。

7. 竖抱筒

竖抱筒主要适用于前庭协调不良、触觉敏感的孩子，可尝试高度收缩的肌肉运动，促进前庭—固有感觉体系的活化，并强化触觉体系。在摇晃中前庭可以获得大量刺激。

8. 横抱筒

横抱筒主要适用于多动症、触觉敏感、身体协调不良的孩子，可尝试高度收缩的肌肉运动,促进前庭固有感觉体系的活化,并增加触觉刺激和本体觉刺激,在摇晃中可改善运动企划能力。

9. 大陀螺

大陀螺主要适用于多动症、自闭症、身体协调不良的孩子。

10. 太极平衡板

太极平衡板主要适用于多动症、自闭症、身体协调不良的孩子。

11. 平衡触觉板

平衡触觉板主要适用于触觉敏感、身体协调不良的孩子。

12. 平衡踩踏石

平衡踩踏石主要适用于身体协调不良的孩子,针对前庭平衡不足和本体觉不足,对手脚配合也有很大帮助。

13. 手摇旋转盘

手摇旋转盘主要适用于多动症、身体协调不良的孩子。

(三)重要的本体训项目

(1)趴地推球:主要使用的球类是篮球。主要适用于注意力不集中、身体协调不良的孩子,对前庭刺激较大。

(2)平衡踩踏车:主要适用于平衡感不足、本体觉不足的孩子,而且对于膝关节的灵活度也能进行锻炼。

(3)平衡圆:分为整圆、半圆、四分之一圆、S形圆(平放)、S形圆(立放)。主要适用于身体协调不良、多动症的孩子。主要训练孩子平衡、前庭、触觉、重力、专注力以及身体协调等。

(4)滑梯:主要适用于本体觉缺乏的孩子,对身体形象的塑造帮助很大,有助于维持高度的平衡感觉。

(5)独脚凳:主要适用于本体觉不足、身体协调不良的孩子。

(6)平衡木:主要适用于身体协调不良、多动症的孩子。

(四)综合项目训练

(1)脚步器:主要适用于身体协调不良、注意力不集中的孩子,让孩子建立数构空间概念。

(2)万象组合:主要适用于身体协调性不良,本体觉不佳,缺乏柔韧性、力量性的孩子。

四、感觉统合障碍与学习能力障碍

(一)儿童的学习能力障碍的表现

1. 数学能力障碍

数学能力障碍表现为做数学题时计算粗心,把加号看成减号,抄错数字,忘记进位,丢数字,对应用题理解力差,心算困难等。心理学家研究发现,孩子的感觉统合能力失调是造成数学学习障碍的重要原因。这个能力是大脑将感觉器官传入大脑的信息进行正确处理,再指挥行动,如果这个信息处理过程出现问题,那么行动一定会出差错,看到的、听到的与做到的是两码事。例如,孩子在做运算时,时常忘记进位和错位,就是因为视觉记忆受到下一步计算的干扰;孩子将数字抄错、遗漏或左右颠倒,是由于视觉记忆、视觉分辨能力与视觉次序性记忆能力发展不足造成的;在竖式计算中,将个位、十位、百位数排列不正,是因为视—动协调性出现了障碍,大脑对方向、位置和距离信息的处理出现了问题所造成的。

2. 阅读障碍

阅读障碍表现为读书时结结巴巴、丢字落字、错字错行,爱看动画不爱看字书等。造成阅读障碍的原因有:第一,视觉功能障碍,眼球振动不平衡,造成读书时跳字、串行等;听觉功能有障碍,造成读而不闻,读而不懂;另外,如失语症、大脑麻痹、智力迟钝和运动失调等大脑神经功能障碍也会造成阅读困难。第二,情绪因素,例如胆小、自卑敏感的孩子,就不敢在课堂上读唐诗,结果越不练就越有障碍。所以,他们不能够轻松流畅地阅读。第三,教育方法问题,对于那些智力或能力低的孩子,如果家长和老师一味地逼着孩子练习阅读,而不是用科学的方法进行特殊训练,长时间不见成效,孩子就会产生很大的心理压力,对阅读更加有抵触情绪,甚至产生厌烦心理。而对于智力和能力高的孩子,如果仍然让他们重复简单的课文,他们也会变得敷衍了事。

3. 听课能力障碍

听课能力障碍表现为上课注意力不集中,上课时脑子反应慢,对教师说的话记不住或记不全,学得快忘得快,特别不怕晕或者特别怕晕,走路爱摔跟头,坐不住,爱做小动作,等等。造成听课能力障碍的原因有:胎位不正、早期前庭器官训练不足、平衡能力训练不足。

（二）感觉统合障碍与学习能力障碍

感觉统合能力的发展会影响孩子的学习能力,也就是说,学习能力的发展是以感觉统合能力的发展为基础的。感觉能力会使儿童接受刺激、传递信息、组织信息,并了解感觉信息的意义,最终形成一个适当的反应或行为。在各种环境里,这些反应对个体行动、动作和学习运动是非常重要的。因此,感觉统合能力发展直接或间接地会影响儿童在学习和活动上的表现。

感觉统合障碍是导致学习能力障碍的常见原因之一。个体与客观环境相互作用过程中,少不了信息的输入、储存和加工,在这一过程中,个体需要调动自己的各种感觉器官对不同的刺激做出相应的反应,并形成各种形式的感觉,如视觉、听觉、触觉、本体觉等。为了对外界的复杂刺激做出进一步的反应,个体需要在中枢神经系统的作用下对各种感觉进行有效的组织与统合,从而使个体形成对外部环境的完整的知觉,并与外部环境之间构成一种动态的平衡关系,以适应外在环境。

在日常生活中,有感觉统合障碍的儿童手眼协调性差,甚至不能很好地完成直线奔跑、跳绳等协调性动作;在学校学习中,他们用词贫乏或词不达意;阅读时,经常跳字、跳行;写字时,常搞混上下或左右结构,或者漏字、漏行。由于感觉统合方面的障碍,大大影响了正常的学习活动。此外,脑性麻痹和智力障碍的儿童也有感觉统合异常的现象。

(三)学习能力障碍训练

如果学习能力障碍儿童缺乏基本的学习能力,教师与父母就应该设法训练这些技能。一些特殊的教学方法,如形状知觉的发展、空间辨别、形状辨别、眼球控制和感觉—动作统合都很有效。

以发展心理学的观点来看,个体各项身心特性的发展是循序渐进的,早期的各项发展是否健全足以影响后期的发展状况。从神经心理学的论点来看,强调早期的动作学习是建立脑皮层细胞组合的一个重要统合阶段。感觉统合理论的提倡者认为,以视、听、触、运动等感官所组成的感觉与动作的发展,是较高水平概念学习的必要基础,如果这些基本的学习有缺陷,将会使整个学习速度变得缓慢,学习效果偏低。

部分研究也指出,感觉统合能力发展不成熟与学习能力障碍呈显著正相关。以写字为例,除了需要适当的视觉敏锐度外,还必须具有双手协调能力,因此视觉统合功能的发展是否完善,会影响写字的表现,而书写能力又是学校学习和人际沟通不可缺少的一项能力。儿童视觉统合能力的发展有缺陷,还可能会影响生活适应能力以及情绪的稳定性。

在 13 岁以前,通过强化的心理训练,学习能力障碍儿童也可以促进学习能力的发展。例如,感觉统合训练中的滑梯、平衡木、旋转圆筒、跳绳、拍球等活动都是有针对性的训练,可以训练儿童的感觉动作协调能力。让儿童照图形描绘,来训练儿童的空间知觉能力;演奏打击乐训练听觉协调能力;打乒乓球、羽毛球、放风筝等可以训练手眼协调能力。

拓展阅读:"在产院婴儿室工作的护士……"

同步实训 感觉统合的主要发展内容

1. 实训目的

加深学生对感觉统合理论的认识。

2. 实训安排

(1)学生选择前庭觉、本体觉、触觉中的一种,设计相应活动。

(2)分析并体会这些活动的操作性及作用。

3. 教师注意事项

(1)由可观察到的幼儿的真实表现进行分析。

(2)提供一些感觉统合游戏的简单案例,供学生讨论。

(3)参观感统训练机构、早教机构或提供其他相应学习资源。

4. 资源（时间）

2课时、参考书籍、案例、网页。

5. 评价标准

表 现 要 求	是否适用	已达要求	未达要求
小组活动中，外在表现（参与度、讨论发言积极程度）			
小组活动中，对理论的认识与把握的准确程度			
小组活动中，案例模拟的精准度			
小组活动中，活动设计的完整与适用程度			

教学做一体化训练

一、重点名词

感觉统合　触觉　本体觉　前庭觉

二、课后讨论

1. 感觉统合前庭觉、触觉、本体觉的游戏内容。

2. 运用器械设计感觉统合活动。

三、课后自测

1. 感觉统合发展不良有什么表现？

2. 婴幼儿感觉统合失调的表现是什么？

3. 感觉统合失调与学习障碍有什么关系？

课 后 推 荐

一、图书

王萍，高宏伟.家庭中的感觉统合训练[M].北京：清华大学出版社，2011.

二、期刊、论文

1. 刘建恒.感统训练融入儿童心理辅导教育模式及评价研究[D].长沙：中南大学，2008.

2. 彭幼清，袁芳兰.儿童感觉统合失调与家庭因素的影响及防治[J].护理学杂志，2004(23).

模块十
婴幼儿保育

学习目标

- 识记：早教中心环境的内涵、婴幼儿常见的身体疾病和心理问题的定义。
- 领会：早教中心环境创设的原则；婴幼儿日常作息制度的制定；喂养、睡眠、排泄、盥洗、着装等日常保育的要点；婴幼儿活动的保育。
- 理解：婴幼儿常见的身体疾病和心理问题的症状。
- 应用：能够根据症状判断婴幼儿常见的身体疾病和心理问题，并能阐明保育方法。

模块描述

本模块主要了解婴幼儿保育环境创设的重要性，掌握早教中心环境创设的原则；了解婴幼儿日常起居和活动保育的内容，熟悉婴幼儿日常起居和活动保育的重点，掌握保育的方法；了解婴幼儿常见的身体疾病和心理问题的症状、病因，掌握其防治方法和重点。

思维导图

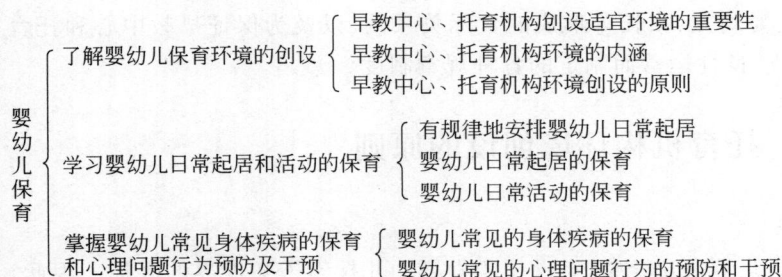

任务一　了解婴幼儿保育环境的创设

案例导入

小王在大学学的是英语专业，由于喜欢小孩且对早教行业感兴趣，她毕业后凭借出色的英语能力顺利地在某双语早教中心就职。工作一段时间后，她对这份工作非常满意。一天，她一上班，同事就告诉她，下午要一起重新布置中心的大器械活动区，小王非常困惑：这些器械放在那里好好的，为什么要重新布置呢？同事告诉她，中心的大器械活动区为了配合中心的早教课程，每两周就要进行重新布置。

案例思考

1. 这个案例体现出了环境在婴幼儿成长中有什么作用？
2. 早教中心应如何创设环境？

一、早教中心、托育机构创设适宜环境的重要性

蒙台梭利曾说过，"在个人（精神的胚胎）和其环境之间存在着相互交换。婴幼儿被迫跟其所处的环境达成某种妥协，结果必然导致其个性的整合"。适宜的环境对于促进婴幼儿身心的健康成长起着重要的作用。因此，作为对婴幼儿进行早期教育和照护的重要场所，早教中心、托育机构的环境必须是适宜0～3岁婴幼儿的身心发展特点和需求的，能够促进早教活动和婴幼儿照护的顺利展开。

二、早教中心、托育机构环境的内涵

环境是我们赖以生存的物质和精神世界的总和，早教中心和托育机构的环境包括硬件的环境和软件的环境。硬件的环境主要指早教中心和托育机构的房屋场地、各类教具、玩具、设施设备等硬件设施。软件环境则包括早教中心和托育机构的早教师、教师、保育员、营销人员、行政人员、婴幼儿、家长等形成的人际关系网，以及为保证早教中心和托育机构各项工作的顺利完成、良性运营而制定的各种规章制度。

三、早教中心、托育机构环境创设的原则

1. 温馨、安全的装修

温馨的环境能给婴幼儿带来安全感，有助于激发婴幼儿探索未知世界的兴趣。因此，早教中心和托育机构应该选择宽敞明亮、通风良好的场地，采用温馨、明快的色彩和富有童趣的装饰物，如采用黄色、蓝色等色彩，采用卡通人物、动物等装饰素材。此外装修材料、硬件设施必须是环保的、安全的，装修材料应选用符合国家相关标准的，墙角、桌角应

使用防撞条等,电源开关应在婴幼儿无法触碰的高度。

2. 有意义的教具和玩具

早教中心、托育机构的各项硬件设施对于完成婴幼儿早期启蒙具有辅助作用,因此早教中心和托育机构必须具备一定的玩具和教具,如准备一些奥尔夫音乐器材、蒙氏教具、早期阅读绘体、各类教玩具等,此外还必须设感统训练的器材、各种保健用品、床铺被褥等生活用品等。这些材料可以激发婴幼儿动手的欲望,进而促使婴幼儿和家长、早教师、教师其他婴幼儿之间产生人际互动,有利于婴幼儿认知能力、动作能力、社会性和社会交往能力的发展。

3. 良性互动的人际环境

早教中心和托育机构是一个由婴幼儿、家长、早教、托育中心工作人员构成的微型社会,三方的积极互动能提高早期教育和照料的质量。因此,早教中心应营造温馨、平和的人际环境,激发良性的人际互动,创建婴幼儿、家长、早教托育中心工作人员都可以平等交往、尽情游戏、充分沟通的人际环境。为此,早教中心、托育机构的工作人员首先在待人接物方面要平等、温柔、亲切,对婴幼儿及其家长产生潜移默化的影响。其次,教师要善于观察,了解婴幼儿及其家长各自的特点和需求,及时提供指导,增进与婴幼儿之间、家长之间的了解,促进与婴幼儿之间、家长之间的互动,进而完成早教任务,促使婴幼儿的身心健康成长。

拓展阅读:《早教中心环境创设新视角》

任务二　学习婴幼儿日常起居和活动的保育

案例导入

小王在早教中心已经工作了一段时间,领导安排她到早教中心的托班去锻炼一段时间,配合主班教师李老师完成托班幼儿的保育工作。小王非常高兴,因为她很喜欢托班的"小萝卜头"们。但是,第一天到托班工作,小王就手忙脚乱,应接不暇:一会儿安安要喝水了,一会儿丁丁要尿尿了,一会儿洛洛说热要脱衣服,一会儿又到了孩子们活动的时间了……下班的时候,小王由衷地对李老师说:"托班老师好忙啊。"李老师安慰她说:"没事,等你熟悉了孩子们的日常作息制度就好了。"

案例思考

1. 婴幼儿日常起居的保育工作有哪些?
2. 保育人员应该如何引导婴幼儿养成良好的生活习惯?

一、有规律地安排婴幼儿日常起居

为了满足婴幼儿健康成长的需要,从小培养婴幼儿良好的生活习惯,保育人员应基于不同年(月)龄段婴幼儿的身心成长需要,合理地安排婴幼儿的日常起居,把一天中进食、睡眠、锻炼、游戏等时间固定下来形成日常作息制度。

日常作息制度的制定与实施，不仅有利于婴幼儿形成良好的生活习惯，满足婴幼儿生活、游戏活动的需要，也有利于保育人员有条不紊地照顾婴幼儿，特别是当保育人员发生变动时，新接手的保育人员能迅速地了解和掌握婴幼儿的习惯和需求，提供更到位的保育工作。

婴幼儿作息制度就是为婴幼儿制定一日作息表。指导婴幼儿按一日生活的各环节准时开展各项活动。体育机构保育人员在制定作息表时，要兼顾婴幼儿日常生活照料、早期启蒙、游戏活动等的需要，并为每一项活动做好具体的时间安排。

如果保育人员发生更替，接替的人要熟悉婴幼儿的作息表。就可以在规定的时间段里给婴幼儿做同样的事情了。

为婴幼儿制定的作息表要有一定的灵活性。因为婴幼儿个体差异较大，生活习惯不尽相同，同时也容易受到外来的影响。在居家时，不同的家庭成员应按照同样的作息表安排婴幼儿的活动，避免心血来潮的临时变更。

在早教中心、托育机构中，保育人员既要按照同样的作息制度照顾所有婴幼儿，也要按照作息制度安排所有婴幼儿的各项活动，同时进行分工，每个保育人员照顾固定的婴幼儿，这样能更细致的照顾到每个婴幼儿的个体需求，也有利于建立双方亲密的信赖关系。

制定日常作息制度要以婴幼儿为本，熟悉各年（月）龄婴幼儿的身心发展水平和发展需求，根据婴幼儿的具体年（月）龄进行不断、适当的调整，兼顾身心发展，劳逸结合，并根据婴幼儿生活环境的变化进行调整，如顺应季节的变化，调整户外活动的时间，冬季宜在上午 10点至下午 3 点之间进行户外活动，而夏季宜在上午 10 点前下午 3 点后进行户外活动。

二、婴幼儿日常起居的保育

婴幼儿的日常生活保育包括婴幼儿的喂养、睡眠、排泄、清洁、着装等方面的保育。

（一）婴幼儿喂养

合理均衡的营养与膳食能提供满足婴幼儿生长发育所需的各种营养元素，为婴幼儿的健康成长提供物质保障，而婴幼儿营养摄取过多或过少则会阻碍婴幼儿的成长发育，造成肥胖、幼儿期高血压或体重过低、免疫力下降、生长发育停滞等不良后果。因此，保育人员应根据各阶段婴幼儿生长的需要，合理制定喂养食谱，提供充分均衡的营养，促进婴幼儿的成长发育。

1. 各阶段婴幼儿喂养

（1）0～6 个月婴幼儿的喂养

母乳是最适合 0～1 岁婴儿的食物，提倡至少 6 个月纯母乳喂养。一方面，母乳的各种营养供应充足，易被婴儿吸收，有利于婴儿生长发育；另一方面，母乳含有不可替代的免疫成分；母乳经济、方便、温度适宜，母乳喂养有利于母婴交流、加深情感，促进婴幼儿心理健康。因此，除母亲感染 HIV、携带乙肝或患有严重疾病应停止哺乳外，一般都提倡母乳喂养。由于某些原因不能用纯母乳喂养时，可以添加代乳品，以人工喂养或混合喂养满足婴儿需求。人工喂养宜首选婴儿配方奶粉喂养,并尽早抱婴儿到户外活动或适当补充维生素 D,及时补充适量维生素 K。人工喂养应按照不同品牌配方奶说明的比例用温度适宜的自来水冲调,不能使用矿泉水、纯净水或其他水,冲调时先放水后放奶粉,水温以40℃左右为佳。人工喂养的婴儿应适当补充水分,以免便秘,同时与补钙类食品应间隔半小时食用。不要频繁轮换不同品牌配方奶,如确有必要调换配方奶品牌,要采取渐进的方式。

(2)6～12 个月婴幼儿的喂养

6～12 个月的婴幼儿仍处于生长发育的高速期,母乳已不能满足其全部的营养需要,且消化系统较之前有较大改善,胃容量在增大,牙齿逐渐开始萌出,具有初步的咀嚼能力,其喂养重点是继续母乳喂养,合理添加辅食。

添加辅食的原则是循序渐进,逐步适应:由少到多,由细到粗,由稀到稠,习惯一种后再添加另一种。辅食应在喂奶前添加,防止婴儿吃饱奶后不吃辅食;炎热的夏季或婴儿生病时,暂时延缓添加新辅食;加工方式应用蒸煮为主,不加调味品。

一般在婴儿 4 个月后开始添加米粉、蛋黄、奶糊、水果汁、蔬菜汁等稀薄的泥状辅食;6个月后添加稀粥、烂面条、饼干、菜泥、土豆泥、水果泥等较稠的糊状食物;8 个月开始添加碎菜、瘦肉末、鸡蛋羹、动物血、肝泥、鱼末、软饭、粥;1 岁后应以软饭、粥、面条、包子、饺子、馄饨等为婴儿正餐,但每日仍应为婴儿提供一定量奶类食品。

(3)1～3 岁幼儿的喂养

1～3 岁的幼儿仍应继续喂食母乳或其他乳料,逐步转变到成人进食的固体食物。保证幼儿足量饮水,不喝或少喝含糖高的饮料;选择营养丰富、易消化的食物;采用蒸煮炖炒等适宜的烹调方式,单独加工制作婴幼儿的膳食;2 岁后可少量添加盐,两餐间尽量不食用糖果、饼干等零售。合理安排零食,避免过瘦与肥胖,养成细嚼慢咽、不暴饮暴食等良好的饮食习惯;培养良好的进餐行为,饭前洗手,饭后避免剧烈活动。

2. 婴幼儿的进餐

婴幼儿的膳食要注意饮食多样化,注意色香味形的搭配;不要在进食过程中批评指责、恐吓婴幼儿,以免影响餐桌氛围和进餐的情绪造成厌食;婴幼儿参加适当的体育活动,加大消耗,使其产生饥饿感,激发食欲;进餐时保育人员应仔细观察,精心照顾婴幼儿,鼓励婴幼儿自己动手吃,禁止边说边说、边玩边吃、边看电视边吃,培养婴幼儿良好的饮食习惯和礼仪。

(二)婴幼儿睡眠保健

睡眠是大脑中枢广泛处于抑制过程的一种生理状态,它能让婴幼儿神经系统得到休息,促进婴幼儿脑发育和记忆力的增强,同时也可以减少人体的能量消耗,储存生长发育所需的能量。

婴幼儿睡眠存在个体差异,新生儿每日睡眠时间可达 16～20 小时,随着年龄增长,逐步缩短,如果婴幼儿睡眠充足,早晨会自动清醒,精力充沛,情绪良好,食欲正常。

灯光、温度、声音、空气等外部因素都会影响婴幼儿睡眠,所以保育人员应拉上窗帘,关闭灯光,将室温调至 18～24℃,关闭电视手机等的声音,睡前通风清新空气,营造适宜的睡眠环境。此外,睡前不要给婴幼儿进食,排空小便,被子不要盖得太厚,睡前不让婴幼儿进行剧烈运动或观看刺激的影视节目,以免神经兴奋难以入睡。家长可以给婴幼儿讲温馨的睡前故事,形成习惯,帮助婴幼儿入睡。睡眠过程中避免婴幼儿趴睡、闷头睡、奶睡等不良姿势和习惯。

（三）婴幼儿排泄训练

婴幼儿因为神经系统功能发育不完全,膀胱储尿功能差,处于自由排泄阶段。对婴幼儿进行排尿排便的训练,不宜操之过急,应在婴幼儿大脑皮质和相应器官成熟后进行。10～12个月的婴幼儿在成人提醒下能知道是否有大小便,1～2岁的婴幼儿可培养主动坐盆的习惯,3岁时可训练自己脱裤子坐盆,自己擦屁股。

保育人员要引导婴幼儿养成良好的排泄习惯:保育人员要通过观察掌握婴幼儿二便的规律,如间隔时长、神态和动作表现,及时提醒婴幼儿排泄,并示范,引导婴儿自己坐盆,鼓励和表扬,树立幼儿的信心,训练婴幼儿及时排尿、排便,不憋尿、不憋大便,排泄时要专心,不能同时吃东西、看电视、玩耍,便后学会自己用卫生纸擦拭,并冲洗厕所、净手。

排泄物的颜色、性状可以反映婴幼儿的饮食和健康状况。因此,保育人员应注意观察婴幼儿的排泄物,尽早发现问题,及时干预,维护婴幼儿的健康。

（四）婴幼儿的盥洗

盥洗可以清洁婴幼儿的皮肤,避免细菌侵入,保证皮肤健康;促进血液循环,有利于新陈代谢;通过婴幼儿皮肤与水的接触,改善皮肤的触觉和对温度的感知能力,提高婴幼儿适应环境的能力;培养婴幼儿良好的卫生习惯,提高婴幼儿的生活自理能力。

1. 婴幼儿日常盥洗的内容

（1）洗手

保育人员应培养婴幼儿自己洗手,训练婴幼儿按照卷衣袖→打开水龙头→浸湿手心、手背、手腕→擦肥皂或洗手液→搓洗手心、手背及手指→清水冲洗→毛巾擦干的顺序,洗手时双手向下,避免弄湿衣袖,冬季洗手后可涂抹护手霜。

（2）洗脸

洗脸前先浸湿专用的洗脸方巾,再将水拧干,对折再对折成正方形,然后沿对角线对折、毛巾的每个部位只能擦拭脸部的一个部分。先洗眼睛,按从内眼角到外眼角的顺序擦拭,擦完一只眼,要换毛巾擦洗的部位,以防止眼睛感染,然后是额头、脸颊、耳朵前后、鼻子、口、脖子等部位。冬季涂抹润肤油,避免皮肤皲裂。

（3）刷牙

婴幼儿出牙后即可刷牙,最初可以由保育人员戴上手指牙刷或在手指上缠上打湿的消毒杀菌医用纱布为婴幼儿刷牙,待婴幼儿逐渐长到1岁半时,可训练婴幼儿独立刷牙,按照漱口→挤牙膏（从牙膏底部开始挤）→牙膏沾湿→内外面竖刷→咬合面横刷→漱口→洗净牙刷→正确放置的顺序教婴幼儿学会刷牙。每次进食后要提醒婴幼儿漱口。

（4）洗头

保育人员为婴幼儿洗头时,可以用一手托住婴儿头部,手肘和身体形成夹角夹住婴儿,托住婴儿头部的手以拇指和中指分别向前折双耳廓以堵住外耳道,以防止水渗入耳内,用另一手轻涂沐浴露,用手指指腹轻揉婴儿头部,然后用水清洗头、颈、耳后(皮脂腺分泌旺盛),洗后立即擦干,以防散热。

(5)沐浴

若条件许可,春秋季最好每天洗一次;夏季因天气炎热,每天可洗两次以上;最好每天洗一次;至少每周洗一次,每天用温水洗臀部、洗脚。每次洗澡的时间宜在两次喂乳之间,避免婴幼儿喂奶前过度饥饿或奶后洗澡发生溢奶。对于睡眠不太好的婴幼儿可在晚上睡觉前洗,有助于婴幼儿睡眠安稳。沐浴时避免对流风;室温宜为 26～28℃,若为新生儿,则室温宜为 27～29℃。如室温过低,可用电暖器加热增温;为防止湿滑跌倒,可以事先在地面放置一块吸湿的地垫。洗澡水温宜为 35～40℃。先放冷水,然后再放热水调试,用水温表或成人手肘部位浸入水中测温,以肤感不烫不冷为宜。

沐浴前要准备相应的沐浴用品,首先准备塑料浴盆,0～6 个月的婴幼儿可以使用人体工学浴盆,能使婴幼儿非常舒适地躺或坐在浴盆中,避免婴幼儿不小心滑入水中确保安全。此外要准备大浴巾一块,小毛巾两块(一块洗脸、一块洗臀部);婴儿专用的洗发液、沐浴露、润肤露,夏季还可准备痱子粉或爽身粉;水温计 1 支;干净衣服、尿布如脐痂未脱落,还要准备 75％酒精、消毒棉签。

沐浴时可以先给婴幼儿把尿,然后给婴幼儿脱衣服,去掉尿布,露出全身,裹上浴巾。大人用左臂和身体轻轻夹住婴幼儿,左手托住婴幼儿的头部,并用左手拇指、中指从耳后向前压住耳郭,使其反折,以盖住双耳孔,防止洗澡水流入耳内,清洗面部和头部。去掉浴巾,先将婴幼儿脚部放入水中,适应水温,然后将其全身放入盆中,头部露出水面。枕在保育人员左臂上;用清水打湿婴幼儿的上身,右手用洗脸的小毛巾蘸上少许沐浴露,让婴幼儿头微微后仰,然后清洗颈部、前胸、腋下、腹部、手臂上下、手掌。注意皮肤皱褶处,如大腿根部、腋下等的清洗,然后用清水将泡沫冲洗干净。用洗臀部的小毛巾蘸少许浴液清洗婴幼儿的腹股沟和会阴部,换右手托住婴幼儿的左手臂,让婴幼儿趴在右手臂上头部露出水面,洗背部、臀部、下肢、足部。用清水将婴幼儿的全身再冲洗一遍后,将婴幼儿抱出浴盆,用大浴巾将全身擦干,将婴幼儿放在铺有干净床单的床上或桌子上,盖上小被子。需要注意的是,在整个沐浴过程中,保育人员在任何情况下都不得离开放任婴幼儿独立待在浴盆中,以免造成无法挽回的后果。

洗澡时间不宜过长,建议 5～10 分钟,为防止烫伤,洗澡时水温最高不能高于 41℃,并注意远离热源,如热水管、热水龙头、热水器及电暖气等。婴幼儿浴盆要远离电源,浴室内的电器、电插销、插座电线不能漏电,以免引起触电。

沐浴后可对婴幼儿进行一定的护理,冬天可为婴幼儿全身涂抹婴儿润肤露(油),夏天出汗多时可涂爽身粉或痱子粉,有湿疹的婴幼儿在湿疹部位涂抹湿疹膏,然后给婴幼儿穿上衣服,防止着凉。新生儿可以做抚触,稍大的婴幼儿可按年龄做被动操、主被动操等健身操。检查婴幼儿耳孔有无分泌物,若有则轻轻用棉签清除。新生儿脐带 7～10 天会自然脱落,脱落前,要将脐带残端提起,用棉签蘸取 75％的酒精顺时针或逆时针转动一周清理根部。脐带脱落后,有少许黏液或血迹,也用 75％的酒精涂抹消毒,直到干燥为止。以免处理不当,引起脐炎。

2. 婴幼儿盥洗过程中的检查与指导

集体保育机构中，在盥洗前保育人员要强调纪律要求、卫生要求及注意事项，可分小组进行盥洗，保育人员从旁观察，协助对个别卷不上衣袖、不会洗手的婴幼儿应给予帮助，及时制止部分婴幼儿玩水、打闹，在盥洗结束后加以检查，对完成好的婴幼儿应进行表扬，对完成不佳的婴幼儿进行纠正指导和鼓励。保育人员应培养婴幼儿勤洗手、早晚刷牙、勤沐浴、勤换衣、勤剪指甲、勤剪发的卫生习惯。

（五）婴幼儿的着装保健

婴幼儿衣着选择的主要原则是安全、舒适、方便、保暖、美观，宜选用吸湿透气性强的纯棉的面料，选择简洁、方便穿脱的款式，大小宽松适度、色彩鲜艳，充满童趣。上衣以圆领或翻领为佳，衣袖长度适当，尽量不要选喇叭袖，相比拉链，前襟处为衣扣的更佳，衣扣应光滑无棱角，以免划破婴幼儿皮肤，少用抽绳、别针、塑料或金属的装饰，以免对婴幼儿造成意外伤害。裤子宜选用松紧的束腰裤或背带裤，长短和宽窄适中，男婴前开口不应有拉链。婴幼儿最好穿大小适中、软硬适度、轻便舒适、透气性好、防滑的鞋子，鞋子最好是一脚蹬或粘扣，方便穿脱。

在婴幼儿上幼儿园前保育人员应训练婴幼儿掌握独立穿脱衣裤、鞋袜的方法，为入园做好准备，例如穿脱衣物的正确顺序；能正确区分衣裤的正反面、前后面，鞋袜的左右脚等。

三、婴幼儿日常活动的保育

活动特别是户外活动能促进婴幼儿的体格发育，增强体质，提高对疾病抵抗力，也可以帮助婴幼儿开阔视野、养成积极、开朗的性格，增进婴幼儿的人际交往，为婴幼儿社会性的进一步发展奠定基础。

保育人员应根据婴幼儿的发展现状设计相应的活动，如对 0～3 个月的婴幼儿可以进行抬头练习、转头练习、足蹬练习、翻身练习等大动作的练习和手部抓握的精细动作练习，而对 7～9 个月的婴幼儿则可进行爬行的大动作练习和捏取小物品、传递玩具的精细动作练习。在户外活动的时候，保育人员可以有意识地促进婴幼儿与其他婴幼儿的交往，如携带玩具、小零食等，让婴幼儿与其他小朋友分享、交换，鼓励婴幼儿主动迈出人际交往的第一步，使婴幼儿从小具有与人交流、沟通的意识和技巧。

无论是室内活动还是户外活动，在进行活动时保育人员要了解婴幼儿的发展现状、尊重婴幼儿的意志，不强迫、不急于求成，如不强迫婴幼儿进行力所不及的活动，不强迫内向的婴幼儿主动与人交流，而应耐心地逐步引导婴幼儿。婴幼儿进行活动时，保育人员应确保婴幼儿安全，在活动前仔细检查活动场地的安全性，如地面是否平整、是否有尖角、碎石、玻璃状活动器械是否存在安全隐患，在活动过程中应时刻关注婴幼儿表现，当出现危险或困难时要及时予以干预和帮助，但也要避免过度保护、限制婴幼儿的正常活动。同时要根据天气、活动剧烈程度，及时为婴幼儿擦拭汗水、增减衣物，或在婴幼儿背部贴身放置吸汗巾，避免着凉感冒。此外，保育人员应及时给婴幼儿补充水分和食物，有意识地调节活动的时间、剧烈的程度，避免婴幼儿由于过度活动而疲劳甚至影响休息。

任务三 掌握婴幼儿常见身体疾病的保育和心理问题行为预防及干预

案例导入

小王今天发现平时很活泼的天天小朋友今天没精打采,大器械活动时连最喜欢的滑梯都没有玩。小王走过去问天天:"天天,你怎么啦?哪里不舒服吗?"天天说不清楚。李老师看到了,走过来摸了摸天天的额头,说:"天天发烧了。"李老师立即打电话让家长把天天接回去,并建议家长带天天去医院检查一下。下班的时候,李老师建议小王去了解一下婴幼儿常见疾病,以后在工作中会发挥作用的。

案例思考

1. 保育人员要怎么发现婴幼儿的疾病?

2. 常见的婴幼儿的身体疾病有哪些?

3. 除了身体疾病,婴幼儿的"心"也会生病吗?会生什么病?

一、婴幼儿常见的身体疾病的保育

(一)缺铁性贫血

缺铁性贫血是常见的一种贫血,主要病因是铁元素摄入不足。处于生长发育期的婴幼儿、青少年和孕妇及经期、哺乳期女性对铁的需求量较大,铁丢失过多,如消化系统长期隐性出血可导致铁丢失。2岁以下的婴幼儿,尤其是早产儿、双胎儿的缺铁性贫血发病率更高。缺铁性贫血的患儿早期症状不明显,后逐渐出现脸色蜡黄或苍白,口唇发白,指甲变形,精神不振,抵抗力较弱,很容易患感冒、消化不良、腹泻等症状。较大的幼儿还可能自述疲乏无力、头晕耳鸣、心慌气短,病情严重者还可出现肢体水肿、心力衰竭等症状。

要预防婴幼儿的缺铁性贫血,应注意补铁,让婴幼儿多食用含铁的食物,如动物肝脏、猪肉、动物血、海鲜、豆类、绿叶蔬菜、葡萄干等,补充富含维C的食物,如西兰花、柑橘类水果、西红柿等,促进铁元素的吸收。注意避免同时食用补铁剂和茶、咖啡、牛奶,以避免影响铁的吸收。

(二)维生素 D 缺乏性佝偻病

维生素 D 缺乏性佝偻病是由于维生素 D 缺乏引起的磷代射失常症,是小儿常见的慢性营养性疾病,病因多为围生期维生素 D 不足、日照不足、食物中摄取的维生素 D 不足、婴幼儿生长发育过快、消化系统疾病影响维生素 D 的吸收等。罹患维生素 D 缺乏性佝偻病的初期症状主要是多汗、枕秃、易烦不安。随着病情加重,还会出现肋骨下缘外翻、鸡胸、"O"形腿、方颅、囟门闭合延迟等症状,同时还会出现抵抗力低下,大脑发育迟滞等其他疾病。保育人员应给患儿补充维生素 D,增加外出晒太阳,并均衡营养,多吃牛奶、豆制品、蛋黄、肝等含维生素 D 和钙比较丰富的食品。在预防方面,要对处于生长发育旺盛期的婴幼儿定期检测维生素 D 水平及早干预。

（三）上呼吸道感染

上呼吸道感染（简称上感,又称感冒）,是鼻咽喉上呼吸道急性炎症的统称,其主要病因为鼻病毒等病毒引起,着凉、过度疲劳、免疫功能下降、环境空气质量差,也是诱发上感的常见诱因。症状包括以流鼻涕、打喷嚏、鼻塞为主的鼻部症状,以咽部充血肿胀、发炎为主的咽部症状,以声音嘶哑、咳嗽为主的喉部症状,畏寒乏力,头痛发烧、肌肉酸痛、食欲不振等全身性症状。婴幼儿因咽鼓管生理构造往往会引起中耳炎。上感通常病程较短,一周左右可治愈。中药相比西药更对症,如果婴幼儿发烧达 38.5℃以上,可据医嘱服用美林、布洛芬混悬液等退烧药;如果婴幼儿体温在 38.5℃以下,可以擦身、贴退烧贴等方式物理降温。患儿的家庭护理方面主要是多喝水、进流食、卧床休息,勤通风,保持室内空气新鲜。

在预防方面,保育人员应根据天气变化,及时为婴儿增减衣服,沙尘天气尽量不要外出;冬春交替、感冒流行时,应尽量少带婴幼儿去密闭的如超市、室内游乐场等公共场所;外出佩戴口罩,外出归来要洗手,条件许可要洗鼻。平时注意营养充分、锻炼身体,增强免疫力。

（四）支气管炎

支气管炎是由生物、物理、化学等致病因素引起的支气管黏膜炎症。冬春换季的时节高发,是老年人和婴幼儿的常见病,其主要致病原因是病毒感染,肺炎支原体和衣原体也会引起本病。冷空气、粉尘、烟雾、花粉,细小的毛发均有可能诱发本病。主要症状为咳嗽,急性支气管炎起病急伴有发烧,慢性支气管炎起病慢,但病程长,在治疗方面以抗病毒、止咳化痰的药物为宜。

居家护理方面,照料者应遵医嘱给患儿按时用药,注意保暖,根据气温变化及时给患儿增减衣物,睡眠时要给患儿盖好被子;给患儿多喂水。不喜白开水的,可用糖水或糖盐水代替;膳食方面以清淡、营养充分均衡、易消化吸收的半流质或流质饮食为宜,不要给患儿进食腥膻的食物和辛辣刺激的食物,如鱼、虾、海产品;多给患儿拍背便于将痰咳出,患儿发烧时根据热度进行药物降温或物理降温。营造良好的室内环境,常开窗通气,及时清洁室内的灰尘污垢,保持室内适宜的温度和湿度。

（五）小儿肺炎

由病毒或细菌引起的小儿肺炎,是我国 5 岁以下儿童死亡的主要病因。通常为细菌、病毒经呼吸道侵入肺部造成,空气污染、吸烟或二手烟都会诱发肺炎。婴幼儿肺炎典型症状为气息短促、咳嗽、发热、呼吸困难、精神萎靡,有的婴幼儿还会出现拒食、嗜睡等症状。肺炎的发病可急可缓,一般多在上呼吸道感染数天后发病。体温可达 38~40℃,有的患儿会出现呕吐、腹痛、腹泻等消化道症状,有的患儿会出现心率加快、口唇青紫、四肢水肿、心力衰竭等循环系统症状,有的患儿甚至会出现烦躁、意识障碍等神经系统症状。肺炎一年四季均可发病,冬春季节高发,但南方有些地区在潮湿炎热、病菌滋生的夏季也会发病。

预防肺炎可以从加强营养、锻炼身体、增强体质着手。要经常开窗通风,室内禁止吸烟,清除室内尘螨,在冬季和春季尽量减少带婴幼儿出入人口密集的公共场所。

肺炎的治疗方面主要是对症下药,居家护理应多喝水、多休息、勤通风、拍背祛痰,膳食以清淡的流质、半流质为宜。

(六)便秘

便秘的患儿排便次数减少,粪便干燥,有排便困难和肛门疼痛。配方奶粉喂养的婴幼儿便秘发病率高于母乳喂养的婴幼儿,有的婴幼儿在换乳期也会出现便秘现象。

便秘的患儿可以多饮用白开水,进食含有膳食纤维的果汁、菜汁或蔬菜水果来缓解,也可以通过顺时针按揉腹部,促进肠道蠕动,缓解便秘症状,对于特别严重的可以用开塞露或肥皂头来通便。

(七)冻疮

冻疮是在寒冷的冬季常发的皮肤疾病,大多发生于手脚、耳郭等肢体末端。冻疮主要是由于肢端末端的血液循环不佳或堵塞导致,最初是皮肤出现红色小块,在温暖环境中红色小块部位发痒,随着炎症加重,局部肿胀,甚至破溃流血,患儿常忍不住抓挠患处。一般温度升高,冻疮会自行消失,也可以涂抹冻疮膏来缓解症状,加快痊愈。冻疮来年易复发。冻疮预防和护理应注意保暖,特别是北方幼儿外出时应戴上帽子、手套、口罩,做好防寒保暖工作,多锻炼身体,促进血液循环。

(八)尿布皮炎

尿布皮炎是尿布区皮肤的一种炎症,也称尿布疹。婴儿红臀表现为臀部与尿布接触区域的皮肤发红发肿,出现水疱,甚至出现糜烂溃疡及感染。婴幼儿排尿次数和数量较多,尿液中含有尿素会产生氨,如果尿布尿不湿不能及时更换,臀部潮湿,再加上反复与尿布、尿不湿摩擦就会引起尿布疹。

预防和护理尿布皮炎最重要的是勤换尿布和尿不湿,保持婴儿外阴部、臀部干燥,尿布要清洗干净,每天消毒,切不可用肥皂水、热水清洗婴幼儿臀部,如果皮疹严重,必须遵医嘱涂抹鞣酸软膏等外用药。

(九)小儿湿疹

小儿湿疹是一种变态反应性皮肤病。2~3个月的婴幼儿是发病主要人群,一岁以后病情逐渐减轻,但仍会因天气、食物等因素反复发作。特别是过敏体质患儿,一般来说随着年龄的增长,发病率会逐渐降低。

小儿湿疹的病因较为复杂,内因方面包括先天遗传的过敏体质、屏障保护功能较差的婴幼儿皮肤生理构造。外因包括进食了致敏食物,如海鲜、鱼虾、鸡蛋、牛奶、花生等;婴儿贴身衣物使用了不适合婴幼儿接触的洗涤用品;婴幼儿使用的洗发水、沐浴露、护肤品、肥皂等含有致敏刺激性成分；室内空气较差，尘螨、花粉等较多；气候因素，如天气炎热潮湿。

小儿湿疹可以分为三类：脂溢性，出生后1～2个月婴儿多发，在额面部常见红色斑片，渗液结痂后形成黄色鳞屑，颈部、腋下、腹股沟因摩擦较多常有轻度糜烂。干燥型，常见于1岁以上的婴幼儿，皮肤干燥呈红色，无渗液，但有脱屑和结痂，常常会反复发作难以痊愈。渗出型，常见于肥胖或消化不良的3～6个月婴儿，皮肤出现红色丘疹、红斑、水疱、破溃、糜烂等，因瘙痒难耐，婴儿常用手抓挠，若不及时医治，会引发感染。

小儿湿疹的症状表现因类型不同而不同，一般来说，主要症状为红斑、丘疹、水疱、瘙痒，反复发作，婴幼儿情绪烦躁，睡眠不安、常哭闹。病程可分为急性期、亚急性期、慢性期。急性期常见对称分布的丘疹、水疱、红斑、瘙痒，有破溃和渗液，干燥后结痂。亚急性期渗液、红肿结痂，症状缓解，皮肤以小丘疹为主，有白色鳞屑，少许疱疹和糜烂面，瘙痒减轻，但病程持续时间长。慢性期反复发作，出现皮肤粗糙，表面增厚，色素沉着，可见结痂和苔藓样变。腋窝、小腿、手足部位可以阵发性瘙痒症状，可持续数月至数年。

小儿湿疹的居家护理方面，应注意开窗通风，保证室内清洁凉爽，定期为婴幼儿洗澡擦拭身体，婴儿的床上用品、毛绒玩具要定期清洗消毒，婴儿的衣服选择全棉透气、颜色淡雅、宽松舒适的衣物。在膳食方面，在饮食均衡充足的前提下，禁食易致敏的食物和辛辣刺激的食物，遵医嘱使用药物。

（十）痱子

痱子又称汗疹、热痱，多发生于夏季或湿热环境中，是因汗腺导管堵塞引起汗腺周围发生炎症而致的皮肤病。一般痱子发生在出汗多的部位，如颈部、额部、胸部、背部等，如果抓挠引起皮损，受到感染就会变成痱毒，主要表现为皮肤发红，出现针头大小的红色丘疹或丘疱疹，密集成片，患儿感到刺痛、发痒。

首先，预防痱子要保持婴幼儿皮肤的清洁和干燥。勤洗澡，夏天可每天洗2～3次澡，洗澡水中可放入风油精、十滴水、金银花水等，洗完擦干，在空气中风干一会可涂抹痱子粉，然后为婴幼儿穿上全棉衣物。

其次，应限制婴幼儿室外活动，夏季早晚气候凉爽，可在上午8—10点，下午5点以后外出活动，室内打开空调或风扇保持通风。婴幼儿可多饮凉开水，可以冲泡清热解毒的菊花茶、金银花等，或饮用绿豆汤解渴解暑。

如果婴幼儿已经长痱子，保育人员可在婴幼儿洗澡后在局部涂抗生素软膏，但要禁止使用含矿物油的乳膏等。另外要剪短婴儿指甲或套上保护套，以免抓破皮肤引起感染。如果痱毒严重，或出现发热、全身不适，应立刻上医院治疗。

（十一）中耳炎

中耳炎是发生在中耳部位的感染，一般因病毒或细菌引起，中耳炎好发于儿童，2岁和5岁是发病高峰期。中耳炎的病因一是因为婴幼儿的咽鼓管位置呈水平状，且较宽、直、短，当婴幼儿患上呼吸道感染时，鼻咽部的细菌或病毒容易通过咽鼓管侵入中耳，引起急性化脓性中耳炎。此外，若洗头时污水流入耳内，或喂奶时乳汁进入中耳，或婴儿仰卧哭泣泪水流入耳内；保育者给婴幼儿挖耳朵，不小心刺伤了耳内的皮肤黏膜等情况，均可能引起中耳感染发炎。

中耳炎的典型症状为疼痛,会讲话的婴幼儿会口述表达,不会讲话的婴幼儿则会摇头、用手抓、拍感染发炎的一侧耳部,如病情严重引起鼓膜穿孔,耳道内会有脓性分泌物流出,患儿出现听力下降,中耳炎还会引起发热、呕吐等全身症状。

因中耳炎的发病与感冒有关,所以预防应以增强体质、避免感冒为主。若婴幼儿感冒了,则要注意擤鼻涕时要轮流按压一侧鼻翼擤鼻涕,以免病毒和细菌经咽鼓管进入中耳。此外喂奶时要让婴幼儿靠坐在成人怀中,洗头时使用食指、中指将婴幼儿耳郭反向向前按压,盖住耳道,洗完头及时用干净棉签吸干耳道内水分。

中耳炎主要治疗方案是选择有效的抗生素药物,可口服红霉素、头孢或输液,用药 1 周,急性期可加地塞米松,用药 3 天。此外,还可用氧氟沙星等进行耳部局部用药。

(十二)龋齿

龋齿即蛀牙,是牙体的硬组织遭到细菌的破坏而造成的一种疾病。5~8 岁是儿童龋齿发病的高峰期。龋齿的形成是一个长期的过程,要经过从牙菌斑到龋齿洞的一个缓慢变化过程。龋齿发生的原因主要有:婴幼儿乳牙牙釉质薄脆,更易被腐蚀,牙齿排列不整齐,增加龋齿风险,喜食糖果、饼干等甜食,特别是婴幼儿喜食夜奶,残留奶液与口腔中的酶形成酸性物质腐蚀牙釉质;口腔卫生习惯不好,饭后不漱口,睡前、晨起不刷牙,或刷牙不仔细、敷衍了事。龋齿的症状是牙齿酸痛,有黑色龋洞,进食冷热酸甜食物则酸痛更明显。龋齿的治疗方式是修补龋洞,如有炎症服用消炎止痛药物。

龋齿的预防可以从饮食和口腔卫生两方面入手,在饮食上要少吃或不吃糖果、巧克力、饮料等甜食,多吃膳食纤维含量丰富的食物。在口腔卫生方面,从婴幼儿乳牙萌出开始,成人就要为婴幼儿刷牙,一般一岁半左右开始训练婴幼儿刷牙,选择含氟可吞咽的儿童牙膏和柔软刷毛的婴儿牙刷,磨牙等不易刷的部位可使用牙线,进食后养成清水或淡茶叶水漱口的习惯。

(十三)手足口病

手足口病也被称为手足口综合征,是由肠道病毒引起的急性出疹性传染病,5 岁以下儿童易感,可以起发热和手足、口腔等部位的皮疹、皮疹、溃疡,少数患儿可引起心肌炎、呼吸道感染、无菌性脑膜炎等并发症,个别重症病程进展很快,可导致死亡。

手足口病的传染源是患者和隐性患者,感染者的唾液、疱疹液、鼻涕、粪便中的携带病菌,在湿热的环境下更易繁殖传播。我国北方每年 7 月是手足口病高发期,5 月、9 月和 10 月是我国南方的高发病期,手足口病主要是通过人群间的密切接触进行传播的,接触被病毒污染的物品,或和患儿进行握手等均可引起感染,空气飞沫也可经呼吸道传染,进食被污染的食物也会引起感染。此病潜伏期 2~10 天,有低热、食欲下降、疲乏、腹痛等前驱症。发烧 1~2 天后口腔、黏膜会出现水疱,由于疼痛,婴幼儿常流涎和拒食。同时手足臂也出现疱疹,红色斑丘疹。有的患儿无皮疹。一般经过良好护理,全病程约 1~2 周,多数可自愈,预后良好。

手足口病的治疗原则主要是降温、镇静、防止高热惊厥。可以饮用清热解毒的中草药,保持皮疹部位清洁,避免细菌的继发感染;为缓减进食疼痛,可给予易消化的流质,饭后漱口;局部可以涂抹金霉素眼药膏,使糜烂面早日愈合;还可口服 B 族维生素,如维生素 B2 等;若伴有发热时,可以服用一些清热解毒的中药。

在预防方面,幼托机构要做好晨间体检,发现疑似患儿及时隔离治疗;被污染的日用品及食具等应消毒,衣物置于阳光下暴晒,物品用含氯消毒剂浸泡。室内保持通风换气;做好环境卫生、食品卫生和个人卫生;外出归来,饭前便后要洗手,预防病从口入;流行期保育者尽量少让婴幼儿到拥挤空气不流通的公共场所,减少被感染的风险;注意婴幼儿的营养、休息,适度锻炼,增强体质同时提高免疫力;医院加强预诊,设立专门诊疗室,严防交叉感染。

（十四）流感

流行性感冒简称流感,是由流行性感冒病毒引起的急性呼吸道传染病,属于丙类传染疾病,冬春季节常见,传染性强、传染迅速、发病急、变异多。伴有高热、头痛、咳嗽、全身酸痛、疲乏无力等全身中毒症状,呼吸系统症状轻较。

流行性感冒病毒有甲、乙、丙三型。每一型中又包括多种亚型,目前感染较多的主要是甲流和乙流,流感病毒对热和紫外线、酒精、碘伏敏感。

所有人群都是流感易感人群,5 岁以下儿童是重症流感的高危人群。接种流感疫苗是预防的最有效手段,一般需要每年秋季接种一次,接种后保护期 8～10 个月,流感以呼吸道传播为主,但接触了被污染的物品也会被传染。

流感潜伏期为 1～7 天,病程通常 4～7 天,患儿会出现 39～40℃的高烧,伴有寒战、畏寒头痛、四肢酸痛,有时可有鼻塞、流涕、咽痛、咳嗽等局部症状。婴幼儿会出现恶心、呕吐、腹泻等消化系统症状,新生儿可出现拒奶、嗜睡等症状。

预防流感最有效的办法是提高机体的抵抗力和对流感病毒的免疫力,接种流感疫苗是最有效的方法,如有患者要尽早隔离。此外,要注意防寒保暖,及时添衣,防止受凉;做好室内外环境卫生,经常开窗换气,保持空气清新;流感高发季节出门要戴口罩,尽可能少去人群密集的公共场所。从外面回到家中或办公室,首先应用肥皂、洗手液洗手,用流水冲洗,减少手传播病毒的机会。

患儿应尽早隔离治疗,充分休息,避免与他人密切接触;患儿的居室应阳光充足,经常通风换气;让患儿多饮白开水,摄入富有营养且易消化的食物,注意保持口腔、鼻咽部卫生。如果患儿发烧,应服用退烧药或物理降温,咳嗽严重的话服用化痰止咳的药物。

二、婴幼儿常见的心理问题行为的预防和干预

（一）偏食

偏食是指不喜欢或不吃某一种食物或某一些食物,是一种不良的进食行为。偏食人群主要以婴幼儿为主。婴幼儿偏食可能因为缺乏钾元素,也可能因为受父母影响,从心理上抗拒某一类食物。偏食会导致婴幼儿营养摄取不均衡、不充分,导致婴幼儿体质下降,发育迟滞。

偏食的矫治可以补锌,也可以进行心理治疗,家长劝说,示范进食婴幼儿厌恶的食物,

鼓励表扬婴幼儿均衡进食的行为。家长也可以在烹饪方法上下功夫,改善食物的色香味形,激发婴幼儿的食欲。

(二)屏气发作

屏气发作俗称"大憋气",又称儿童愤怒惊厥,是婴幼儿时期常见的发作性神经官能症,多见于2~3岁儿童,6个月前及6岁后患儿较少见。每当婴儿受到物理因素(如疼痛)或情绪刺激后(如痛苦恐惧、发怒或受到挫折)即哭叫,在过度换气之后接着是屏气,呼吸暂停,口唇发紫,四肢强直,严重者可以暂时意识丧失(昏厥)及四肢肌肉阵挛性抽动。屏气全过程约1分钟;然后全身肌肉放松,出现呼吸,大部分婴幼儿神志恢复,也有立即入睡的。屏气发作的原因除与情绪有关外,也与机体缺铁有关;发病的婴幼儿中有相当一部分的病例同时有缺铁性贫血。发作次数不定,严重者每天数次(只要有刺激因素即可诱发)。屏气会随着年龄增长逐渐减少发作。本病一般不需药物治疗,患儿发作时家长不必惊慌失措,患儿可自行恢复。若屏气发作时间过长,会造成脑部缺氧,可以掐人中、印堂、合谷等穴位,使其尽快恢复。屏气发作的矫治在于正确的教育,成人应对婴幼儿宽严相济,不得过于溺爱,解除引起患儿精神紧张和冲突的因素,尽量避免突发的意外刺激。

(三)分离性焦虑

分离性焦虑是指6岁以下的婴幼儿在与家人,尤其是母亲分离时,出现的极度焦虑反应。男女儿童均可得病,与患儿的个性弱点和对依恋对象特别是母亲的过分依恋有关。为分离性焦虑的婴幼儿与所依恋的亲人(尤其是母亲)分离时,深感不安,会出现过分焦虑情绪。许多患儿甚至常常无根据地担忧或害怕亲人可能会离开自己,发生危险或意外,或遭到伤害,担心自己会大祸临头或被拐骗等,因此不愿意离开亲人。当预料即将与亲人分离时,马上会出现过度的哭叫和吵闹,或出现淡漠、退缩。如果勉强或者强迫送他去托儿所或幼儿园,患儿常哭闹、挣扎不安,拒绝与其他小朋友玩耍,拒绝教师的接近与照顾,对新环境、新玩具不感兴趣,甚至不吃不睡(一般超过2周以上)。部分患儿还会出现恶心、呕吐、头痛、腹痛等症状。病程可持续几个月,甚至几年。

防治儿童分离性焦虑要培养孩子的生活自理能力;扩大孩子的接触面,要让孩子尽量多接触家庭以外的小朋友和大人,拥有多个伙伴;培养孩子与陌生人打招呼的习惯,以克服孩子在陌生环境里的恐惧感;家庭成员应参与矫治,统一对待孩子的态度,调整家庭教养方式,改善家庭气氛和环境;对于个别有严重焦虑症状、影响饮食和睡眠、躯体症状明显的患儿,可考虑使用抗焦虑药物进行治疗,但要注意药物不良反应,如有问题要及时就医。

(四)恐惧

恐惧是因为婴幼儿无法将现实和想象分开,将一些想象中的可怕场景如噩梦等误认为现实而产生惊惧。一般来说,婴幼儿恐惧的对象可以是某些具体的事物,如毛绒玩具等,也可以是某些抽象的概念。要矫治恐惧,可以与婴幼儿一起谈害怕的事物;避免恐吓婴幼儿使他顺从;采用角色扮演等游戏的方法让婴幼儿表达恐惧;解决恐惧产生的根源;不要强迫婴幼儿去面对恐惧;用事实、科学等去解释恐惧的原因。

（五）言语发育延迟

言语发育延迟是指婴幼儿不能在预期发育年龄达到应有的言语发育阶段，一般认为18个月不会讲单词，30个月不会讲短句者均属于言语发育延迟。还有一些已获得语言能力的孩子，因为心理创伤、极度恐惧等精神因素的影响，在某些特定场合保持沉默不语，如在学校里不讲话，但在家里讲话，这种心理问题多在3～5岁时起病。言语发育延迟的婴幼儿喜欢用手势来表达自己，如想外出就用手指屋外。

言语发育延迟的病因多种多样，有器质性因素，如耳聋、脑性瘫痪、精神发育迟滞或婴儿孤独症等；有心理社会因素，例如隔绝、孤独引起的。婴幼儿掌握语言的关键是与人交流，所以在婴幼儿言语发育的关键时期如果缺乏社交接触，缺乏与成人的言语交流，也就得不到训练的机会，这种情况常见于亲子关系冷漠的家庭；还有一种是性格因素，如那些性情文静、内向羞怯的婴幼儿通常说话较迟。

防治言语发育延迟，首先要为婴幼儿提供适当的语言环境，特别是对患儿，保育人员和教师要有耐心，循序渐进地引导孩子练习讲话，有计划、有步骤地进行言语训练，如由器质性因素引起的言语发育迟滞，应尽早查清病因，由专科医生进行治疗。

（六）口吃

口吃俗称"结巴""磕巴"，是一种言语障碍，表现为讲话过程中频繁地与正常流利的人在频率和强度上不同，且非自愿的重复（语音、音节、单词或短语）、停顿、拖音等。它也包括言语前的反常犹豫或停顿（被口吃者称为"语塞"）和某些语音的拖长（通常为元音）。口吃的许多表现不能被他人观察到；这包括对特定音素（通常为辅音）、字和词的恐惧，对特定情景的恐惧、焦虑、紧张、害羞和言语中"失控"的感觉。口吃的病因很复杂，与心理、性格、家庭环境、不限言语习惯，神经发育，用药等因素均有关联。

患儿常常表现为：在每一百个音节中有三个及以上的口吃性不流畅（如"这—这—这"）；说话时面部、颈部肌肉紧张，神情紧张，气息憋闷或者语音和说话带有意想不到的声调上升或者延长；在表达过程中，会不自觉的产生点头、眨眼、拍腿、跺脚等伴随动作；出现逃避在人前讲话的反应，或者不愿表达的意愿明显，看起来非常沮丧。

口吃的矫正，虽然还处在探索阶段，但是也诞生了许多有一定效果的矫正方法，其中影响力比较大的是发音法、呼吸法、森田疗法、突破法。发音法就是在每句话的开始要轻柔地发音，来改变口吃者首字发音经常很急很重的特点。并放慢说话的语速，一开始时一分钟60～100字，远低于常人每分钟200字的正常语速。这样有两个效果，一是慢速有利于缓解紧张，使心态平静；二是有一种节奏感。这两点都能有效地减少口吃。口吃者在朗诵和唱歌的时候不口吃，就是因为有一种稳定的节奏感在里面。呼吸法提倡腹式呼吸法。深呼吸能使肌肉获得适当的运动和协调，能松弛与缓和身体各部位和颜面肌肉的紧张状态，能逐渐消除伴随动作。深呼吸能影响人的情绪，能缓和激动的情感。突破法就是指把口吃患者组织在一起或单独到人群密集的地方去演讲、唱歌，逐步克服说话的恐惧心理。森田疗法是治疗精神病症的方法，核心思想是"顺其自然，为所当为"。放弃口吃的治疗，接受口吃，做自己应该做的事情，能有效缓解口吃患儿的心理压力，无为而治，不治而愈。

（七）孤独症

孤独症即自闭症，是最常见、最具有代表性的广泛性发育障碍，近年来孤独症发病率有逐年升高的趋势。孤独症婴幼儿期即可发病，男孩的发病率高于女童，可达女童的 3～4 倍。

目前医学界对孤独症的致病原因、机制尚无明确的定论，但普遍认为孤独症与遗传、感染、免疫、孕期不利因素有关。据统计，孤独症遗传度高达 80%～90%。孕期和出生后的免疫功能异常和神经炎症反应也会导致孤独症。高龄孕妇、受孕时父亲年龄较大或孕期女性有先兆流产、吸烟、病毒感染、服用药物等，以及出生时新生儿缺氧或窒息的，有可能导致孤独症。

孤独症大多发病于 3 岁前，有三大典型症状：社会交往障碍、交流障碍、兴趣狭窄和刻板重复的行为方式。孤独症患儿在社会交往方面存在质的缺陷，他们对人际交往缺乏兴趣，回避与他人的目光接触，对他人的声音没有反应，抗拒他人的接近，不能与同龄儿童建立伙伴关系，无法理解他人的情感，不愿向他人倾诉倾诉自己的感受，不懂社交技巧和规则，无法调适自己的社交行为。孤独症患儿的言语和非言语交流均存在障碍。言语交流障碍主要表现为理解力和表达能力受损、言语形式和内容异常的。在非言语交流障碍方面主要表现为缺乏表情、动作或以呼叫表达不适和需要。孤独症患儿兴趣狭窄，行为刻板重复，常会出现刻板重复的动作和怪异行为。有的患儿还会出现精神发育迟滞、癫痫或在某方面有超乎常人的天分。

目前孤独症尚无特效药，早发现、旦诊断、早干预尤为重要。目前孤独症的治疗中以教育干预、行为矫正、技能训练、药物（补充剂）治疗、综合干预为主，着力于培养患儿的生活自理能力，改善其生活质量，尽可能使其具有独立学习和生活的能力。

拓展阅读：《浅谈婴幼儿的心理护理》

同步实训　婴幼儿一日作息安排

1. 实训目的

加深学生对婴幼儿保育的认识。

2. 实训安排

（1）学生就婴幼儿一日作息设计作息制度。

（2）分析并体会日常起居各项内容的安排及其原因。

3. 教师注意事项

（1）由育婴师考证的具体考题导入对婴幼儿作息制度的学习。

（2）提供一些简单案例，供学生讨论。

4. 资源（时间）

1 课时、参考书籍、案例、网页。

5.评价标准

表 现 要 求	是否适用	已达要求	未达要求
外在表现（参与度、讨论发言积极程度）			
作息制度制作的完成与合理程度			

教学做一体化训练

一、重点名词

早教中心环境　婴幼儿常见的身体疾病　婴幼儿常见的心理问题行为

二、课后讨论

1.如何创设早教中心的环境？

2.如何合理安排婴幼儿的日常起居活动？

3.如何判定婴幼儿罹患何种身体疾病？

4.如何对婴幼儿常见的疾病进行保育？

5.如何预防和干预婴幼儿常见的心理问题行为？

三、课后自测

上网搜索育婴师考证中关于婴幼儿保育的理论、实操的模拟题和真题，进行练习、试做。

课 后 推 荐

图书

1.金扣干，文春玉.0～3岁婴幼儿保育[M].上海：复旦大学出版社，2012.

2.藤森平司.守护型婴幼儿保育[M].孔晓霞，译.北京：当代中国出版社，2013.

3.珍妮特·冈萨雷斯·米纳，黛安娜·温德尔·埃尔.婴幼儿及其照料者[M].张和颐，张萌，译.北京：商务印书馆，2016.

4.王波.婴幼儿保育基础教程[M].北京：中国物资出版社，2016.

模块十一
回应性照护

学习目标

- 识记：回应性照护的内涵和在儿童早期发展中的重要性。
- 领会：回应性照护的定义；贯穿于婴幼儿养育中的回应性照护。
- 理解：回应性照护的主要理论依据。
- 应用：能够根据各年龄段的婴幼儿发展需求开展回应性照护，并能够融于日常养育照护工作中。

模块描述

本模块主要了解回应性照护的理论基础，理解回应性照护内涵以及对儿童早期发展的重要性，掌握各年龄段婴幼儿回应性照护的要点及回应性照护实践。

思维导图

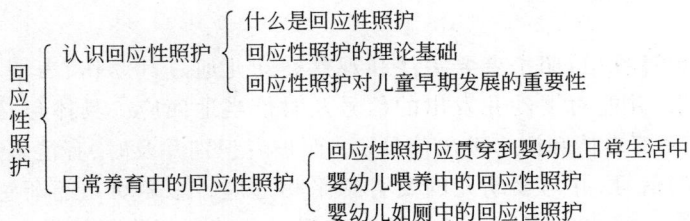

任务一　认识回应性照护

案例导入

豆豆是一个 8 个月的婴儿，正坐在地板上，伸出小手拨弄周边的玩具，豆豆的尿裤已经有 2 小时没有换了，离得近一些的话，可以看到尿裤颜色带显示应该是湿漉漉的了，妈妈走进豆豆：“豆豆，你怎么样？”，随着脚步声接近，豆豆抬头看到了妈妈，妈妈低下身体，靠近豆豆的身边，看着豆豆微笑，豆豆发出咿呀咿呀声音，妈妈轻声说：“豆豆该换尿裤了，我们一起来换尿裤吧”，妈妈抱起豆豆，眼睛还是看着豆豆的眼睛，“我现在要把你抱起来啰”，豆豆继续咿呀咿呀对着妈妈，妈妈边说着边抱起豆豆走向换尿裤地方。

案例思考

换尿布是婴幼儿照护工作中每天必不可少的行为，如果你是养育照护者，你是否能够创造这种一对一的相处交流的机会？你会怎么做？

0～3 岁是婴幼儿发展的关键期，这段时期为婴幼儿的健康成长、学习能力打下基础。一旦错过，将导致儿童不可逆的生长发育迟缓。在这个阶段，婴幼儿通过养育照护者多种途径的回应来认识世界。积极地提供婴幼儿所需的养育照护服务，确保满足他们生长和发展所需的条件，可以更好地支持和促进儿童实现发展潜能。2018 年 WHO 发布养育照护促进儿童早期发展框架，回应性照护、健康、营养、安全保障以及早期学习是养育照护的 5 大重要组成要素。其中回应性照护是促进儿童早期发展的重要措施，是保护儿童免受伤害、抵抗疾病、帮助学习以及建立信任和良好社会关系的基础。

一、什么是回应性照护

回应性照护指的是在养育过程中，照护者要关注和观察婴幼儿通过其动作、表情、声音发出的信号并能解读其需求，并能对婴幼儿发出的信号及时恰当地回应。具体包括三个步骤：①婴幼儿通过动作、面部表情和语言发出信号；②照护者识别并及时、有情感、保持一致性地回应婴幼儿发出的信号，并与婴幼儿的发育水平相适应；③婴幼儿逐渐感受和学习照护者可能的信号回应。回应性照护要求照护者能根据婴幼儿提供的线索，敏感地发现婴幼儿的需求和兴趣，尊重婴幼儿的节奏，准确地对婴儿的睡眠、饥饿和警觉等个体化行为表现做出反应，满足其需求。区别于传统意义上的养育照护，回应性照护可以增进婴幼儿身心健康、促进语言、认知及情绪情感的发展。

回应性照护是孩子与照护者之间的相互关系，早在 20 世纪 70 年代，美国的早期教育专家珍妮特•冈萨雷斯-米纳和黛安娜•温德尔•埃尔教授在教授早教课程的时候，提出在婴幼儿照料过程中，尊重并回应性照护，并在其《婴幼儿及其照料者》一书中提出并强调了以尊重和回应为中心的教育理念，只有给予儿童充分的尊重并敏感而及时地回应其需求，儿童才能与照料者建立良好的依恋关系，才能在自由探索周边环境过程中不断学习，

身心得到发展。近年来相关科学研究和实践均发现,回应性照护对婴幼儿的身心健康及全方位发展有着至关重要的意义。

二、回应性照护的理论基础

我们都知道,大脑的发育主要取决于先天基因和后天经验之间复杂的相互作用,除遗传基因外,特殊的生活经历、家庭环境、父母教养方式、社会文化等都会对婴幼儿大脑的健康发育和智力产生影响。婴幼儿的语言发展、认知发展、身体技能发展、情感发展、道德发展、人格发展等都与个体的大脑发育有关。早期经验有助于塑造大脑结构,婴幼儿和养育照护者之间的早期互动不仅会给大脑发展创造有利条件,还能直接影响大脑发展的方式。

(一)回应性照护的生理学依据

大脑的基本单位是各种神经细胞(神经元),胎儿在第 10～18 周时大脑神经细胞的数量迅速增加,并逐渐构成大脑皮层、成熟的神经元和神经网络,出生时婴儿脑的神经细胞数量已和成年人相同,每个神经元都有一个输出神经纤维,即轴突,还有很多树突,负责接受来自其他神经元的信号,出生后至 2 岁,树突不断发展,是成人的 2 倍,而当青少年时期,有一半的突触会被淘汰或修剪掉。脑科学研究让我们了解了大脑的结构、大脑中的化学物质以及环境因素对大脑发展的影响,发现早期经验能够激活神经通路以及各种化学信息载体,反复使用的早期经验使这条神经通路得以保留,并形成稳定的神经通路,不会被修剪掉。回应性照护有助于婴幼儿积极探索新事物,神经细胞活跃度提升,信号传导加快,良好的神经通路得以不断强化并得到保留。正如豆豆妈妈和豆豆在换尿布时的相处和交流,妈妈用目光、语言、肢体和豆豆交流,让豆豆感觉到妈妈对自己的关注、理解,豆豆会比较配合妈妈的动作,这是一个愉快的合作过程,给豆豆留下愉快的记忆,而每一次愉快的记忆都会不断加深亲子合作的经验。

(二)回应性照护的心理学依据

1. 依恋理论

(1)依恋理论与依恋类型。依恋理论是由英国心理学家鲍比在 20 世纪 60 年代至 80 年代率先提出的。该理论认为"孩子同其主要照护者间的最初关系构成了以后所有关系的起点",大脑早期的联系和依恋经验有关,父母也通常是早期主要的依恋对象,温暖且坚定的依恋能够巩固婴幼儿大脑中的神经元联结。

(2)依恋的形成与回应性照护。新生的小猴子与母亲分离,然后在 165 天中与做成母猴形状的"铁丝妈妈"和"布料妈妈"生活在一起。"铁丝妈妈"的胸前挂了一个奶瓶,而"布料妈妈"的身上却没有。结果发现,小猴子只有饥饿的时候,才会去"铁丝妈妈"那边喝奶,而大多数的时间都喜欢和"布料妈妈"待在一起。这就是著名的恒河猴实验,通过恒河猴实验,我们可以了解依恋的形成以及良好安全依恋的意义,温柔的身体接触作用和发展超越了哺乳的作用。早期回应性照护和温暖而坚定的关系有助于婴幼儿依恋关系的建立,进而促进他们的大脑的健康发育。在生活中要想让婴幼儿健康快乐地成长,就要让孩子能够感受到父母（或养育者）的存在,有安全感。信任和回应是产生依恋的基础,这需要照护者日常充分尊重婴幼儿,主要体现为关爱和信任他们,及时满足其生理和心理需要,相信婴幼儿的学习能力和行动能力,鼓励他们凭借自身解决一些问题,允许他们自由探索和独立思考。

2. 心理社会发展理论

（1）埃里克森的心理—社会发展理论。埃里克森是关注儿童社会性发展的先驱理论家,他认为在人格发展中逐渐形成的自我过程,在个人及其周围环境的交互作用中起着主导和整合的作用。在生命中的每一个阶段都会产生个体需求与满足此需求的能力之间的冲突,体验着生物的、生理的、社会事件的发展顺序,按一定的成熟程度分阶段地向前发展。他把自我意识的形成和发展过程划分为八个阶段,这八个阶段的顺序是由遗传决定的,但是每个阶段能否顺利度过却是由环境决定的,所以这个理论又称为"心理—社会阶段发展理论"。心理发展的第一阶段任务是信任,如果婴儿在早期的需求能够得到满足,他会认为世界是友好的,会产生基本的信任感,相反则会产生不信任感,甚至影响到他的成年期心理。

（2）回应性照护与健康人格形成。埃里克森的心理—社会发展理论认为婴幼儿期是幼儿形成信任、自主、主动、创新人格特征的关键期。在整个婴幼儿期,每个儿童都经历了三个阶段,其主要心理冲突为基本的信任对不信任、自主对羞耻、主动对内疚。心理冲突解决得好,有助于儿童形成健康的人格特征。因此在这个过程中,回应性照护具有重要意义,父母在给婴儿进行喂奶、换衣服、洗澡、练习大小便等常规性的活动中,并养成良好的习惯,让婴儿知道现在在做什么,接下来要做什么,同时注意观察和倾听婴儿的面部表情和声音,并做出合理的回应,有助于建立和婴幼儿之间的信任感。对于照护者而言,既不能听之任之、放任自流,也不能过分严厉、伤害他们的自主感和自控能力,要给予及时、恰当的回应和引导教育,促进其社会化和健康人格的形成。

3. 认知发展理论

在模块八中已经详细介绍了瑞士儿童心理学家让·皮亚杰提出儿童认知发展四阶段。2岁以前的婴幼儿是处于感知运动阶段,靠感觉和感知动作来适应外部环境,通过发展中的感知觉和身体活动来认识自己的世界。婴儿喜欢把东西放到嘴里"尝一尝",用手抓东西、眼睛不放过周围任何过往的东西等,照护者可准备干净的玩具让孩子过"嘴瘾",给他们提供黑白卡、彩色卡来刺激他们的视觉,提供一些特别的声音来训练他们的敏感性。通过这些活动婴儿也意识到他们的活动能影响周围人与物,是活动的策动源,这有利于他们主体感的建立。幼儿到2岁就进入了认知发展阶段的前运算阶段。在这个年龄阶段,他们会使用符号,包括文字、图片、图画和模型等对事物和事件进行描述,他们会产生各种奇思妙想,对事物运行的原理越来越感兴趣。在这个阶段,他们会不停地问"为什么"。照护者要支持他们的好奇心,可以简单回答他们的问题,或者帮助他们自己发现事物运行的秘密。在这段时间不断提问是他们认知发展过程中的正常现象,照护者要积极回答他们没完没了的"为什么"。在这个阶段,婴幼儿开始参与假装游戏,开始给物体赋予象征性的意义。在游戏中,照护者要积极支持和及时回应他们的需求。

4. 社会文化理论

心理学家维果茨基则从另一种角度对儿童的认知发展提供了补充。他指出,儿童是通过社会互动进行学习的,认识技能的获得只是他们社会活动的一部分,共同活动帮助儿童内化思维和行为的社会模式,并习得社会习俗。相对于皮亚杰理论的自主性,维果茨基则强调养育照护者对于儿童认知成熟的作用。

(1) 最近发展区与回应性照护。维果茨基认为,儿童认知能力是通过接触那些他们非常感兴趣但自己的能力又不是太难处理的信息而不断发展的。假设 A 水平下,儿童能够独立解决问题,那么 A 水平被称为"实际发展区";在 B 水平下,儿童不能独立解决问题,但在更具能力的照护者或者同伴的帮助下可以完成;则 A 水平与 B 水平之间的区域被称为"最近发展区"。

(2) 脚手架与回应性照护。在建筑工地搭建建筑物时,脚手架起支撑作用,建筑物一旦建设好就被撤走。脚手架即儿童认知发展过程中,有能力的养育照护者或者同伴给他提供的有效协助和支持。一旦儿童能够独立解决问题,就要把"脚手架"给移走。维果茨基认为,儿童认知的理想发展路径,就是在照护者搭建的"脚手架"下,不断地突破一个个"最近发展区"。但最开始要识别出孩子当前的"最近发展区",要去观察跟踪、提供给他们更感兴趣的活动(游戏)。比如,穿珠子活动可以训练婴幼儿的精细动作技能,在介绍穿珠子活动的过程中,需要为他们演示穿珠子的具体操作过程。同时,在婴幼儿操练穿珠子这个技能的过程中,要对他们进行适当引导。在这里,演示和引导,就是回应性照护的具体表现,为婴幼儿提供了恰到好处的"脚手架",可以帮助他们很好地实现认知发展。

三、回应性照护对儿童早期发展的重要性

儿童在生命早期是实现早期发展潜能的重要时期,回应性照护体现在婴幼儿的营养与喂养、身体锻炼、情绪情感发展、社会交往能力培养、语言言语及习惯养成等多个方面。多项研究提示养育照护为满足儿童大脑发育需求提供了必要的条件,积极的养育照护能减少儿童行为障碍、抑郁的发生,降低不利因素对大脑机构和功能的不良影响,从而改善儿童的生长发育。2018 年,世界卫生组织等国际组织联合发布养育照护促进儿童早期发展框架,确定了"良好的健康、充足的应用、安全与保障、回应性照护和早期学习的机会"为核心的养育照护策略。

任务二　日常养育中的回应性照护

案例导入

外婆带着 10 个月的"小土豆"在地垫上玩耍,"小土豆"不断爬行去追自己喜爱的玩具,外婆和婴儿一起玩,一起交流。这时婴儿看着围栏,开始用手尝试着扶围栏,并开始尝试扶着栏杆站立起来,外婆看着婴儿眼睛笑着说"小土豆是想站起来了吗? 让外婆帮帮你",边说边支撑婴儿的腰部,小土豆在外婆的帮助下,很快就稳稳地扶着栏杆站起来了,

得意地笑并看向外婆，外婆回应着说"小土豆站起来啦，站得很稳呢，不错哦"，小土豆欢快地笑出了声音。

案例思考

如何在恰当的时候给予孩子帮助和回应？

婴幼儿生长发育快速成长阶段，每个孩子的发育都有自己的时间表，大运动的发育都有各自的里程碑，不仅是在运动方面密切关注和回应，回应性照护的内容应贯穿于儿童生活、游戏的方方面面。回应性照护要求照护者能根据婴幼儿提供的线索，敏感地发现婴幼儿的需求和兴趣，尊重婴幼儿的节奏，准确地对婴儿的睡眠、饥饿和警觉等个体化行为表现做出反应，满足其需求。

一、回应性照护应贯穿到婴幼儿日常生活中

生活照护是养育孩子的每日必修课，只有将回应性照护贯穿到婴幼儿日常生活及游戏中，才能做到高水平回应性照护。高水平的回应性照护使婴幼儿能够表现出更好的社会情感、认知、语言和运动能力。当孩子还不会说话时，需要观察并解读婴儿行为及兴趣点，敏感地给予回应，可以通过拥抱、眼神接触、发声和手势等来和他们沟通交流。在幼儿期，语言能力逐步提高，照护者应该以幼儿的兴趣和意愿引导孩子，以幼儿为主导进行互动及游戏，这些互动方式会营造积极的环境条件来帮助儿童学习语言，鼓励儿童进行情感交流和身体活动，建立良好的人际关系，同时刺激儿童脑发育。

二、婴幼儿喂养中的回应性照护

婴幼儿良好的营养不仅包括合理的营养素和营养结构，还包括良好的饮食技能、饮食行为和饮食氛围。喂养中的回应性照护强调了喂养过程中养育者和婴幼儿之间的互动，婴幼儿发出饥饿和饱足信号，养育者发现并给予及时恰当的回应。对于养育者，这种互动表现在他们成功地完成喂养儿童的任务；对婴幼儿来说，喂养中其发出与进食相关的信号可被养育者准确理解并得到与自己期望一致的回应，从而建立良好的喂养互动关系。因此，喂养过程中养育者和婴幼儿之间的互动，婴幼儿在养育者的帮助和引导下逐步学会独立进食，并获得长期健康的营养及维持适宜的生长。

6个月婴儿是如何发出辅食添加喂养信号的呢？当发现孩子老是吃手或者吃玩具、流口水比较多、看见别人吃东西就要吃的时候，养育者能够正确识别出这些信号，意识到应该添加辅食了。在添加辅食时观察婴儿的喜好、接受或拒绝等信号，及时了解婴儿的需求。当不想继续再吃的时候，婴儿往往表现为扭头过去或吐出食物，甚至表情厌恶或哭闹等，养育者应该及时发现，并尝试了解可能的原因，也可能是勺子太大、对辅食不耐受、不喜欢辅食的味道及品种，可以改进并再次尝试，如果还是拒绝，就要及时停止喂养，待第二天再尝试。

不可否认的事实是，养育者往往有权决定今天吃什么、怎么吃、什么时间吃以及用什

么样的餐具,而婴幼儿只是一个被动接受的角色,这样婴幼儿就失去吃辅食时自主选择的权利,完成食物时的快乐感也会降低。养育者要学会接纳婴幼儿在进食过程中的选择和符合该年龄的一些行为,尝试了解婴幼儿对食物的喜好,不能机械地为完成吃饭任务去做。需要注意的是,在这个喂养过程中,养育者要保持和婴儿面对面,与婴儿有眼神和语言的接触交流,可以将喂养的各个环节和其进行沟通,引导和培养婴儿对食物的兴趣,这样才能发现新的问题,及时了解并做出适当的回应。

三、婴幼儿如厕中的回应性照护

不同年龄的婴幼儿,如厕准备信号是不同的。每个婴幼儿的生理、社会、情感和认知等能力发展成熟的时间也各不相同,存在明显个体差异。有的 12 个月龄婴儿已经能够快乐地坐在坐便器上;有的即使 2 岁了仍然抗拒坐便器或只是当作玩具。一般来说,6~12个月龄的婴儿肛门括约肌对固态大便的控制比尿道对尿的控制要好,所以这个年龄的婴儿已经有对大便的自控意识,小便的自控意识要晚一些。虽然 12 个月龄以下的婴儿会对直肠和膀胱的充盈有意识,感觉到需要排泄,但还不能控制膀胱和肠道的功能,也没有足够的走路能力让他自己及时赶到厕所或坐便器旁并脱裤子,所以不建议对 12 个月龄以下的婴儿进行如厕训练。12~18 个月龄幼儿能够逐步将胀胀的感觉与排便或排尿联系起来,婴幼儿能够感受到需要排泄的信号,照护者细心观察会发现婴幼儿大小便前的表情和动作,如蹲下哼哼、眼睛瞪大、用力屏气等,其小便的意识也更加明显了一些。18 个月龄幼儿的胃肠道系统和膀胱已经成熟到可以控制括约肌来延迟排便或排尿的时间,也就是胃肠道系统和膀胱能够坚持到了厕所再排出大小便,大多数 18 个月龄幼儿可以从生理上准备好开始如厕训练,但是这个时间段幼儿通常还缺乏上厕所的认知能力。2 岁左右的幼儿就能够自主控制排便,2 岁以后幼儿能够把排泄的需要和使用坐便器联系起来。不要把注意力放在孩子的实际年龄上,而是关注他的行为、兴趣和反应,照护者需要观察孩子的表现并及时给予适当的回应。

试想一下:18 个月龄小朋友突然停止手中的玩具,不安地向养育者方向看过来,似乎孩子的脸憋得有点红,这时候提示孩子可能有大小便的意识了。在如厕练习前,养育照护者放慢脚步走向婴幼儿,身体朝向婴幼儿,眼睛看向婴幼儿,并和婴幼儿说话,告知他们要做什么,开始彼此之间的交流。照护者告诉婴幼儿"宝贝,我们需要换尿布啦"或"我们准备去嘘嘘啦"。这样照护者和婴幼儿在每次换尿布或训练前有一个交流,让婴幼儿感受到一种合作互动,而不是匆匆跑过去抱起婴幼儿就去更换尿布或如厕。而且这一互动是一对一的,养育照护者要尽量保持和婴幼儿之间一对一的共同活动,专心为一个婴幼儿提供照护。随着新的能力发展、理解能力的提升,情感上的准备也会随之就绪,让孩子理解和使用马桶变得越来越容易。与此同时,养育照护者最好的机会就是留意孩子表现出的可以开始接受训练的迹象并及时给予适当的反馈。观察孩子的日常行为,以及他对使用马桶的反应,如果拒绝,恰当的回应处理就应该清理干净、不做评论、淡化事件、等待后面更成熟的阶段进行。

在如厕训练过程中,养育照护者可以使用恰当的肢体语言、面部表情以及声音进行活动的解释、回答和互动。对如厕这件事情进行对话时,养育照护者尽量通过愉快平和的语气、简单的语言和频繁的眼神接触与婴幼儿交流,并学会倾听及回应婴幼儿的需求。如厕练习是孩子生长发育准备就绪的自然结果,是养育照护者观察孩子成长过程中和婴幼儿互动沟通的机会,适时地给予帮助,并让孩子在如厕练习中获得成功地乐趣,增强其自信心。

做好日常生活中的回应性照护,还需要做好几个方面的内涵:建立良好的早期亲子关系、敏感观察、恰当回应、鼓励和尊重。亲子关系是指儿童与其主要抚养人(主要是父母)之间的交往关系,它是婴幼儿生活中最基本、也是最主要的社会关系,良好的亲子关系可给婴幼儿带来心理的安全感,支持其不断探索、学习,使他们在情感、社交和认知方面良好发展;每个婴幼儿都具有独特性和个体差异,其行为表现存在着多样性和多源性,养育者在日常生活中通过仔细观察、记录婴幼儿的生理节律、活动和能力水平,敏感注意到并听懂、看懂其不同需求所发出的信号,及其行为背后的含义,准确判断婴幼儿的需求和并给予适当的互动回应;恰当回应是以婴幼儿容易听、容易懂以及能够满足需求的回应;养育者应把孩子作为一个值得尊重的人,而不是按照自己的想法照护婴幼儿,并通过微笑、动作、语言给予儿童肯定和鼓励。

同 步 实 训

1. 实训目的
加深对婴幼儿回应性照护的认识和实践。
2. 实训安排
(1) 分组到不同年龄段婴幼儿照护活动中观察。
(2) 总结并分析回应性照护的实施情况。
(3) 设计婴幼儿回应性照护的一个场景。
3. 教师注意事项
(1) 由一个婴儿观察入手指导学生进行观察。
(2) 引导学生进行总结和分析。
4. 资源(时间)
4 课时、参考书籍、案例、网页
5. 评价标准

表 现 要 求	是否适用	已达要求	未达要求
小组活动中,外在表现(参与度、观察细节能力)			
小组活动中,对理论的理解认识与现况把控			
小组活动中,活动设计的方案和可操作度			

教学做一体化训练

一、重点名词

回应性照护　　儿童早期发展　　敏感观察　　恰当回应　　鼓励和尊重

二、课后讨论

1. 回应性照护对儿童早期发展的重要性。
2. 探讨尊重儿童在回应性照护中的重要作用。
3. 尝试分析回应性照护在婴幼儿日常照护场景中的应用。

三、课后自测

1. 婴幼儿回应性照护主要内容有哪些?
2. 如何做好婴幼儿日常生活中的回应性照护?

课后推荐

一、图书

珍妮特·冈萨雷斯、戴安娜·温德尔·埃尔.婴幼儿及其照料者[M].张和颐,译.北京：商务印书馆,2020.

二、期刊

1. 邵洁,童梅玲,张悦,等,婴幼儿养育照护专家共识 2020[J].中国儿童保健杂志,2020,28(9)：1063-1068.

2. 童梅玲,邵洁,张悦,等.婴幼儿养育照护关键信息 100 条[J].中国妇幼健康研究,2020,31(9)：1132-1136.

模块十二
婴幼儿活动的组织与实施

学习目标

- 识记：睡眠习惯、饮食习惯、如厕培养、活动安排、适切的行为。
- 领会：培养婴幼儿睡眠、饮食、如厕的习惯；婴幼儿游戏活动的安排；适切的行为表现。
- 理解：理解培养各年龄段婴幼儿在睡眠、饮食、如厕的习惯及老师应如何对待婴幼儿适切的表现。
- 应用：老师通过学习可以掌握各年龄段婴幼儿自理的方式，进而传达给家长。

模块描述

本模块主要了解婴幼儿各年龄段能如何帮助培养基本能力，并让老师掌握与婴幼儿互动的照护方法，帮助婴幼儿能更好的成长。

思维导图

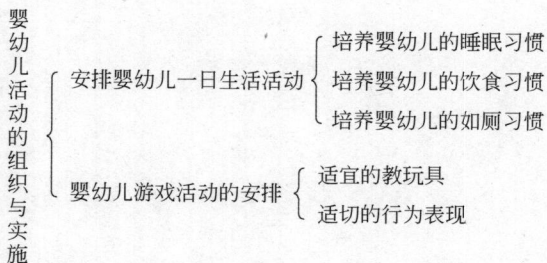

婴幼儿活动的组织与实施
- 安排婴幼儿一日生活活动
  - 培养婴幼儿的睡眠习惯
  - 培养婴幼儿的饮食习惯
  - 培养婴幼儿的如厕习惯
- 婴幼儿游戏活动的安排
  - 适宜的教玩具
  - 适切的行为表现

任务一　安排婴幼儿一日生活活动

案例导入

　　托育中心收托了许多 4 个月到 3 岁的婴幼儿，分成爬爬班、学步班、幼幼班。爬爬班孩子小，早上到园吃完辅食后，9 点半左右老师就让每位婴儿都到床上，关上教室的灯光，让每位婴儿都睡觉，睡了一个小时在让婴儿起床，进行团体的活动或让婴儿坐在椅上、垫上一起活动，少有让婴儿自主活动练习的机会。学步班的孩子正开始走得稳，有些孩子在白天活动的过程中，还会有想睡的时候，但是，老师认为孩子白天睡觉的话，中午他就不睡或很晚才会睡着，便让孩子撑着或想办法转移注意力让孩子不要睡。同时，也很少让孩子有自主练习的机会，怕孩子在练习的过程中会受伤。在用餐时，对于较小的孩子，老师担心孩子吃不好，会吃得到处都是，所以也不让孩子自己练习使用餐具用餐，而是都由老师协助喂食。对于幼幼班的孩子，很多孩子在这个阶段入托，在家里少有练习动手吃饭的机会、少有常规的建立，进到园里后，不会自己用餐的、咀嚼能力差的、不会收拾的、语解能力不好的、没办法自己入睡的，等等，所以，老师也因其会认为孩子不会这些事，也怕孩子乱，很多事情就由老师代劳，孩子坐在位置上等老师帮他准备好，同时，老师更多的时间都是集中孩子在位置上等待每位孩子做好一个活动后，再进入下一个活动环节，对于孩子来说，更多的时间都仅只是在位置上等待和团体活动，鲜少有机会练立独立自主。

案例思考

　　1. 为什么园里和各年龄段的班级都有订定一日作息表，但更多的都是由老师主导孩子的生活心理发展活动？

　　2. 婴幼儿在 0～3 岁阶段需要学习哪些能力？这些能力要如何养成？应如何引导孩子导向正确的习惯？

　　每日的生活作息安排，对于月龄较小的婴儿来说，作息受到婴儿个体本质的影响较大，月龄越小花在睡眠的时间越多，因此，也应配合婴儿个体生存的需求为主。对于月龄较大的孩子，则应该有固定作息表，让孩子对生活有所依赖，同时，在有规律的生活作息下，能有助于稳定孩子的身心发展，并可以稳定情绪及建立安全感。

　　对于托育人员来说，了解每个年龄段孩子的发展及需求是必要的，但是很多托育人员刚接触托育领域，对 3 岁以下的托育照护经验与能力不足，更多的经验都是在幼儿园年龄的阶段，所以，也较常见到托育人员以幼儿园教育孩子的模式来带 3 岁以下的婴幼儿，很难一下转变照护的模式。

　　其中每日作息安排的内容应包含以下几项。

　　（1）到达及离园。

　　（2）准备餐点/喂食及进食。

　　（3）如厕/换尿布/清洁。

　　（4）室内/室外活动（含较大孩子的收拾和衔接活动）。

（5）睡眠/休息。

课程/活动的安排应包含以下几项。

（1）大肌肉/身体活动。

（2）小肌肉/精细动作活动。

（3）生活自理能力培养。

（4）阅读/听故事。

（5）乐器音乐活动。

（6）户外活动。

（7）艺术活动。

婴幼儿照护计划中,应包含日常生活中的饮食、穿脱衣、如厕、清洁等基本生理需求的照护,随着婴幼儿生理的成熟,搭配规律的日常作息,提供婴幼儿适性发展的活动,更能帮助婴幼儿认识自己、学习与他人沟通互动,养成婴幼儿健全人格发展。一个有高品质的托育环境,不仅能正向的促进婴幼儿的发展,更能鼓励婴幼儿以他们感觉舒适的方式学习独立自主。

因此,托育人员要能细心观察婴幼儿的发展变化,并在环境上及行动上做出正向的回应与支持,例如,提供合适的餐具,引导孩子自己端取食物,并鼓励孩子自己练习使用餐具用餐;提供爬行的环境空间,让婴儿能依自己的生理需求,不想睡得婴儿,可以在适合的空间里自由爬行探索,想睡的婴儿,可以爬到自己的床上休息,睡醒后能自己爬下床,继续在空间里爬行探索。

然而,婴幼儿在0～3岁阶段中需要学习哪些能力? 以下将依照睡眠、饮食及如厕几项进行说明。

一、培养婴幼儿的睡眠习惯

睡眠对婴幼儿的成长发育是非常重要的,它直接影响了婴幼儿的体重、身高与智能发育。良好的睡眠能帮助婴幼儿的精力充沛、愉悦,帮助集中注意力;反之,睡眠不好的婴幼儿,则会影响到情绪、行为问题,更影响到身体的健康。然而,不同年龄阶段的睡眠时间和睡眠模式会有所不同,睡眠的问题也会有所不同,因此,需要托育人员依据婴幼儿的生理特点、生长发展规律、所处的生活环境与睡眠模式的转变,进行有意识地培养,并适时地进行调整,帮助婴幼儿养成良好的睡眠习惯。

（一）4～6个月婴儿睡眠习惯的养成

随着婴儿一天天的成长,睡眠时间也会逐渐的递减。对于4～6个月阶段的婴儿来说,每天的睡眠时间在14～15小时,有些婴儿睡10～18小时,这一阶段的婴儿也已经开始建立属于自己的睡眠习惯,白天睡觉的时间与次数会逐渐缩短,一般白天会小睡2～3次,更多的时间会集中到晚上,开始有昼夜的规律产生。因此,3个月之后婴儿除了继续培养自主入睡能力外,还要能培养醒来后自我安抚入睡的能力,以形成良好的睡眠规律。

4～6个月的婴儿在这个阶段,已开始对所处的周围环境事物感到好奇并感兴趣,也因此容易感到兴奋,但由于婴儿的神经系统发育尚未完全,很容易感到疲惫,进而会有烦躁、哭闹、难以入睡的状况出现,若是托育人员对其状况不了解,并运用不适当的处理方式哄睡,都会干扰到婴儿自然入睡的步调,因此,托育人员要能学会了解并观察婴儿的睡眠信号,才能帮助婴儿顺利的入睡。

可通过以下几项的情况了解 4～6 个月婴儿的睡眠信号。

1. 情绪

有些婴儿想睡觉时会反映在情绪上,如果婴儿变得烦躁、易生气、大声哭闹不止,这有可能是因为疲劳所导致出的情绪。如果婴儿变得非常粘人并且伴随着小声哭泣,这就可能是困了所表现出的反应。

2. 注意力

婴儿在活动的过程中,对正在玩的玩具或活动失去了兴趣,趴或坐着不动,眼神开始迷离,盯着某处,叫唤名字时不太有反应,显得特别安静时,就可能是婴儿困了。

3. 动作

此年龄段的婴儿在清醒时,趴或躺在垫子上活动,会开始发现自己的手、玩自己的手,进而能抓取物品,手的动作越加灵活,同时也慢慢地开始要会翻身、练习靠着枕垫坐着或独坐等大肌肉的动作活动。在活动的过程中,容易消耗身体的精力,因此,如果婴儿开始出现不时地揉眼睛、打哈欠、吃手、动作变得迟钝缓慢,或喝奶时吸吮的动作越来越慢,都可能是婴儿想睡了。如果婴儿开始不停地揪耳朵、不停挥动手脚、在垫子上不停地用脸去摩擦等,则可能是婴儿过度疲劳而表现出的行为动作,这样的情况下婴儿较难以入睡。

睡眠信号可能会是单一形式出现,也可能会同时出现好几个信号,时间也会有所波动,当观察到婴儿出现睡眠信息时,此时就不要再去逗弄或刺激婴儿,因为这些都可能造成婴儿更焦躁不安而哭闹不止。当婴儿出现信息时,托育人员则可以安抚婴儿的情绪,并将婴儿带到床上,让婴儿能休息一下。

托育人员同时也要做好婴儿的睡眠纪录,除了托育人员能清楚了解婴儿的睡眠状况外,也能提供给家长,让家长更了解婴儿的睡眠时间规律与状态,帮助家长在家庭中,慢慢地去调整婴儿的睡眠习惯,帮助婴儿更好的身心理发展。而睡眠纪录的内容能包含以下几点。

(1)婴儿每次发出的睡眠信号形式状态。

(2)婴儿活动、入睡、醒来及哄睡的时间。

(3)婴儿入睡的形式、入睡的难易度。此部分可依据婴儿的状况调整哄睡的方式。

(4)婴儿每次睡眠的时间长短及次数。

(5)哄睡过程是否顺利?会不会因周围声响而影响婴儿入睡,如物品掉落的声音、其他孩子或老师说话发出的声音、开关门的声音等。

3 个月以后的婴儿在入睡前,不再建议透过喂奶的方式哄睡婴儿,避免影响婴儿自主入睡的能力。睡眠的区域建议光线柔和、保持适宜的温湿度、空气流通。

(二)7～12 个月婴儿的睡眠习惯养成

此阶段的婴儿每天的睡眠时间为 14～15 个小时,白天会小睡 2～3 次,夜间能连续睡

6～8 小时。开始加入辅食且较稳定后,可以慢慢戒掉夜奶,大约从 9 个月开始,就能停止夜间哺乳(此部分仍应视婴儿添加辅食的状况调整是否开始停止夜间哺乳)。

这阶段的婴儿,有些婴儿起得早,白天会再小睡一下,有些婴儿则是随着月龄增长,白天不会再小睡,而是能到中午睡觉时间一起入睡,托育人员仍应依照每位孩子的生理状况提供适当的照护。

婴儿在 6 个月以前已经学会了抬头、翻身、靠坐等大肢体动作,到了 7～12 个月,婴儿慢慢能学会独坐、扶着栏杆站立,当婴儿在清醒时,更多的时间在练习大动作的发展,因此,托育人员需要提供适合的环境空间,让婴儿练习坐、爬、站等动作,增加婴儿的活动量。

当婴儿有更多的肢体活动量时,也能帮助到婴儿睡眠,由于婴儿学会了翻身、坐等动作,在睡眠前或睡眠时间里,婴儿可能会不断地变换身体姿势,不会再只有一个姿势,可能会是趴着睡、靠着靠枕睡、坐着睡、侧着睡等,这些都可能是在练习大动作,只要婴儿能入睡,托育人员就不要过多干扰婴儿的睡眠姿势,但要能确保婴儿床周围的安全,等到婴儿熟睡后,再帮助婴儿躺好即可。托育人员能帮助婴儿养成良好睡眠习惯的方法有以下几项。

1. 白天提供充分的活动与运动

婴儿在清醒的时候,可以提供适合此阶段婴儿的活动与运动,这些活动与运动的充足与否,都是影响婴儿睡眠的重要环节,如果活动和运动消耗不够的婴儿,体内仍积蓄大量的能量,就会出现孩子不愿意睡或迟睡的情形,甚至会影响到婴儿的情绪。

2. 在睡前保持安静活动

在睡觉前 1 小时,不要进行剧烈的活动,可以进行散步、听音乐、阅读绘本等安静的活动,避免影响孩子睡眠的情绪。

3. 白天不要过度的睡眠

睡眠对于小月龄的婴儿来说是必要的,但睡眠的时间不要过长,如果白天婴儿睡了 1～2 小时,中午的午睡则可能睡不着或晚睡。如果午睡太晚起,会影响婴儿晚上的睡眠,因此建议下午 4 点以后就不要再让婴儿午睡。如果婴儿午睡期间提早醒来不想再睡,就不用继续哄睡。

4. 睡眠环境的准备

当要进入午睡时间时,托育人员可以播放轻柔的睡眠音乐,拉上窗帘、调暗室内灯光,调整室内的温室度,保持室内空气流空避免闷热,保持室内的安静,让婴儿有一个良好的睡眠环境。

（三）1～3 岁幼儿的睡眠习惯养成

此阶段的幼儿每天的睡眠时间为 11～14 小时,1 岁左右的幼儿白天可能还会小睡 1 次,随着年龄增长及活动增多,幼儿白天的睡眠会在中午睡觉的时候,此阶段的睡眠时间以 1.5～2 小时为宜。

在托育机构有规律的活动时间安排,幼儿在团体生活中有丰富的活动参与,白天的睡眠时间基本都集中在午睡时段,活动时间很少有想睡觉的时候,除非幼儿当天身体状况不

佳或有生病的情况,还有刚入园尚不适应的幼儿,还没有建立规律的作息,仍有可能还在调整的阶段,有可能在活动中会想睡一下,如果有此情形,仍可以让孩子睡一下,但时间建议在半小时左右为宜,避免影响幼儿活动的时间。

二、培养婴幼儿的饮食习惯

饮食是每天最重要的环节,很多家长关注的是孩子吃得好不好、吃的多不多,担心孩子吃太少,常常顺着孩子的习性口味让孩子多吃,进而忽略了孩子饮食习惯的培养,久而久之,也养成孩子偏食、挑食、看动画边吃或边吃边玩的不良习惯,而这些不良的习惯易造成孩子营养摄取不均衡,易影响身体健康及发育,同时,家长或托育人员习惯性地喂食还会影响孩子在动作能力、自我服务能力及其他各项行为不良习惯的养成,这些形成的固有习惯甚至影响到日后成年后对于个性、习惯的产生。因此,从小养成孩子良好的饮食习惯是非常重要的。根据0~3岁婴幼儿的发展阶段特点具体说明如下。

(一)4~6个月婴儿的饮食习惯养成

4~6个月的婴儿在饮食上,仍以母乳或配方乳为主要食物。随着月龄的增长及婴儿胃容量的增加,喂养的时间间隔及奶容量也会有所增长。托育人员能依据婴儿的需求,透过定时喂养来帮助婴儿建立起进食的规律。4~6个月阶段的婴儿每3~4小时喂一次,每天大约喂6次左右,须依据婴儿的需求适时作调整,慢慢可逐渐减少夜晚的哺乳,可让婴儿建立起夜间连续睡眠的习惯。

当家长送婴儿入园时,托育人员需要了解婴儿在家的最后一次喂奶时间,如此才能让托育人员知悉婴儿的下一餐需几点喂奶。待下午婴儿回家前,托育人员也应让家长知悉婴儿在园里最后一次喝奶的时间,以便家长回家后在正确时间点喂婴儿喝奶。

每个婴儿都有属于自己特有的需求,托育人员需要细心地观察及了解婴儿的状况,并定期监测婴儿的成长体格发育状况,以适宜的方式建立婴儿的饮食规律。

托育人员或家长应依据婴儿的状况,判断是否能开始给予婴儿添加辅食,婴儿在5~6个月可以开始尝试添加辅食,最晚不可超过8个月,但因婴儿的个体差异性,添加辅食的时间也可能因人而异,较特殊的情况可经由专业医生评估讨论后适时给予添加。以下几点可视婴儿的具体表现来观察是否添加辅食。

(1)足月的婴儿体重已达到出生时体重的2倍以上,足够奶量的婴儿体重增加没有达标,低体重出生的婴儿体重达到6千克。

(2)母乳喂养的婴儿每天喂奶8~10次,或配方奶喂养的婴儿每天奶量超过1000毫升,婴儿仍然有吃不饱的状态。

(3)婴儿能依靠外力扶助下靠坐,颈部的力量能支撑起头部并保持身体的平衡以利于用餐的姿态。

(4)对成人吃东西感兴趣,看到食物会出现兴奋、好奇,想伸手拿取食物,嘴巴表现出想吃及吞咽的动作。

(5)伸舌的反射消失,成人使用餐具将食物送到婴儿口中后,婴儿能将其吞咽。

当婴儿有以上这些表现，同时，胃肠道已能很好的消化食物，就能给予婴儿适时添加辅食，以渐进的方式给予，并观察婴儿的身体状况，是否有对食物过敏或腹泻的状况。当有过敏或腹泻的状况时，应暂时给予该食物，待 2～4 周后再给予婴儿尝试该食物。因此，在婴儿开始尝试辅食时，托育人员应仔细纪录婴儿的饮食状况，吃了哪些食物，多少量，身体呈现什么状况，并观察 3～5 天，若状态都正常，则可再添加一种新食物，以渐进的方式让婴儿尝试新食物。

（二）7～12 个月婴儿饮食习惯的养成

7～9 个月仍处于辅食添加的初期阶段，母奶或配方奶仍为婴儿的主要食物来源之一，每天喂食 4～6 次，如果是配方奶或其他混合喂养的婴儿，每天摄取的奶量需在 600 毫升。这阶段的婴儿已经能尝试多种的食物，除了母奶或配方奶，每天辅时可以安排 2 次进食。为养成婴儿饮食的良好习惯，从婴儿开始添加辅食后，就应准备适当且固定的用餐桌椅让婴儿坐在餐椅上用餐。

1. 引导婴儿用餐具吃饭

7～9 个月的婴儿已经能学习使用餐具吃饭，在用餐时，可以准备 2 把汤匙，1 把适合婴儿握拿，另一把由托育人员使用协助喂婴儿，现阶段的婴儿主要是通过手的抓握及摆弄来认识餐具，但因婴儿的手部动作能力尚未成熟，还无法正确使用餐具将食物送到嘴内。常会导致食物掉落在身上或地板上的比吃进去的食物多。也常因如此，让成人觉得在处理上很麻烦，便阻止婴儿动手吃的机会，由成人喂时居多。但为了锻炼婴儿能自己进食、练习使用餐具，可以在婴儿进食时帮婴儿围上围兜，准备一个小水桶及擦拭地板及桌面的抹布，可随时擦拭用。

10～12 个月的婴儿的咀嚼和消化能力较成熟，给予的辅食质地也可以是较粗糙、稠厚并带点小颗粒的，还可以给予婴儿方便抓握的手指食物，如苹果条、香蕉条（块）、煮熟的萝卜条（块）等，提供婴儿用手抓握食物，感受不同形状、不同软硬度的食物，在抓握之后，婴儿还要能练习到将食物送到嘴内，帮助婴儿手眼协调能力。因抓握条状食物与抓握餐具的感觉相似，这些都能帮助婴儿在日后能顺利地使用餐具用餐。

婴儿学习使用餐具用餐是需要透过不断的练习，所以，不要因为婴儿还不能正确使用餐具、会将食物掉落的到处都是而指责、阻止婴儿练习的机会。

2. 引导婴儿用杯子喝水

婴儿大约在 6 个月之后就能开始练习用杯子喝水，在练习使用杯子喝水时，也应让婴儿坐在自己的位置上。让婴儿练习使用杯子能帮助婴儿手眼及嘴的协调能力，锻炼口腔运动能力，也有助于日后语言的发展。同时也能避免长期使用奶瓶造成的危害，如牙齿长期泡在奶液中易造成龋齿；长期使用奶瓶吸吮比咀嚼食物容易，婴儿就不愿意咀嚼，只想用奶瓶喝奶，久而久之会造成婴儿口腔的运动及咀嚼能力锻炼不足，将影响婴儿日后不良饮食及语言能力发展。

对于刚开始接触杯子的婴儿，可以先给予鸭嘴杯，杯口的形状像鸭嘴，有利于婴儿顺利喝水；杯子的两侧有手把，以方便婴儿双手抓握杯子。托育人员可以先示范如何将杯子放到嘴边，并将头往上微抬喝水的动作，在婴儿的杯子里先装少量的水即可，不要装太多，开始时婴儿会因好奇而玩弄杯子,成人需要有耐心,慢慢地引导婴儿并给予练习的机会,等婴儿掌握了使用杯子的方式,就能顺利地使用杯子喝水。

10~12个月年龄段的婴儿,可以给予使用吸管杯喝水,也有些婴儿一开始练习就直接用吸管杯喝水。刚开始接触吸管杯的,可以选购吸管内带有重力球的吸管杯,它会随着婴儿的姿势、方向移动,让婴儿能顺利吸到水,才能避免婴儿因吸不到水而拒绝使用。

然而,每个婴儿的动作发展与个别差异性及对新事物的接受程度不同,托育人员应尊重婴儿的个别差异性,不要强迫婴儿一定要马上使用或马上接受,如果婴儿一开始还不太接受,可以先缓一缓,或者直接使用正常的杯子让婴儿试试也可以。

(三) 1~3岁幼儿饮食习惯的养成

此阶段的幼儿,每天的奶量应在500毫升左右,分2~3次给予;此阶段开始,辅食给予可以安排3次,并应给予多种类的蔬菜、水果、肉类等。慢慢地开始培养幼儿良好的饮食习惯,也是这阶段养成最重要的关键时期,有了良好的饮食习惯,幼儿便能获的全面性的营养与促进消化吸收,因此,应建立幼儿规律的进餐时间,点心与奶的安排应在正餐前后2~3小时,避免用餐间隔太短,影响幼儿进餐量及肠胃消化的时间。

1. 引导幼儿练习使用餐具

幼儿在1岁至1岁半可以使用小餐具将食物送到嘴里,但仍会有较多食物掉落,到2岁左右可以自主进食,掉落的食物也减少很多,此阶段的幼儿,手部肌肉精细动作能力越来越成熟,也能使用拇指和食指前两指捡起细小的东西,此时也能开始示范引导幼儿前三指正确拿餐具的方式,让幼儿能更准确地使用餐具进餐,在练习的过程中,幼儿仍会因手部力量不足而直接用手抓拿食物吃,托育人员仍应耐心地引导幼儿,让幼儿慢慢习惯用餐具自主用餐。

2~3岁的幼儿已能正确地使用餐具吃饭,他们会模仿成人使用筷子吃饭,此时可以趁机示范正确握筷子的动作,让幼儿试着练习拿筷子,最初开始,幼儿会用自己的抓握方式使用筷子,用筷子挑起食物,托育人员不需要急着去纠正幼儿,慢慢地帮助幼儿并给予幼儿练习的机会即可,当幼儿在使用筷子时,托育人员要在旁边看着,避免幼儿发生危险。

2. 如何避免挑食、偏食

这阶段的幼儿所表现出的挑食、偏食现象并不一定就表示真的喜欢特定食物或真的讨厌特定食物,很多时候是因为幼儿在这阶段开始发展自我意识,会产生某些坚持,所以会有不吃某些东西或只吃同一种东西。甚至有时候会因为当下的氛围改变原本的喜好,或因为食物有趣的外观等因素改变原本的好恶。

幼儿挑食、偏食的情况,托育人员也需要注意幼儿挑食的程度,但是不要让吃东西成为幼儿的一种压力,不要过度强迫幼儿,这是很重要的一点。有时候也可能是因为幼儿身体不适,如牙齿痛、生病肠胃不舒服;或是第一次吃到未曾吃过的食物,不熟悉的味道或口感等。

在观察了解到幼儿挑食、偏食的原因后,托育人员应以正确的方式来引导幼儿,而不是使用蒙骗或强迫的方式要求幼儿吃完。可以尝试以下方式。

(1) 改变烹调的方式。对于第一次看到的食物,幼儿可能会因为不习惯食物的颜色或形状而不愿意尝试，如果此时成人就认定幼儿讨厌这个食物，幼儿也可能会因此以为自己讨厌这个食物，就更不愿意去尝试。也有些幼儿对颜色有所坚持，也可能是不愉快的经验造成，例如，看到黑色认为是脏脏的、看到绿色的认为就是苦的，或只吃白色的东西等，这些也都可能是造成偏食、挑食的原因。因此，可以试着改变烹调的方式，将幼儿不喜欢的食物与其他菜、肉混合剁碎后包成饺子、馄饨或利用压模器将食物做成有趣的形状，让幼儿愿意尝试，如果还是不行，就先利用营养成分相似的食物代替，借此也能预防营养失调。

（2）改变食物的分量。幼儿不喜欢吃的食物，可以使用小分量的给予并鼓励幼儿尝试，在幼儿尝试之后，即时的给予表扬，同时，应尊重幼儿是否继续尝试的意愿，因为幼儿接受一种新的食物，也都需要有一个适应的过程，如果幼儿还无法立刻接受，也不用强迫幼儿一定要吃下去，这样反而会让幼儿对新食物产生恐惧与排斥。我们可以让幼儿以手抓、捏、闻、咬的方式来熟悉和适应食物与味道，让幼儿自己决定吃或不吃，这样也才能让幼儿不排斥新食物。

（3）增加趣味性及参与性。在自主活动时间或团体活动时间，让幼儿认识食材、参与准备食材及对食材简单的处理，并适时的表扬幼儿帮忙协助准备食物，也可以让幼儿自己动手压模或参与烘焙，增加幼儿的兴趣与自信，让幼儿更愿意因自己的参与而主动的愿意品尝食物。

三、培养婴幼儿的如厕习惯

学习独立大小便对婴幼儿来说很不容易，要培养如厕习惯需要经历较漫长的过程，婴幼儿需要先能感受肠道或膀胱的刺激，要学习控制括约肌，最后学习排泄，同时在练习如厕前也需要等婴幼儿在生理与心理都准备好了以后才能开始进行。

（一）0～12 个月婴儿如厕习惯的养成

0～12 个月的婴儿，基本是包着尿布，而此阶段的婴儿还无法很好地控制自己的大小便，且尿便的次数多，需要频繁更换尿布。由于婴儿的肌肤娇嫩，如果没有及时更换或更换次数太少，容易造成婴儿尿路感染或产生尿布疹的状况，托育人员都应特别注意。同时，男婴儿与女婴儿的清洁护理上也会有所不同，以下将分别介绍。

1. 更换尿布的方式

（1）在帮婴儿换尿布前，要先将所有需要使用到的物品都备好，避免在更换的过程中离开婴儿身边而使婴儿造成危险。需要准备的物品有干净尿布、铺好的尿布垫、柔软的毛巾、婴儿湿巾、备用干净的衣物、装好温水的澡盆、有盖的垃圾桶等。

（2）让婴儿躺在铺好的尿布垫上，取下脏的尿布，将尿布包覆好后丢入有盖的垃圾桶内，如果垃圾桶放置有一段距离，则先将包覆好的尿布放至旁边，等最后再收拾，通常建议会使用到的物品，放置在随手能取用的地方，避免离开婴儿身边造成危险。

（3）轻轻抬起婴儿的双踝，使用婴儿湿巾轻轻擦拭婴儿的屁股。

（4）将婴儿抱到调好温度的澡盆中，用干净的温水清洗婴儿的屁股，并使用毛巾轻压

吸干屁股上的水分。

（5）帮婴儿换上干净的新尿布，粘好粘扣带后，再将婴儿腹股沟处的尿布边缘整理好，避免婴儿不舒服。

（6）如果婴儿的衣服有弄脏，则需要更换新的备用衣物。

2. 男婴儿清洗方式

男婴儿的阴茎和阴囊处皱褶较多，很容易留存尿液、汗液及大便残渣，在清洗时要特别留意，避免细菌繁殖产生。在清洗的时候，轻轻抬起婴儿的双腿，先使用婴儿湿巾从上到下轻轻地擦拭，再轻轻地扶着婴儿的阴茎，将阴茎根部及皮肤表面上的皱褶处擦拭干净。但由于包皮与龟头处还长在一起，不要刻意去翻动清洗，避免在过程中伤害到婴儿的生殖器。如果婴儿排便较多而沾染在阴茎处，托育人员在清洗时也应特别留意，避免未清洁干净，粪便长时间残留在阴茎上或腹股沟处易造成感染。温水清洗干净后，使用毛巾轻压吸干婴儿肌肤表面的水分。

3. 女婴儿清洗方式

女婴儿的生殖系统属于内显性，与男婴儿相比差别较大，女婴儿更容易因护理不当而造成各种感染，因此，在排便或更换尿布时，一定要清洗干净。在清洗的时候，应先使用婴儿湿巾从上而下轻轻擦拭，避免因擦拭方向错误而将便便沾染到尿道或阴道处，导致尿道或阴道感染；在清洗的过程中，也需要轻轻地拨开婴儿的大阴唇从上到下清洗，再清洗肛门与腹股沟处，使用毛巾轻压吸干婴儿表面肌肤上的水分，并再次检查是否清洗干净。

（二）12～18个月婴儿如厕习惯的养成

这阶段的婴儿尿道及肛门的括约肌尚未发育成熟，还无法完全控制大小便，但是，当婴儿在能坐得稳的状态下，可以将粘贴式的尿布更换成裤型尿布，让婴儿可以练习以坐着的方式进行尿布穿脱拉的动作练习，增加大小肌肉能力，对日后的如厕练习都有益处。

很多家长为了方便婴儿排尿，喜欢让婴儿穿上开裆裤，开裆裤虽让成人减轻了负担，但对婴儿来说却有很多的隐患。

（1）易引发感染。当婴儿穿着开裆裤时，外生殖器是暴露在外面的，尤其女婴儿尿道短，尿道和阴道很容易被细菌或微生物感染。

（2）易引发性心理发展问题。由于生殖器外露，在好奇心下的婴儿会想去玩弄自己的生殖器或看到别的婴儿生殖器外露因好奇而伸手去玩弄，长期下来都可能在日后对性心理的发展产生不良的影响，所以，应提醒家长避免让婴儿穿着开裆裤，避免在人面前暴露自己身体的隐私部位，同时要加强婴儿性别意识与学会自我保护。

（3）易造成生病问题。由于婴儿的手会一直想去触摸外露的生殖器，而生殖器上易残留尿液或粪便，容易因手的触摸沾染到手上，同时，此阶段的婴儿处在口腔期，常会将物品、手往嘴里放、用手揉眼睛、抠鼻子等，进而使病菌通过口、眼、鼻进入到身体内，造成孩子生病或腹泻等问题。

（三）18～36个月幼儿如厕习惯的养成

幼儿在18个月左右再开始训练如厕，有研究发现，许多在18个月以前便开始接受训练的婴儿，直到 4 岁后才学会自己大小便。相反，那些在 2 岁开始训练的，到 3 岁时几乎都能自己上卫生间了。让幼儿学会控制大小便看似一件小事，但每个孩子的发育进度并不相同，如果操之过急，会给孩子心理和生理的正常成熟带来不利因素，影响训练成功。以下为判别幼儿是否能开始如厕练习的参考项。

（1）幼儿每天都在固定的时间段大便。

（2）能以语言或动作行为来表达自己想排便的想法，例如，婴儿在尿湿时会手拍着尿布前方表示尿尿了；想大便的时候，会主动说"嗯嗯"。

（3）幼儿的大腿力量增强，能保持身体的平衡与协调，能独立且平稳的坐蹲下、站立的动作，且不会跌倒。

（4）确认孩子已处在所谓的"膀胱准备"阶段，一次排出的尿量比较多，尿后可保持尿不湿干燥达两小时以上，睡觉醒来时尿布也没有湿。

（5）能将自己的裤子拉上和拉下。

（6）幼儿在便后能感觉到尿布或者纸尿裤湿了，通过语言或者动作表达不舒服的感觉。

（7）幼儿显现出对控制大小便的兴趣，对成人上厕所的行为表示感兴趣，模仿哥哥姐姐或成人上厕所的样子，甚至还会在马桶上坐一小会儿。

当幼儿有这些行为出现的时候，就能准备让幼儿进行如厕练习了。

幼儿在 18～24 个月阶段，括约肌也逐渐成熟，但基本要到 24～36 个月才开始有意识的控制自己的大小便，所以，当幼儿出现以下表现：突然停下正在做的事情动也不动、指着尿布或者哭喊以引起你的注意等，就能看出幼儿是不是大小便了。孩子能够意识到直肠和膀胱胀满的感觉几乎是同时实现的，但处理大小便时，方式会有很大的不同。对大便的控制比小便的控制相对容易一些，幼儿可能会先实现对大便的控制，所以可以让幼儿先坐便盆也是有道理的。然而，控制小便成功的基础是幼儿能够在膀胱内憋住一定量的尿液，而不是自然的排空。标志着幼儿达到成熟的迹象是幼儿能够在较长的一段时间里保持尿布干燥，例如午睡后没有尿湿等。通常可以在幼儿午睡要上床前，鼓励幼儿先去上厕所，小便一次。如果幼儿做到了，一定要表扬他；如果幼儿不愿意，也不必大惊小怪或强迫一定要去上厕所，可以等之后有机会再说。当幼儿成功地完成这一步后，幼儿就能够表示出自己要坐便盆时，可以在白天里取下孩子的尿布。

进行训练如厕的顺序，可以按照每日大便训练→白天小便训练→晚上小便训练。在幼儿能表达解大便之后，就可以开始训练白天的小便，开始时幼儿可能会有尿裤子的表现，在脱掉尿裤的幼儿会因为裤子湿了而表达不舒服时，可以耐心告诉幼儿，如果肚子出现胀胀想有尿尿的时候，就告诉老师或者自己去打开马桶盖来表达想尿尿。

训练幼儿大小便的技巧有以下几点。

（1）带着幼儿先认识小马桶，告诉幼儿什么时候使用它、怎么使用它及怎么冲水，或当着幼儿的面将尿布上的大便抖入便器，以便让幼儿明白它的用途。

（2）根据观察到的迹象提醒幼儿是否有便意，例如，孩子脸部显出怪相或摆出大便的姿势等。

（3）不要故意将尿湿的尿布让幼儿继续穿着作为对幼儿的惩罚。

（4）等幼儿一天内能数次使用便器时，再停止使用尿布。

（5）当幼儿对训练已有准备时，可给幼儿穿能自己随意脱下、拉上的裤子。

（6）睡前和醒后应立即提醒幼儿上厕所。

（7）睡眠时，大小便控制的训练可以晚一年开始，也可以同期进行。

任务二　婴幼儿游戏活动的安排

案例导入

某托育机构爬爬班的婴儿在活动时，常常是趴或坐在原位上，鲜少自己主动去活动去探索，有婴儿想爬离开到其他地方，很快就被托育人员抱回来到原本的地方，以集中的方式较好照看每个婴儿，而托育人员在集中的时间，也少给予婴儿自主活动游戏的机会，更多的是为了拍摄婴儿进行某项活动而拍照，在拍摄过程中，其他的婴儿也就单坐在垫上无所事事的。学步班及幼幼班也是大部分的时间，是由老师掌控所有孩子的动态，避免孩子们到处跑、让教室秩序变乱不好控制，给予的活动单一，常常也都是为了拍照而拍照，甚至更多的成品是一致地展现出来，很难看出是这个年龄段的孩子应该要呈现的作品样式。当孩子正专注在剪纸的时候，老师看到后，使用较凶的语气责备孩子，为什么没有沿着边边剪，剪得乱七八糟，重新剪。当孩子重新剪过一次后，就直接收拾不愿意继续做剪纸的活动。老师们也常表示不知道怎么给孩子适当的活动和教玩具，自己没有经验或做不来不会做等。

案例思考

1. 婴幼儿在0～3岁阶段可以提供哪些适合各年龄段的游戏活动及适合的教玩具？

2. 如何帮助托育人员了解婴幼儿并学会安排适当的活动及尊重婴幼儿？

在每日的日常作息安排中，除了基本需求的照护外，也应按年龄阶段给婴幼儿安排适当的课程与活动，也就是让婴幼儿透过在日常生活当中，以生活化的形式来认识这个世界，对婴幼儿来说，"玩"就是他们学习的路径。所以，托育人员除了要能了解各阶段发展之外，也要能有能力为婴幼儿安排活动课程，以帮助婴幼儿更好的发展。

一、适宜的教玩具

玩是孩子的天性，是孩子在成长过程中最重要的一个环节。透过"玩"可以帮助孩子身体动作能力、情绪、语言沟通、逻辑思维能力、社交能力、智力与创造力的发展，在生理心理层面上都能产生积极的作用。所以，对于0～3岁的婴幼儿来说，教玩具也能起到很好的作用，但需要随着各年龄层的变化给予适当的教玩具。以下将依年龄层介绍教玩具的选择进行说明。

（一）0～6 个月婴儿教玩具选择

1. 帮助视觉类

（1）黑白视觉卡：1～3 个月内的婴儿视力的范围在 20～30 厘米，只能看到明暗或黑白，眼睛可以注视并随着物体移动，但没办法持久。到了 3～5 个月大时，视力的范围能在 200～350 厘米，对红色、绿色和蓝色等颜色强烈的较敏感，如果是中间色的，如灰色或淡色的仍看不清楚，能聚焦也能稳定的追焦，能辨识人脸与物体轮廓。所以，可以在婴儿清醒的时候，将视觉卡放在床栏离婴儿眼睛约 20 厘米的地方，让婴儿仰卧注视，或是将婴儿放在垫子上，以趴姿的方式注视，视觉卡要能经常更换左右边，避免婴儿长期单看一边造成歪脖子或斜视。

（2）小挂件：能悬挂的小床挂，婴儿在活动时，可以悬挂在婴儿上方左右两侧处，挂件样式简单、颜色与视觉卡要求一样。不需要有自动音乐旋转的小挂件，当婴儿在活动身体时，挥动手或脚的过程中，无意摆动到挂件，使挂件产生出摆动的效果，也能引起婴儿的注视。

（3）固定式的防碎镜子：在婴儿的活动区墙面上装设一面固定式的防碎镜子，婴儿在垫子上活动时，就能看见镜中的自己，同时，托育人员也能与婴儿进行互动，跟婴儿一起玩。

2. 帮助听觉类

（1）带铃铛的小球或挂件：当婴儿在活动时，将带有铃铛的小球或挂件挂在婴儿上方离婴儿膝盖约 15 厘米左右的距离，让婴儿在蹬脚或踢脚时能踢到小球或挂件，并听到铃铛发出的声音。

（2）手腕摇铃：将魔术贴式的手摇铃分别固定戴在婴儿的左右手或脚上，当婴儿在挥动手或脚时，铃铛就会发出声音，进而引发婴儿做更多挥动手臂或踢脚的动作。

（二）7～18 个月婴儿教玩具选择

1 岁以内的婴儿处于口腔期阶段，婴儿会喜欢将各种物品往嘴里探索，所以，给予婴儿的所有物品都应先考量到安全性，太小、太尖或含有化学物质的都应避免给予。

1. 认知类

（1）不同纹路的抓捏小球：抓捏小球有多种纹路，如波浪形、点状形、环状形、光滑型等，不同纹路能给予婴儿不同的触觉感受。

（2）不同口感的食物：软的香蕉、硬的苹果、浓稠的粥、颗粒的软饭、豆腐、较硬的饼干。

（3）不同质感的东西：丝巾、毛绒、棉质、海绵、纸质、塑料、不锈钢、木质、陶瓷等各种不同质感的物品，让婴儿认识各种质感及名称，如硬硬的、软软的、滑滑的、刺刺的、粗粗的、细细的、毛毛的等。

2. 运动类

（1）弹跳马：婴儿坐在弹跳马上，刚开始可由成人协助上下弹跳的动作，等婴儿月龄较大些，可以稳定地坐在弹跳马上自己练习跳跃，发展婴儿大腿肌肉与平衡力。

（2）空罐、空纸盒：运用空罐或空纸盒变化各种活动,如抽丝巾、拍打出不同声音等。

（3）不倒翁：可以引发婴儿动手拨弄不倒翁,练习婴儿追视的能力。

（三）18～36 个月幼儿教玩具选择

1. 认知类

（1）各种嵌板：给予幼儿的嵌板应选择有圆钮的,方便婴儿练习三指捏的抓握动作;在颜色方面则可以提供红、黄、蓝三原色;形状方面则可提供圆形、正方形、三角形等。

（2）音感桶：可以使用不同材质的罐子,如玻璃瓶、铁罐、塑胶瓶等,里面可装入不同大小的豆类、米粒、沙、玻璃珠等,在摇晃的过程中,可以听到不同瓶子或不同材料所发出的不同的声音。

2. 动作类

（1）牵拉玩具：让正练习走路或已经会走路的幼儿,能牵着带绳的小车子或小动物练习走路及抓握的能力。

（2）过隧道：可以利用纸箱、不同高低的桌子或椅子、枕垫等组合成能攀爬钻洞的隧道,提供幼儿爬行、钻洞、攀爬等各项动作能力,帮助幼儿感觉统合的发展。

（3）存钱桶：可以准备一个存钱桶及玩具钱币,让幼儿练习将钱币投入存钱桶内,帮助幼儿手眼协调及手部肌肉能力的发展。

（4）舀取豆子：提供 2 个小碗及 1 个小勺子,放置在托盘内,让幼儿练习将豆子舀取起,并移放到另一个小碗内,要避免幼儿将豆子放入嘴、鼻、耳内。

（5）穿孔：使用小木棒（直径能穿入物）或粗绳、细绳等,穿入带有孔洞的珠子、剪成小段的吸管、通心粉等,先示范让幼儿知道如何玩,再让幼儿尝试。

（6）积木：积木有各式各样不同的形状、颜色和大小,可以有多种玩法,也可单独使用,认识形状、颜色、大小,堆叠、慢慢大一点的幼儿,可以进行配对、数量、分类、建构等。

二、适切的行为表现

托育人员与婴幼儿在互动的过程当中,在需要给予精神情感的支持外,也需要对婴幼儿的情绪与行为表现,适时的引导婴幼儿学习并能适切的表现的行为。托育人员对婴幼儿行为的引导,能让婴幼儿感觉到有人在关爱他,同时,也能帮助婴幼儿获得合宜的自处能力,学习如何独立成为一个社会人。

（一）鼓励

我们传达给婴幼儿的情绪信息都会影响他们的自信心及想探索外界的勇气。大脑的镜像神经元使婴幼儿具备解读他人情绪的能力。我们所传达的信息,不论是以动作、眼神、表情何种途径,他们都能很清楚地感受到。所以,当婴幼儿在探索、尝试或遇挫折或有进步的时候,最需要的是我们给予的鼓励、支持与帮助,如此才能帮助到婴幼儿建立起自信心及能量,继续去探索世界。

具体的做法是要能接纳婴幼儿的情绪,再具体指出问题点,以下以剪纸为例。

1. 在探索尝试时的鼓励

"哇,你剪刀拿得很稳,已经可以很顺利的一刀剪断纸张了呢!"

"你已经剪得很好了,要不要试一试尝试剪不一样的线条看看呢?"

2. 在有挫折时的鼓励

"剪刀一直握不好,一直没办法顺利地剪纸,一定很难过吧! 没关系,老师再示范一次给你看,你再试试看!"

"没办法一次剪完纸张的线条,感觉很生气吧! 没关系的,累了先休息,我们下次再练习就好了。"

3. 在有进步时的鼓励

"哇! 你自己一口气沿着剪下纸张线条都没有断呢! 很棒喔!"

"你握剪刀已经可以很稳地握着剪纸了,很厉害喔!"

当我们在鼓励孩子的时候,可以展现出我们的笑容,搭配我们的表情、语调、眼神,都能传达给孩子,让他们能感受到被肯定,进而延展出自信心。被鼓励也能引发好心情,长久在正向互动的环境下,婴幼儿也能学习到以正向的方式去对待他人。

（二）示范与引导

对于处于对世界好奇、想到处探索阶段的婴幼儿,在安全范围下,应尽可能地提供机会让婴幼儿有自由探索的机会。在他们成长的过程里,有非常多事物等着他们去探索学习,但对于婴幼儿来说,他们的能力有限,仍需要靠我们适切的示范与引导来帮助他们更深地了解与学习生活中的各项本领。

所谓的示范与引导并不是仅凭口说或一次示范孩子就学会,而是通过身体力行,和说给孩子看及听,让孩子能理解所说的与做的结合后并多次反复练习才有办法学会。在过程中,也可能有做不好的时候,此时的托育人员,可以再次示范与引导让孩子更清楚看到。其引导示范的要领有以下几条。

（1）需配合当下的情境,并搭配实物的呈现,让婴幼儿实际的看到,而不是光凭想象,如此引导才有效果。

（2）引导要配合示范,边说边做,让婴幼儿较好地去理解。

（3）引导示范后,要让婴幼儿有动手练习的机会。

（4）给予婴幼儿有足够的时间探索学习,有尝试错误的机会,而不是所有事物都需直接引导。

（5）允许婴幼儿在练习时有犯错的机会,鼓励并给予再次尝试,适时的再引导示范。

（6）所引导与示范的内容最好能落实到日常生活中,让婴幼儿有更多练习的机会,而不是一次学习后就没下文。

虽说婴幼儿还小,但仍然是一个独立的个体,他们也仍然需要被尊重、被理解,他们用他们的方式在探索这个未知的世界,而身为托育人员对婴幼儿来说,也是影响他们极为重要的人,让婴幼儿在成长的过程中,能在正向的教养模式下成为有自信、勇敢探索未知世界,并积极迈向独立的人。

同步实训　婴幼儿活动的组织和实施

1. 实训目的

加深学生对婴幼儿活动的组织和实施的认识。

2. 实训安排

（1）学生分组到托育机构观察各年龄段班级婴幼儿一日活动。

（2）分析并体会婴幼儿活动的组织和实施的安排及其原因。

（3）设计各年龄段班级婴幼儿一日活动。

3. 教师注意事项

（1）提供一些简单案例供学生讨论。

（2）由托育人员考证的具体考题导入对婴幼儿作息制度的学习。

4. 资源（时间）

4 课时、参考书籍、案例、网页。

5. 评价标准

表 现 要 求	是否适用	已达要求	未达要求
外在表现（参与度、讨论发言积极程度）			
作息制度制作的完成与合理程度			

教学做一体化训练

一、重点名词

睡眠信号、辅食添加的信号、适切的行为表现

二、课后讨论

1. 如何培养婴幼儿睡眠习惯？

2. 如何帮助挑食、偏食的孩子？

3. 托育人员及家长应该如何展现适切的表现来引领婴幼儿成长？

三、课后自测

2 岁的佑佑刚入托育中心不到两个月，在托育中心一整天的活动中，很少自己主动探索教具柜的教玩具，需要由老师带着或帮助拿取教玩具，可能操作一下就不愿意再继续操作，但也不会主动将教玩具放回到教具柜，而是坐在位置上望着其他地方。用餐时间也不主动拿取餐具用餐，常见到佑佑双手不动地坐着，时而望向老师，要老师协助他才会开口吃饭，咀嚼能力较弱，对较硬的食物及青菜或肉类难咀嚼的食物会不愿意吃或咬几口就吐出来，到了午睡时间，会需要再使用奶瓶喝奶并由老师在旁哄睡才会愿意入睡。老师通过

与家长的沟通了解，佑佑在入中心前，都是由爷爷奶奶照看，常常就让他坐着看电视，要做什么事情都直接帮他做好拿好，几乎不给佑佑自己动手的机会，家人们也认为佑佑还很小，所以饮食上也都还是给予软质易吞咽，不用咀嚼的食物居多，佑佑如果不愿意吃也会顺着他，觉得反正在睡前还会再给他喝奶，所以不会太在意。而爸爸长期忙于工作，也少照看孩子，妈妈虽然也照看着佑佑，但常常会听从爷爷奶奶的意见和方式照顾佑佑，没有觉得哪里不对。

请分析上述案例中存在的问题及相关的解决办法。

课 后 推 荐

图书

1. 张星星.0～3岁婴幼儿托育课程设计[M].上海：复旦大学出版社,2021.

2. 李立新,龚长兰.婴幼儿回应性照护[M].北京：中国人口出版社,2022.

3. 史月杰,张莉.婴幼儿游戏活动实施[M].北京：中国人口出版社,2022.

模块十三
面向家长的早期教育指导

学习目标

- 识记：大脑发育、身体平衡感、辅食。
- 领会：了解孩子每个不同年龄段的发育特点以及家长应该如何积极创造良好的成长环境。
- 理解：如何指导家长根据不同的年龄给予孩子适当的训练。
- 应用：帮助家长掌握各种培养婴幼儿的方法和技能。

模块描述

本模块主要了解对 0～3 岁婴幼儿家长的建议和指导，掌握对 0～3 岁婴幼儿家长的建议和指导的内容和方法，真正达到家园共育。

思维导图

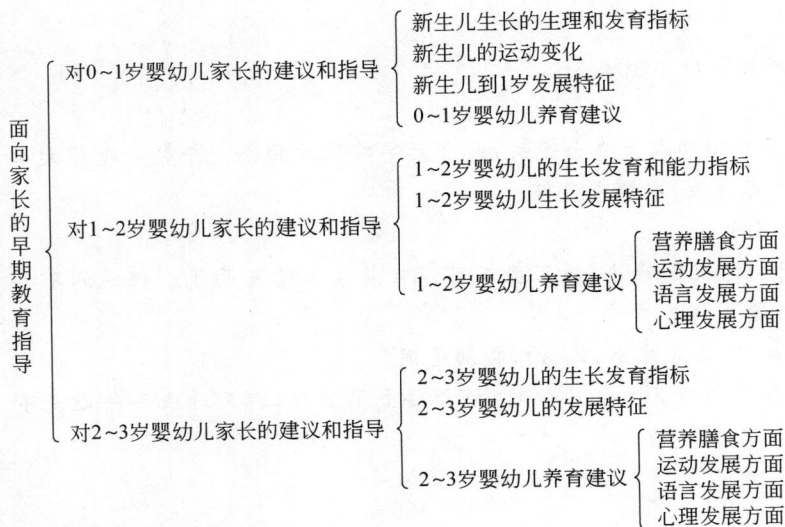

科学证明：婴儿出生之后的头三年是一生中大脑发育最重要的阶段，到 3 岁时已经发育完成成人的 $50\%\sim60\%$，要想未来孩子更成功，这三年尤为重要。

以下为美国耶鲁大学格赛尔学院创办人格赛尔先生的主张。

（一）教养孩子应以孩子为中心

格赛尔认为，婴儿带着一个天然进度表降临人世。婴儿尽管知识尚未开化，但对于其内在需要，对于要做什么或不做什么都非常"聪明"，父母（养育者）应追随儿童，从儿童本身得到启示，而不应强迫儿童接受自己的意愿或规定的模式。

婴儿的体重、身高、性格、能力发展（爬行、走路、说话早晚）都与遗传有一定关系，不是靠大人的意愿轻易改变的，硬塞饭、逼打招呼都是不尊重孩子的。因此，家长首先要接纳自己孩子身上的一切特点，这些特点没有好坏之分，都是属于他（她）独到的特征。家长一定要全心全意接纳孩子的一切特征。

（二）教养者应掌握儿童成熟的知识

格赛尔认为，父母还应掌握一些有关儿童发展倾向和顺序（即成熟）的理论知识，因为这些知识有助于父母了解儿童的身心特点，从而在某些特定时期具有耐心。

做父母是世界上最难的事情，因为养育的是活生生、有思想、有行为能力的小生命，所以家长要好好学习，一分付出十分收获。

然而，婴儿从出生到 3 岁，他们的世界发生着什么样的变化，我们又该如何帮助他们呢？

任务一　对0～1岁婴幼儿家长的建议和指导

✎ 案例导入

婴儿年龄：12 个月。

喝奶情况：11 个月断母乳后奶粉喂养。

辅食情况：

（1）上午辅食能吃 12 个馄饨或大半个馒头，或者大半碗粥或面条。午餐和晚餐大半碗面或者大半碗饭。配菜是青菜、肉饼或鱼虾。

（2）有时会给一些大人的菜。

（3）原来不肯坐餐椅，用"饥饿疗法"纠正现在可以在餐椅里吃东西了。但遇到不喜欢吃的东西还要玩玩具或看电视才肯吃。

（4）只爱吃鸡蛋、鱼虾，不喜欢吃粥、饭、面，特别是粥。

（5）5～11 个月体重没有增加，11 个月断奶，断奶后重了 2 斤，但又过去半年还是不长体重，只长高了。

案例思考

如何给予 1 岁的孩子正确的生活指导？

新生儿从出生到 1 岁的阶段，是飞快成长的一年，每个月都可以看到婴儿的变化。我们在此列出每个月婴儿的发育指标，为家长提供参考。

一、新生儿生长的生理和发育指标

1 月生理指标：满月时，男婴体重 3.09～6.33 千克，身长 48.7～61.2 厘米；女婴体重 2.98～6.05 千克，身长 47.9～59.9 厘米。

1 月发育指标：满月时，俯卧抬头，下巴离床 3 秒；能注视眼前活动的物体；啼哭时听到声音会安静；除哭以外能发出叫声；双手能紧握笔杆；会张嘴模仿说话。

2 月生理指标：满 2 个月时，男婴体重 3.94～7.97 千克，身长 52.2～65.7 厘米；女婴体重 3.72～7.46 千克，身长 51.1～64.1 厘米。

2 月发育指标：逗引时会微笑；眼睛能够跟着物体在水平方向移动；能够转头寻找声源；俯卧时能抬头片刻，自由地转动头部；手指能自己展开合拢，能在胸前玩，会吸吮拇指。

3 月生理指标：满 3 个月时，男婴体重 4.69～9.37 千克，身长 55.3～69.0 厘米；女婴体重 4.40～8.71 厘米，身长 54.2～67.5 厘米。

3 月发育指标：俯卧时，能抬起半胸，用肘支撑上身；头部能够挺直；眼看双手、手能互握，会抓衣服，抓头发和脸；眼睛能随物体转 180°；见人会笑；会出声答话，尖叫，会发长元音。

4 月生理指标：满 4 个月时，男婴体重 5.25～10.39 千克，身长 57.9～71.7 厘米；女婴体重 4.93～9.66 千克，身长 56.7～70.0 厘米。

4 月发育指标：俯卧时婴儿上身完全抬起，与床垂直；腿能抬高踢去衣被及踢吊起的玩具；视线灵活，能从一个物体转移到另外一个物体；开始咿呀学语，用声音回答大人的逗引；喜欢吃辅食。

5 月生理指标：满 5 个月的男婴体重 5.66～11.15 千克，身长 59.9～73.9 厘米；女婴体重 5.33～10.38 千克，身长 58.6～72.1 厘米。

5 月发育指标：能够认识妈妈以及亲近的人，并与他们应答；大部分孩子能够从仰卧翻身变成俯卧；可靠着坐垫坐一会儿，坐着时能直腰；大人扶着能站立；能拿东西往嘴里放；会发出一两个辅音。

6 月生理指标：满 6 个月时，男婴体重 5.97～11.72 千克，身长 61.4～75.8 厘米；女婴体重 5.64～10.93 千克，身长 60.1～74.0 厘米；出牙两颗。

6 月发育指标：手可玩脚，能吃脚趾；头、躯干、下肢完全伸平；两手各拿一个玩具能拿稳；能听声音看目的物两种；会发两三个辅音；在大人背儿歌时会做出一种熟知的动作；照镜子时会笑，用手摸镜中人；会自己拿饼干吃，会咀嚼。

7 月生理指标：满 7 个月时，男婴体重 6.24～12.20 千克，身长 62.7～77.4 厘米；女婴体重 5.90～11.40 千克，身长 61.3～75.6 厘米；出牙 2～4 颗。

7月发育指标：会坐，在大人的帮助下会爬；手能拿起玩具放到口中；会表示喜欢和不喜欢；能够理解简单的词义，懂得大人用语言和表情表示的表扬和批评；记住离别一星期的熟人3～4人；会用声音和动作表示要大小便。

8月生理指标：满8个月时，男婴体重6.46～12.60千克，身长63.9～78.9厘米；女婴体重6.13～11.80千克，身长62.5～77.3厘米；出牙2～4颗。

8月发育指标：能够扶着栏杆站起来；可以坐得很好；会两手对敲玩具；会捏响玩具；会把玩具给指定的人；展开双手要大人抱；用手指抓东西吃；会用1～2种动作表示语言。

9月生理指标：满9个月时，男婴体重6.67～12.99千克，身长65.2～80.5厘米；女婴体重6.34～12.18千克，身长63.7～78.9厘米；出牙2～4颗。

9月发育指标：扶物站立，双脚横向跨步；拇指和食指能捏起细小的东西；能听懂自己的名字；能用简单语言回答问题；会随着音乐有节奏地摇晃；认识五官；会做3～4种表示语言的动作；知道大人谈论自己，懂得害羞；会配合穿衣。

10月生理指标：满10个月时，男婴体重6.86～13.34千克，身长66.4～82.1厘米；女婴体重6.53～12.52千克，身长64.9～80.5厘米；出牙4～6颗。

10月发育指标：会叫妈妈、爸爸；认识常见的人和物；能够独自站立片刻；能迅速爬行；大人牵着手会走；喜欢被表扬；主动地用动作表示语言；主动亲近小朋友。

11月生理指标：满11个月时，男婴体重7.04～13.68千克，身长67.5～83.6厘米；女婴体重6.71～12.85千克，身长66.1～82.0厘米；出牙4～6颗。

11月发育指标：大人牵一只手就能走；能准确理解简单词语的意思；会叫奶奶、姑、姨等；会指出身体的一些部位；会竖起手指表示自己1岁；不愿意母亲抱别人；有初步的自我意识。

12月生理指标：满12个月时，男婴体重7.21～14.00千克，身长68.6～85.0厘米；女婴体重6.87～13.15千克，身长67.2～83.4厘米；出牙6～8颗。

12月发育指标：不必扶，自己站稳能独走几步；认识身体部位3～4处；认识动物3种；会随儿歌做表演动作；能完成大人提出的简单要求；不做成人不喜欢或禁止的事；开始对小朋友感兴趣，愿意与小朋友接近、游戏。

二、新生儿的运动变化

在这最初的一年的时间里，新生儿的运动也是有着变化的。

婴儿在出生的前几周内都会向上举着双臂，所有健康的婴儿都是这种姿势。此时婴儿刚刚脱离母体，大部分时间还在安睡状态。

婴儿成长到3个月时，父母注意到婴儿在浴盆中会做蛙式的游泳动作。儿童发展权威专家确认了这些动作，此种鱼类的姿势，大概维持2～4个月。

这个阶段，婴儿发现了自己的手，并开始有目的地移动手臂，也能够紧握或松开自己的手，此时婴儿的"自我"正在学习如何控制与使用手臂，并很快就能够抓住东西。

到4个月大时，婴儿开始出现动能欲望，他（她）开始想要自由移动，伸展向更大的空间。

7 个月左右时,婴儿的头已经控制良好,手臂也已有了一定的支撑力,此时的婴儿更像一个爬行动物。这个阶段,空间与自由对孩子尤其重要,婴儿对于可以自由活动这个新的发现有着明显的喜悦。然而,这个阶段,不了解孩子发展需要的成人往往会把孩子放于学步车,这会严重妨碍孩子强烈的意志力活动,对于孩子的身体和心灵发展都是严重的打击。

8 个多月时,婴儿的四肢已经可以挺立起来,他已经可以控制自己的头和四肢,他的双手和双腿也已经可以协调配合,开始真正的爬行。充分的爬行活动对于孩子的感统发展和智力、意志的发展都是必要的。但还是有许多家长怕孩子爬得太脏、太累,怕孩子有危险,或是想让孩子早点学习站立和行走,而忽略了如此重要的一个环节。

这个阶段孩子自己能够移动的空间大了许多,他探索世界的领域也增加了很多,家长一定要关注孩子的安全,要在保障安全的前提下,充分给予孩子活动的自由。

之前的过程结束后,孩子会迎来真正的行走期。能够直立行走,孩子们就成了冒险家。随着活动范围的增加,家长会发现孩子们越来越"淘气",但正是通过这个环节,孩子才能得以学习和探索。家长只要把安全措施做好,防止误吞事件的发生,积极地鼓励孩子直立行走和探索新事物。

三、新生儿到 1 岁发展特征

（一）运动发展

1. 0～6 个月

婴儿出生后尽可能早地对他进行身体按摩。按摩没有定规,顺其自然,用自己和婴儿都感觉舒服的方式进行就好。注意动作尽量轻柔,给婴儿翻身时要特别注意支撑婴儿的头部。俯卧对于强健婴儿的头、颈和肩部肌肉,克服原始反射,有着至关重要的作用。

2. 2～6 个月

这个阶段应鼓励婴儿多滚动,任意地左右翻滚,可以在斜坡上翻滚,如在一头垫起来的床垫上,也可在毯子上滚来滚去。另外,可以点压或者弯曲婴儿的脚,引起原始反射。足部的反射对日后学步很重要。触碰和抚摸婴儿的肌肤非常有利于婴儿认识自己的身体。抵制原始反射是一个长期过程,这期间应重视婴儿颈部和背部的强化。

3. 3～6 个月

这个阶段的婴儿已经开始在地上到处蠕动了,有些甚至已经学会倒着爬,很快就将学会匍匐前进。这也标志着婴儿下一个发育阶段的开始。家长可以给婴儿做一些引体向上的活动,这样可以强化婴儿的颈部、背部和肩部肌肉,并注意给予婴儿的颈部足够支撑,动作要柔和,防止头部下仰,让婴儿躺在成人的腿上,再缓缓拉起到坐姿。

随着婴儿大脑的发育,会形成很多新的技能。在这个阶段,加强运动的持续时间和频率成为运动的关键。

在 5～6 个月,平衡反射的训练是本阶段的一个重点。家长可以让婴儿面朝上躺在一个大充气球上,抓住他的大腿,然后轻轻地把球往前方和两侧倾斜,在平衡反射的作用下，婴儿会不自觉地收紧腹部肌肉。这个运动也可以以俯趴的姿势做。在这一阶段，婴儿学习协调地移动四肢穿过空间。运动的时候，婴儿也同时发展了视觉、听觉、触觉、味觉、肌肉张力、学会控制、支撑自己的头部。头部控制对于向前移动是非常必要的，可以抑制原始反射及发展肌肉张力。在这个阶段，有些婴儿可以像鳄鱼一样匍匐往前爬了。

4. 6～10个月

这个阶段，大多婴儿已经学会匍匐爬行、手膝爬行、扶物行走。匍匐爬行和手膝爬行对于建立重要的大脑通路很有帮助。大部分婴儿在扶物行走前要经历5个月的匍匐前进、手膝爬行，最后才是独立行走。但这个时间段的长短因个体不同，有长有短。扶物行走不是真正的独立行走，但两者在几个月内有可能轮流出现。

家长必须注意，当婴儿一旦学会自行四处移动了，就要保证家中的环境的安全性，并且拒绝学步车。学步车不仅危险，还会阻碍婴儿自然的爬行，从而剥夺婴儿自然发展运动能力的权力。

5. 10～12个月

这个阶段，婴儿开始进入身体双侧对称性协调阶段，就是身体两侧做相同的动作。此时，婴儿做事时也逐渐产生了预见性，然而预测精准的时间放开手中的东西仍旧很难，因此要鼓励婴儿而不要强迫其学习任何新技能。这个年龄的婴儿在到处移动过程中所做的任何运动，都会对他们产生视觉刺激。

随着婴儿运动能力的加强，他（她）会在生活中有更多的体验，视觉认知发展来自感觉刺激。

注：如无特殊需要，不要总把孩子抱在身上，给孩子充分的自己学习认知自己的身体和自我训练的机会。运动不够的孩子更容易出现入睡困难（睡前哭闹）、不爱吃饭等困难。

（二）语言发展

（1）出生3个月开始咿咿呀呀，大人可以与孩子进行呼应。

（2）7个月左右开始尝试发音"baba""mama"。

注：从出生到11个月是语言学习最重要的输入阶段，不要以为孩子不会说就听不懂，大人一定要爱讲话，让孩子的大脑有更多的语言输入，才能有充分的储备。

（三）心理发展

（1）所有需求都用哭声表达。

（2）5个月开始学习控制大人，5～6个月开始认识最亲近的人。

（3）10～11个月开始因语言未全面发展而经常用尖叫、拍桌子、扔东西表达意愿或发泄情绪。

注：婴儿需要陪伴但也需要短时间的独处，当婴儿想要控制大人时，大人应该掌握原则，不能无原则地满足。

四、0～1岁婴幼儿养育建议

1. 营养膳食方面

(1) 中国营养学会建议0～6月龄的婴幼儿坚持纯母乳喂养,新生儿体重下降不超过出生体重的7%,就可以坚持母乳喂养。采取回应式按需喂养的原则,不强求喂养的时间和次数,建立良好的作息习惯。纯母乳喂养的婴幼儿无须补钙,但可遵医嘱适当补充维生素。如母乳不足或母乳喂养失败,可使用婴儿配方奶作为补充。

(2) 一般而言,6～12月龄的婴幼儿继续母乳喂养,满6个月开始添加辅食,不建议额外添加盐。辅食以含铁量丰富的糊状食物为主,如肉泥、肝泥、强化铁的婴儿米粉。6～12月龄的婴幼儿,从糊状食物开始逐步过渡到固体食物。每日摄入油0～10克;蛋类15～50克(至少一个鸡蛋黄);畜禽肉鱼类25～75克;蔬菜类25～100克;水果类25～100克。

(3) 培养婴幼儿合理健康的饮食行为,采取回应式喂养原则,逐渐增加辅食的频次和喂养量,鼓励并协助婴幼儿自主进食,但不强迫进食,不在进食时玩玩具、看电视等。每天保证足量的饮水,食物多样化,合理烹调。可鼓励婴幼儿参与食物的选择与制作,培养婴幼儿对食物的兴趣,提高认知能力和自主进食的意愿。

2. 运动发展方面

(1) 0～3个月练习抬头。喂奶后拍嗝时可竖抱抬头;饭前、饭后一小时可以让婴儿俯卧抬头,时间从一分钟开始,随着月龄段的增长可稍延长,每天2～3次,一次2～3分钟;母乳后还可以练习俯腹抬头,婴儿的头在母亲两乳间,婴儿腹部紧贴母亲腹部,母亲轻轻抚摸婴儿后脑勺和背部。

(2) 3～6个月练习转头、翻身。随着月龄段的增长,逐步训练被动翻身、引逗翻身、自主翻身;在日常生活和游戏中练习抓握能力,锻炼手眼协调能力。

(3) 5～7个月练习坐。婴幼儿拉坐(脚抵着成人小腹,拉手慢拽)、扶坐、靠坐、独坐。练习坐姿可以锻炼婴幼儿腹部肌肉,增加婴幼儿的握力和臂力,提高婴幼儿颈部、背部、腰部的肌肉力量。练习坐姿时间不宜过长,练习几分钟就应休息一下,避免婴幼儿过于疲劳。

(4) 7～10个月练习爬。随着婴幼儿上下肢力量、腹部力量和双手双脚协调能力的发展,爬行动作从抵足爬行(手掌抵住脚底,拇指刺激脚底,腹部力量不够时,可使用毛巾提着婴儿腹部,提供支撑)、匍匐爬行到手脚爬行。当婴幼儿能够自如翻身并且趴着时,四肢经常抬起并快速舞动,就可以开始练习爬行。家长应提供宽敞且没有阻挡的空间,条件允许的情况下,在婴幼儿掌握爬行的姿势后,提供高低、长短、软硬不同的多样化环境给婴幼儿练习爬行。

(5) 10～12个月练习站立。随着婴幼儿腿部力量的发展,出现以下情况时可以开始练习站立,如婴幼儿自己能扶物站立、婴幼儿累了会自己蹲下去休息。练习扶站时,提供可以扶的设备,如栏杆、桌子等,高度合适且注意安全;家长也可以双手扶住婴幼儿腋下,轻轻提起放下,再提起再放下,反复几次,增加婴幼儿双脚踩地的意识。练习站立时,要注意姿势正确,避免受伤。

3. 语言发展方面

(1) 0～3个月,家长在日常照护婴幼儿时,可以用夸张的嘴形对婴幼儿说话,模仿婴幼儿的咿呀学语,引逗婴幼儿与大人对话。

(2)4～8个月,日常生活中,婴幼儿心情愉悦时,播放童谣、轻音乐;反复教给婴幼儿一些词语,鼓励其模仿;利用卡片、挂图、实物,教婴幼儿看图片或认物;练习简单的手势动作,如挥手表示再见;户外活动时,让婴幼儿多接触不同的声音,如流水声、鸟鸣声等。

(3)9～12个月,教婴幼儿用点头和摇头表达要或不要;婴幼儿用个别字表达时,家长应重复说出完整的句子;唱给婴幼儿唱儿歌,讲睡前故事。

4. 心理发展方面

(1)0～3个月,一般婴幼儿在2个月大时出现"社交微笑",并逐步发展出更多情绪回应大人。此时家长应遵循回应式照护的原则,拥抱、皮肤接触婴幼儿,积极回应婴幼儿的需求,建立初步的依恋关系。

(2)4～6个月,婴幼儿会明显表现出情绪,会模仿照护者的表情。家长应遵循回应式照护的原则,及时满足婴幼儿的生理需要,让其对所处环境产生安全感。

(3)7～12个月,逐步将表情和内心想法练习起来并慢慢控制情绪。家长应引导婴幼儿用简单的肢体动作来表达需求,而不是一味地哭闹。婴幼儿调节情绪的能力,来自于其和照护者之间依恋关系的品质。家长可以通过多搂抱、多抚摸、多对视、多说话、多逗笑、多游戏的方式,让婴幼儿充分感受到爱意。

任务二　对1~2岁婴幼儿家长的建议和指导

案例导入

朵朵妈发现朵朵懂得将小饼干放在嘴里吃的时候,就开始有意识地培养孩子的自理能力。例如,将奶瓶放在朵朵手里,让她自己抱着喝,将小勺子放在孩子手里让孩子自己进食。但是朵朵并不是乖乖地进食,当奶瓶在自己怀里的时候,喝了两口就会去玩奶嘴,小勺子都是拿在手中挥舞的。朵朵妈妈很困惑,不知道该怎么办。

案例思考

父母应怎样引导朵朵自己吃饭呢?

从1～2岁,婴幼儿体重和各项生理指标都进入了一个比较快速的发展阶段。我们将会逐月对这一阶段的婴幼儿的发育特点做出陈述。

一、1~2岁婴幼儿的生长发育和能力指标

1. 1岁1个月

1）发育指标

男婴儿体重7.9～12.3千克;身长72.1～81.8厘米。

女婴儿体重7.2～11.8千克;身长70.0～80.5厘米。

牙齿：大多数婴儿长出 6～8 颗乳牙。

2）能力发育

（1）婴儿能够站起来，同时向前走两三步。

（2）会用手掌握笔，并能够简单涂鸦。

（3）开始表现出要独立的意识，有些事情要自己完成。

2. 1 岁 2 个月

1）发育指标

男婴儿体重 8.1～12.6 千克；身长 73.1～83.0 厘米。

女婴儿体重 7.4～12.1 千克；身长 71.0～81.7 厘米。

牙齿：大多数婴儿长出 6～8 颗乳牙。

2）能力发育

（1）婴儿能够独立迈小步，走稳一段路程。

（2）喜欢向下扔小物品或小玩具玩。

（3）能够听大人的话指出自己认识的东西。

（4）当婴儿开心的时候，会尽情拥抱婴儿喜欢的人。

3. 1 岁 3 个月

1）发育指标

男婴儿体重 8.3～12.8 千克；身长 74.1～84.2 厘米。

女婴儿体重 7.6～12.4 千克；身长 72.0～83.0 厘米。

牙齿：大多数婴儿长出 6～12 颗乳牙。

2）能力发育

（1）婴儿能够自己蹲下。

（2）婴儿能够将小物品放入杯里，再倒出来。

（3）婴儿开始萌发语言，但不能准确表达自己的意思。

（4）婴儿白天不太愿意睡觉，更愿意用这段时间玩耍。

4. 1 岁 4 个月

1）发育指标

男婴儿体重 8.4～13.1 千克；身长 75.0～85.4 厘米。

女婴儿体重 7.7～12.6 千克；身长 73.0～84.2 厘米。

牙齿：大多数婴儿长出 6～8 颗乳牙。

2）能力发育

（1）婴儿能倒退着走。

（2）能够模仿大人的一些动作。

（3）能听懂大人说话的意思。

（4）婴儿想要物品时，能伸手去拿。

5. 1 岁 5 个月

1）发育指标

男婴儿体重 8.6～13.4 千克；身长 76.0～86.5 厘米。

女婴儿体重 7.9～12.9 千克；身长 74.0～85.4 厘米。

牙齿：大多数婴儿长出 8～12 颗乳牙。

2）能力发育

（1）婴儿会上台阶，或能绕过小的水坑、沙堆等小障碍物。

（2）婴儿喜欢反复做一件，例如，反复往小瓶里倒水或反复将积木推倒重搭等。

（3）当婴儿听到别人叫自己的名字时能用语言应答。

（4）有危险的自我保护意识。

6. 1 岁 6 个月

1）发育指标

男婴儿体重 8.8～13.7 千克；身长 76.9～87.7 厘米。

女婴儿体重 8.1～13.2 千克；身长 74.9～86.5 厘米。

牙齿：大多数婴儿长出 12 颗乳牙。

2）能力发育

（1）能够模仿大人跟着节拍做简单的动作。

（2）能用小绳拉着娃娃或玩具小汽车来回走。

（3）能模仿大人说话，比如，大人说："洗洗手，要吃饭了！"婴儿会模仿说"吃饭了"。

7. 1 岁 7 个月

1）发育指标

男婴儿体重 8.9～13.9 千克；身长 77.7～88.8 厘米。

女婴儿体重 8.2～13.5 千克；身长 75.8～87.6 厘米。

牙齿：大多数婴儿长出 16 颗乳牙。

2）能力发育

（1）婴儿开始出现精细动作。

（2）婴儿能看着图说出一些认识的动物、物品名称。

（3）婴儿看见其他小朋友坐在自己妈妈腿上时，会不高兴。

8. 1 岁 8 个月

1）发育指标

男婴儿体重 9.1～14.2 千克；身长 78.6～89.8 厘米。

女婴儿体重 8.4～13.7 千克；身长 76.7～88.7 厘米。

牙齿：大多数婴儿长出 16 颗乳牙。

2）能力发育

（1）婴儿开始能踮着脚尖走路，但还不太稳。

（2）能用笔画圈圈，但很乱。

（3）会使用非名词性的词语，如"拿""掉了""不对"等。

（4）婴儿得到新玩具或穿上新衣服时，会表现出得意的样子。

9. 1 岁 9 个月

1）发育指标

男婴儿体重 9.2～14.5 千克；身长 79.4～90.9 厘米。

女婴儿体重 8.6～14.0 千克；身长 77.5～89.8 厘米。

牙齿：大多数婴儿长出 16 颗乳牙。

2）能力发育

（1）能够自己从椅子、台阶等稍高处跳下来。

（2）婴儿开始能做简单的扔球、接球游戏。

（3）会回答简单的问话，例如，妈妈问"爸爸上哪去了"？会回答"上班"。

（4）对其他小朋友感兴趣，能表现出亲近的样子。

10. 1 岁 10 个月

1）发育指标

男婴儿体重 9.4～14.7 千克；身长 80.2～91.9 厘米。

女婴儿体重 8.7～14.3 千克；身长 78.4～90.8 厘米。

牙齿：大多数婴儿长出 6～8 颗乳牙。

2）能力发育

（1）能够自己扶着栏杆上楼梯。

（2）进入语言爆发期，会说的话突然增多，两个字的词说得更多。如"沙发""电视"等。

（3）婴儿喜欢独自做一些事情，独立意识出现。

11. 1 岁 11 个月

1）发育指标

男婴儿体重 9.5～15.0 千克；身长 81.0～92.9 厘米。

女婴儿体重 8.9～14.6 千克；身长 79.2～91.9 厘米。

牙齿：大多数婴儿长出 18 颗乳牙。

2）能力发育

（1）能够自己跑，且在过程中不会跌到。

（2）开始喜欢用语言表达自己的意愿，肢体语言逐渐减少。

（3）有一定的忍耐性，比如可以坐在餐桌前等妈妈拿吃的东西。

12. 2 岁

1）发育指标

男婴儿体重 9.7～15.3 千克；身长 81.7～93.9 厘米。

女婴儿体重 9.0～14.8 千克；身长 80.0～92.9 厘米。

牙齿：大多数婴儿长出 6～8 颗乳牙。

2）能力发育

（1）能双腿蹦，蹦时可以离开地面。

（2）能用手捻书页，一页页地翻书。

（3）婴儿喜欢问问题，例如：问"这是什么？""那是什么？"。

（4）喜欢跟在比自己年龄大的小朋友一起玩。

二、1~2 岁婴幼儿生长发展特征

（一）运动发展

1. 独立行走（1 岁 6 个月）

婴儿的这个阶段是双侧协调阶段,这时的大脑两半球还在做着相同的工作。这个阶段,运动能力远比语言发展重要得多。家长无须过分强调婴儿在多大的时候学会走路,因为婴儿在俯卧、匍匐、手膝爬行、扶物行走阶段所受的感官刺激比行走的早晚要重要得多,行走只是前面几个阶段练习累积的结果。

这一时期,随着婴儿平衡能力的提高,婴儿可以完成屈膝颤动和跑动等动作,大运动及精细运动的协调技能也在提高。婴儿能够独立行走以后,家长就该尽量多陪着他走动,先是慢一些,在平地上走,接下来可以鼓励婴儿上下斜坡,直到奔跑。

（1）基础的运动（12~15 个月）：允许婴儿在适当的家具上攀爬,婴儿可以学会如何在不同的空间中移动自己的身体。借助运动计划能力及婴儿从前在各样环境中积累的经验,婴儿可正确判断如何抬脚跨越横杠,何时协调双手,穿越爬行,渐渐的婴儿就会自主控制动作了。

（2）平衡练习（15~18 个月）：这是孩子们热爱上运动的一年,语言也开始发展了,但是语言通常是在运动能力之后发展的。家长对婴儿讲的话一定要与当时的情景相关,同时要尽可能多地陪婴儿散步,帮助他发展平衡能力,家长可以首先选择平地,然后尝试不同的地面进行练习。

（3）倒走和侧身走：这两种走法对身体意识和空间意识要求很高。起初家长可以协助婴儿完成,但最终还是让婴儿自己来,鼓励婴儿侧着走,倒着走,这对发展其视觉调整功能很有帮助。

2. 1 岁 6 个月~2 岁

在这个阶段,大多数婴儿还处于双侧协调阶段,双侧协调是指身体两侧做相同的动作,大脑有两个半球,左半球控制右侧身体,右半球控制左侧身体。而在这个年龄段,婴儿会同时使用两侧身体做同一件事情,比如儿童滑板、手指画画等,他们会选择使用哪只手或者两只手同时使用,这取决于他(她)需要的物品放在了身体的哪一侧。

平衡练习：平衡是婴儿原始反射被充分抑制后形成的自发功能。在婴儿运动过程中扶婴儿的手对于他(她)平衡能力的发展是有反作用的。平衡感是在无数次失去平衡感后获得的,家长们不必太着急。在这个阶段里,婴儿动作的协调能力和身体的灵活性都有明显的进步。婴儿手的使用更加自如,能够自己捧着杯子喝水,独自吃饭;能够将玩具箱内的各种玩具取出来再放回去,还能自己打开包装好的东西;可以码放 5 块左右的积木;能够画出直线;可以转动门把手把门打开,在玩球时,不仅可以很好地追着球跑,还会用手投球及用脚踢球。有的婴儿已经能够自己穿鞋子、穿衣服了。婴儿腿上的肌肉开始变得有力,能够跨过高度为 5 厘米左右的障碍物,也能在一段时间内独自做"金鸡独立",可以从最后一级台阶蹦到地上,能蹬踩儿童三轮自行车。

这时的婴儿已经从稳稳地走路逐渐发展到会跑了,尽管跑得还不太稳。因此,从这个时候开始,父母可以和婴儿一同走路外出了,但一定要注意安全。

（二）语言发展

在这一阶段,婴儿的语言出现质的飞跃。从重叠音"抱抱""外外"等开始,逐步发展到电报语"去外外""坐车车"等,他以每个月平均说出 25 个新单词的速度发展,满 2 岁时有可能达到近千个单词;并且婴儿将说出由两个单词组成的句子,如"大狗狗""削苹果"等,还能说出日常见到的大多数事物的名称。

这个阶段的婴儿身体各部位发育速度,以大脑最快。婴儿的因果关系理解力有了进步,并且已经颇具想象力,他会把所有圆圆的东西都说成像太阳,把弯弯的东西说成像月亮。婴儿的记忆力也有很大进步,已经能够理解一些抽象的概念,如今天和明天、快和慢、远和近等,会数 1~10,甚至更多,喜欢问更多的"为什么"。

（三）心理发展

(1) 婴儿从 1 岁 2 个月到 1 岁 3 个月开始出现明显的认生现象,拒绝外人接近。

(2) 语言发展较晚的孩子可能会因为不能用语言表达而出现情绪急躁。

(3) 1 岁半左右的孩子出现秩序感敏感期,会对与家庭成员或者物品摆放等比较关注,一旦发生变化即表现出不安。

注：如果孩子不情愿,千万不要勉强孩子接触陌生人;要尊重孩子秩序感的发展,不要刻意破坏,但是也不要过于由着孩子的性子。

三、1~2 岁婴幼儿养育建议

（一）营养膳食方面

(1) 中国营养学会推荐 1~2 岁婴幼儿每日摄入奶量可从 600 毫升逐步过渡到 400 毫升左右;盐 0~1.5 克;油 5~15 克;蛋类 25~50 克;畜禽肉鱼类 50~75 克;蔬菜类 50~150 克;水果类 50~150 克。

(2) 辅食喂养次数一般为 3 次正餐加两次点心。以奶和正餐为主,点心看情况适量添加。不盲目回避易过敏食物,1 岁以后适时引入多样化的食物,逐渐尝试淡口味的家庭膳食。制作辅食选择安全、优质、新鲜的食材,生熟分开制作,可适当添加一些需咬断并咀嚼的食物,锻炼婴幼儿的咀嚼能力。

(3) 该阶段可添加的食材有：全蛋、谷物、米粉、面条、软饭、饺子、馒头、馄饨、蔬菜、水果、肉类、鱼类、肝类、奶制品(酸奶、奶酪)、菌菇类。

（二）运动发展方面

(1) 12~16 个月,练习行走。家长可在保证安全的前提下,提供楼梯、平地、平缓到坡道等不同环境让婴幼儿逐步练习推车走、独走几步、踢球走。手部精细动作的发展方面,提供拨浪鼓、带瓶盖的水瓶、积木等让婴幼儿练习握柄摇动拨浪鼓、反复拧紧拧松瓶盖、将两三块积木叠放等游戏。

(2) 17~24 个月,练习跑。跑步扶停;抛球捡球。多到户外,让婴幼儿充分体验探索不同空间,如草地、台阶、坡道。手部精细动作的发展方面,提供水杯、大小不一的各种球、画笔、图书、积木等让婴幼儿练习双手端水杯、涂鸦、滚球接球、翻看图书、搭放 5～7 块积木等游戏。

（3）根据不同月龄段的发展特点,提供相应的游戏和运动;鼓励婴幼儿尝试自主进食,自己拿勺子、筷子、叉子探索食物,促进手部精细动作发展;多陪婴幼儿玩各种各样的球类游戏。

（三）语言发展方面

（1）1～2 岁是婴幼儿语言发展的关键时期,从咿呀学语到说出第一个常用词,从理解成人语言并做出相应回应道说出完整的简单句,并开始提出"这是什么"的问题。该阶段语言发展过程中,家长应鼓励婴幼儿的模仿行为,用丰富规范的语言多和婴幼儿说话,对婴幼儿的提问耐心回答。

（2）当婴幼儿发声或用肢体语言(如用手指灯)要某样东西时,家长应积极回应婴幼儿,示范某样东西的正确发音,并鼓励幼儿重复,学习礼貌用语。家长吐字应缓慢清晰,让婴幼儿清楚地看到口型和脸部表情。

（3）在日常生活中,让婴幼儿"帮助"大人。鼓励婴幼儿在饭前准备杯子和勺子(注意安全,尽量使用塑料制品),穿衣服时找外套和鞋子,让婴幼儿学习执行指令。

（4）和婴幼儿一起唱儿歌童谣,如"小白兔""两只老虎""洗澡歌""洗手歌",随着歌词和节奏做相应的动作。

（四）心理发展方面

（1）15～18 个月大的婴幼儿开始萌发自我意识,喜欢照镜子。家长可带着婴幼儿一起玩照镜子的游戏,指着镜子里的影响告诉婴幼儿,这是妈妈,这是婴儿,这是眼睛、鼻子、嘴巴等。通过照镜子的游戏,不仅可以认识自我,还可以认识五官,视、听、触同步发展。

（2）婴幼儿对自我的了解先从身体开始,家长在给婴幼儿洗澡时可以和婴幼儿一起玩认识身体的游戏,反复学习不同身体部位的名称。同时通过对身体的触摸可以刺激婴幼儿中枢神经的发育。

（3）当婴幼儿有了自我意识后,很可能会尝试很多对 2 岁以下婴幼儿来说比较危险的动作和行为。当婴幼儿因为家长的阻止而发脾气时,一方面要给婴幼儿划定行为的界限,同时面对哭闹的婴幼儿家长可以抱抱他,轻声安抚,直到婴幼儿冷静下来。

（4）鼓励并创造社交环境。1～2 岁的婴幼儿还不是很理解分享的概念,游戏时也以独自游戏为主,但是家长还是应该尽量带婴幼儿走出家门,接触不同的环境,和其他婴幼儿交往,让婴幼儿在交往中获得成就感。

任务三　对2～3岁婴幼儿家长的建议和指导

案例导入

洋洋玩积木的时候,不停地把一些圆柱体放进不同的容器中,然后又把它们取出来。

这些圆柱体大小不同,正好可以放进那些与容器相应的孔里,就像用软木塞盖住瓶子一样。一切过程看上去缓慢而有节奏。出于好奇,一直在教室外观察她的老师便数了数她这种重复的动作,结果是42遍。所幸的是,周围都很安静,没有人去打扰她,她每完成一个动作的时候,脸上总是不自觉地微笑。到最后她好像累了,环顾了四周后感觉像刚从梦中醒来似的。洋洋如此专注地反复做一件事,以至于感觉不到有人在观察着她。这样的情况在其他孩子身上也出现过,我们称为"重复练习"。每次完成那种体验之后,他们就像完成某种重大的任务一样,脸上充满了喜悦和快乐的表情。

◤ 案例思考

3岁的孩子正处于注意力不能持久的年龄,通常这个时期孩子的注意力会不停地从一件事转移到另一件事。然而,孩子一旦碰到吸引他们的事物,就会忘我地投身其中,并一再地重复动作,注意力的集中程度十分惊人,这是为什么呢?

一、2~3岁婴幼儿的生长发育指标

(一)生理指标

满2岁后,孩子的20颗乳牙全部出齐。从龋齿的发病来讲,上前牙是比较多发的,到了3岁开始出现后牙的龋齿。因而,要培养孩子养成自己刷牙的习惯。

这个阶段,男孩体重达11.4~18.3千克,身长87.3~102.5厘米;女孩体重达11.2~17.9千克,身长86.5~101.4厘米。孩子标准体重的简易计算公式:

$$体重(千克)=年龄×2+8(千克)(或7千克)$$

标准身高长计算公式:

$$身高(厘米)=年龄×5+80(厘米)(或75厘米)$$

(二)睡眠

3岁大的孩子通常每天需要睡12小时,其中晚上要睡10~11小时,白天睡1~2小时。3岁幼儿日间小睡的差异比起2岁的幼儿要大很多。

二、2~3岁婴幼儿的发展特征

(一)运动发展

(1)2岁左右开始可以双脚跳。

(2)2岁6个月左右可以跨越人体中线:右手到自己身体左侧做动作,或反之。

(3)2岁6个月左右身体两侧可以分别做不同的动作:如骑自行车、一只手转纸另一只手用剪子剪圆圈。

这个阶段婴幼儿的运动具体发展如下。

2岁至2岁6个月:这个阶段,随着身体和空间意识的不断提高,婴儿的姿态和平衡感也得到提升,随着流向大脑的各个感官信息实现统合,大脑能够做出更加精确的反应。同时,运动计划能力也得以进一步提高。平衡感和协调性对于婴儿来说非常重要,不管婴儿在这个过程中,遇到怎样的障碍和瓶颈,要坚信婴儿是没问题的。

2岁6个月至3岁6个月:这个阶段,伴随着感官统筹和身体单侧运动能力的发展,大脑进入又一显著的快速发展阶段,幼儿进入这个阶段后,就逐渐发展成儿童了。他们开始认识他人,认知事物,并且记忆。这个阶段的婴儿,可以开始玩各种不同大小的球,会骑小三轮,能快速跑步,但有时还会跌倒,会使用剪刀,能端装水较满的水杯,能自己脱裤子衣服、穿裤子、穿没有纽扣的衣服;能画直线和简单人物、风景画。

此外,在这个年龄段,玩球的技巧和细节也要教给婴儿,不只是为了训练婴儿的手指意识、视觉和交叉式协调能力,更是为了提高婴儿对整个身体的认知,以及如何使用这些身体部位,从而获得更多的感官信息并发送给大脑,为今后完成更复杂的运动打下基础。

（二）语言发展

这个时期是从单纯哭声到口头语音发育、计数发展的关键期。

婴儿到了2岁,开始对爸爸妈妈的语言产生反应。随着月龄的增加,婴儿开始逐渐受爸爸、妈妈语言的影响,语言能力开始由单双词句向完整的词句发展,由于发音器官不完整,会存在许多语音错误。例如,会把"汽车"发成"汽汽"或者"车车",会用b代替g、k,会把"老公公快快来"变成"老蹦蹦派派来"等。

2岁6个月应该完全能够用语言表达自己的需求和想法。会说50多个字,发音已经比较清楚;说到自己时会用"我"这个代词,而不是用小名来表示自己;说到别人时,能正确地用"你"这个代词,而不再以"妈妈""爸爸""小花"相称;能指对身体上的7个部位;能模仿书中人或动物的动作;能把4块方木排成一列,组成一个火车;能模仿画直线和圆圈,画的垂线与实际垂线之间的夹角小于30°,但画得弯弯曲曲的,画的圆圈并不圆,也许接不上;会说儿歌,但还不能准确地念出来,大多只能说出儿歌的开头和结尾几个字;能表示钥匙或钱币的用途,拿着钥匙时会准备开门,看到钱币时会放进口袋里,还同时发出汽车行驶的声音。

到了3岁,词汇量达到200个字以上,会使用礼貌用语,和大人进行完整的对话,表达自己的想法等;说话内容开始丰富,会使用礼貌用语,能和大人进行完整的对话,表达自己的想法等,并对语言有了一定理解,会自己故意重复说一些自己认为有意思的词逗笑。

（三）心理发展

这时的婴儿开始了人生的第一个逆反期,特别任性、难管、让人生气,哭闹起来很凶,但只要一满足他的要求,马上就露出笑脸。此时的情绪很不稳定,且都是暂时的、爆发性的。同时,婴儿开始有意识地寻求与父母的亲近,获得父母的情感支持等行为,当父母在时,他们可以将父母作为安全基地进行游戏,出现了对照顾者持续稳定的情感。

这一时期孩子的特点如下。

（1）自我意识发展非常强烈。

（2）凡是都要自己做,被要求做什么都回答"不",所以大人要多给孩子选择,而不要命令或者控制。

（3）突然黏人、怕孤单，此时家长要多温柔陪伴和适度满足，注意原则性。

（4）很容易情绪化，总是跟大人较劲，此时家长要和善而坚定地陪伴，多共情。

（5）不会合作，有问题直接武力解决，此时家长不要批评指责，如没有危险最好不干预。

（6）不会分享，想要别人的玩具会直接抢，此时家长不要批评指责，如没有危险最好不干预。

三、2～3岁婴幼儿养育建议

1. 营养膳食方面

（1）中国营养学会推荐2～3岁婴幼儿每日摄入奶量350～500毫升；盐少于2克；油10～20克；蔬菜类100～200克，其中绿叶类占比三分之一以上；水果类100～200克；蛋类50克；畜禽肉鱼类50～75克；大豆类5～15克；谷物75～125克；薯类适量；水600～700毫升。

（2）该阶段可添加的食材有：菠菜、莜麦菜、西兰花、胡萝卜、苹果、草莓、葡萄、樱桃、橙子、鸡蛋、鸭蛋、鹅蛋、牛肉、猪肉、鲈鱼、鳕鱼、豆腐、豆干。

（3）培养婴幼儿良好的进餐习惯，规律进食，每天可安排三餐两点，点心选择水果、奶制品等健康零食。三餐两点之间间隔3～4小时，每天固定进餐时间。提供安静的就餐环境，鼓励婴幼儿自主进食，坐在餐桌前用餐，每餐时间20～30分钟。纠正婴幼儿挑食偏食习惯，不将食物作为奖惩手段，不强迫喂食。

2. 运动发展方面

（1）25～36个月时运动发展的黄金期，家长应多带婴幼儿到户外进行运动。两周岁起正常发育的婴幼儿有了跳跃能力，可以练习跑跳，如双脚跳下一级台阶、双脚向上跳、兔子跳等。还可以做一些球类运动、平衡运动、力量类运动等，刺激婴幼儿的前庭觉、锻炼平衡能力。

（2）25～36个月龄段的婴幼儿手眼协调水平和对小肌肉控制的能力迅速提高，这使得他们可以用手做更为复杂的动作。该阶段家长可提供幼儿绘本供婴幼儿自主翻阅；提供串珠子、夹豆子等游戏，锻炼婴幼儿用手指拾取细小事物的能力；提供涂鸦的工具和环境，鼓励婴幼儿画十字和圆；鼓励婴幼儿自主服务，如脱衣服时自己解开扣子，脱无鞋带的鞋子、拉拉链，轮换倒两个杯子里的水等。

3. 语言发展方面

这一阶段，婴幼儿进入了模仿敏感期，喜欢模仿成人说话做事。家长应多和婴幼儿说话、讲故事，语速要慢、发音要清晰、表达要规范，避免婴儿语（如穿衣衣、喝水水等）。

4. 心理发展方面

（1）这阶段婴幼儿进入了社会规范敏感期，开始喜欢结交朋友、参与集体活动。家长应创造机会，让婴幼儿和更多的孩子接触，培养婴幼儿的社交技能。

（2）当孩子之间出现矛盾时，不要就此拒绝社交，而应适当给婴幼儿一些建议，引导其解决问题。

（3）当婴幼儿出现攻击性行为的时候,要及时制止,但不要说教不要谴责。不要在外人面前指责和批评婴幼儿。用明确的指令引导婴幼儿,尽量避免"行不行? 好不好? 能不能?"这样的指令。

同步实训　面向家长的早期教育指导

1. 实训目的

加深学生对面向家长的早期教育指导的认识。

2. 实训安排

（1）学生分组参加早教中心面向家长的活动。

（2）分析活动中面向家长的早期教育指导出现的问题及其原因。

3. 教师注意事项

（1）由育婴师考证的具体考题导入对面向家长的早期教育指导的学习。

（2）提供一些简单案例,供学生讨论。

4. 资源（时间）

1 课时、参考书籍、案例、网页。

5. 评价标准

表 现 要 求	是否适用	已达要求	未达要求
外在表现（参与度、讨论发言积极程度）			
对家长的指导是否符合规范			

教学做一体化训练

一、重点名词

大脑发育　身体平衡感　辅食

二、课后讨论

1. 0～3 岁各阶段孩子身体发育的指标有什么不同?

2. 0～3 岁各阶段孩子身体的发育特征是怎么样的?

3. 在孩子的成长过程中,其心理发展过程是怎么样的?

三、课后自测

有三个同岁男孩,一个叫小杰,一个叫 Karl,另外一个叫小骆。4 年前,他们年龄都是 2 岁,同在一个幼教机构的亲子园。到了 3 岁,该上幼儿园了,由于三个孩子家庭的原因,有两个孩子离开了。小杰去了福中幼儿园,Karl 跟着爸爸回到家里,只有小骆仍然留下。

三种环境有差别吗?

小杰去的幼儿园,是一个大房地产商办的,不说大家都知道,设施齐全条件好。Karl回到的是家庭,家庭对孩子来说应是世间最美好的地方。小骆留在的是普普通通的小区幼儿园。三个孩子都是好苗苗,只是暂时改变了教育环境。

三种环境有截然不同的教育方式:福中幼儿园让孩子们尽情地玩耍,3个老师带三十几个学生,小杰算是突出的,什么都学,什么都会,回答问题却什么都说不清楚。Karl在家里有爸爸做伴,专注地玩,专注地学习,再也不愿意去幼儿园。小骆所在的小区幼儿园,孩子们不打架就行了,有时也能看到老师带领一队小朋友在草坪上散步。一个玩、一个学习、一个散步,三种环境有三种特点鲜明的育儿方式。

三种果实,哪个更让人喜爱?

时过境迁,转眼幼儿园的生活已经结束,三个孩子都是6岁的小顽童了,聚在一起玩耍,个个活泼可爱。三种教育方式的结果也出来了,小杰的特点是:能把小朋友的玩具搞到手,小朋友还心服口服。Karl能够在电脑上制表、写日记;会用英语简单对话;打乒乓球可以战胜哥哥姐姐;能解一元一次方程;还能够为爸爸妈妈煮饭;智商是160,在6岁里算是很高了。小骆在草坪上踢球,倒地铲球射门最漂亮,其他方面就比较普通。三年的教育成长,如果把三个孩子看成三种成熟的葡萄,由小学这个"酿酒厂"选择原料,学校更愿意优先选择哪一种葡萄呢?

请分析三位不同孩子所受环境的影响以及带来的影响。

课 后 推 荐

一、图书

1. 蔡迎旗.学前教育概论[M].武汉:华中师范大学出版社,2006.

2. 刘晓东,卢乐珍,等.学前教育学[M].南京:江苏教育出版社,2009.

3. 姚伟.学前教育学[M].长春:东北师范大学出版社,2012.

二、网站

1. 上海学前教育网。

2. 中国幼儿教师网。

三、电影

1. 阳光宝贝(babies),托马斯·巴尔姆斯,法国,2010.

2. 小孩不笨,梁普智,新加坡,2002.

附:早教机构简介。